Llum a la foscor

CRIMS
amb Carles Porta

LLUM A LA FOSCOR

La Campana

Paper certificat pel Forest Stewardship Council®

Penguin Random House Grupo Editorial

Primera edició: abril del 2022

© 2022, True Crime Factory, S. L.
© 2022, Penguin Random House Grupo Editorial, S.A.U.
Travessera de Gràcia, 47-49. 08021 Barcelona

Printed in Spain – Imprès a Espanya

ISBN: 978-84-18226-18-2
Dipòsit legal: B-3085-2022

Compost a Comptex & Ass., S. L.

Imprès a Black Print CPI Ibérica
Sant Andreu de la Barca (Barcelona)

CA 2 6 1 8 A

Índex

Llum a la foscor

L'anomenada «crònica negra» —ara s'ha posat de moda parlar de *true crime* o crims reals— existeix des de sempre, tant en la narrativa de ficció com en la de no-ficció. És un gènere que té els elements bàsics per fer una bona escudella: grans personatges i una trama potent. Cal, però, treballar bé els ingredients, posar-ne les dosis adequades i en l'ordre correcte, i aquest és, segurament, el secret de Crims, el que ens ha permès arribar al llarg d'aquests anys a milers d'espectadors, oients i lectors.

A principis del 2018, quan preparàvem els primers esbossos i dossiers del projecte de Crims per a la ràdio i la televisió, un dels elements de partida era el desig d'explicar la part més fosca de la nostra societat, que ja havia abordat en la meva feina periodística a la premsa i a la televisió i en llibres com *Tor*, *Fago* o *La farmacèutica*. Perquè els crims —tant si ho volem reconèixer com si no— són un mirall del col·lectiu que conformem. I amb aquesta premissa damunt la taula vam començar a escriure els guions, amb la voluntat de crear un format, és a dir, de generar una estructura narrativa que es pogués reconèixer de seguida.

Això s'aconsegueix —quan surt bé— a base de solidesa

i de repetir l'estructura una vegada i una altra. La solidesa vol dir que aquesta estructura ha de funcionar, ha de tenir sentit, fluir i agradar, i sobretot ha de permetre que l'oient, l'espectador i el lector s'endinsin amb facilitat en el relat i que, un cop hagin connectat amb tu, s'hi trobin a gust. Repetir-la una vegada i una altra farà que, amb el temps, es generi una complicitat molt necessària.

Impulsat per aquest desig inicial d'explicar bones històries en àudio, en paper i en imatges, CRIMS s'ha convertit en un projecte d'aquells que s'anomenen «transmèdia». Ara mateix teniu el llibre a les mans, però també fem podcasts, ràdio i televisió, i en tots tres àmbits intentem treballar amb la mateixa filosofia, perquè ens fascina la realitat i ens apassionen les històries que ens ofereix. Per capturar-les i explicar-les, ens basem sempre en la regla de les tres erres: Rigor, Respecte i Ritme narratiu.

En primer lloc RIGOR, perquè tot el que llegireu en aquest llibre és cert, surt de documents oficials, d'investigacions contrastades, de sentències o de testimonis directes. Busquem la vostra confiança, volem ser creïbles. No hi ha res inventat. Això vol dir que hem de dedicar molt de temps a trobar el material que parla dels casos, a estudiar-lo, a entrevistar els protagonistes, a llegir i endreçar tota la documentació i, després, a assegurar-nos de no cometre errades. Seguim un procés d'edició com fan els grans mitjans nord-americans o alemanys. Repassem els textos per comprovar que tot sigui correcte i, si se'ns escapa alguna errada, hauria de ser només tipogràfica. La credibilitat, per a nosaltres, és essencial.

En segon lloc, RESPECTE pels fets i, sobretot, pels protagonistes de les històries que expliquem, en especial per les víctimes i les seves famílies. Vigilem molt els adjectius i les opinions. També vigilem molt de donar només les dades i informacions necessàries, i prou. En aquestes pàgines no trobareu vocació morbosa. Si hi ha alguna descripció dura és per permetre que la realitat ajudi a entendre la mentalitat de l'assassí. Els fets objectius mostren més que els adjectius. A més a més, ens agrada tractar els lectors com a adults que saben decidir i interpretar. Per això sempre intentem quedar-nos a l'esglaó just per satisfer la curiositat sense entrar en el morbo. És cert que cadascú té la frontera en un esglaó diferent i, en cas de dubte, ens quedem a l'esglaó de sota, i sempre intentem donar la informació que considerem necessària, essencial. Si no és necessària, no cal. El límit el posem en el respecte a les persones. Les coses passen, no es pot evitar. El que sí que podem evitar és fer-ne més sang. Intentem explicar els fets amb respecte i pensant que les víctimes i les seves famílies ja han patit prou. Ens agrada pensar que si llegeixen els relats no els farà més mal. Més mal del que ja sofreixen i que, per desgràcia, no s'acabarà de curar mai. En molts dels relats que llegireu els familiars de les víctimes han comprovat que compartir la història els ha ajudat.

I, finalment, RITME narratiu, perquè, al cap i a la fi, expliquem històries amb la intenció que us atrapin com a lectors. Volem agradar. Volem tenir-vos pendents de cada pàgina, de cada paràgraf, de cada frase. Volem que la vostra atenció es concentri en el relat. Massa ritme provoca asfíxia; i massa poc, avorriment. Intentem trobar l'equilibri i endreçar-ho tot de tal manera que no us quedin preguntes sense respondre i, alhora, us sentiu traslladats al cor de la història que us estem explicant. No analitzem, no fem assaig. Posem els fets l'un al costat de l'altre perquè vosaltres pugueu fer-ne la foto final.

I amb aquesta voluntat, teniu a les mans un llibre que conté deu històries reals. Algunes potser les heu sentit a la ràdio o les heu vist a la televisió i d'altres són inèdites, però en tots dos casos en aquestes pàgines posem llum a la foscor amb els recursos que ofereix l'escriptura.

Són deu crims que hem triat pel seu impacte social, pel perfil dels acusats, per la complexitat de la investigació o per la resolució sorprenent que alguns llegireu d'un sol glop ben llarg i altres assaborireu a glops més petits, relat a relat. De Manresa a Ulldecona, de Lloret de Mar a Abrera, del País Basc a Madrid i —encara més lluny— a Fargo, als Estats Units, aquest llibre furga en la part fosca de la nostra societat i, amb el mateix esperit que vam iniciar aquest viatge, vol seguir posant «llum a la foscor» d'unes històries que ens descobreixen una vessant de nosaltres mateixos i del món que ens envolta que no podem ignorar; unes històries que cal il·luminar, també, per revelar-ne tots els angles i totes les mirades possibles, per tal que pugueu extraure'n les vostres conclusions més enllà de les investigacions i les sentències.

Tanquem aquest pròleg amb ganes de donar pas ja a les deu històries que us estan esperant i amb una crida a acompanyar-nos en el viatge de posar llum a la foscor.

Comencem!

CARLES PORTA

La più bella e la bestia

Dues amigues italianes

La Federica Squarise i la Stefania Perini estan il·lusionades. Tenen vint-i-tres anys i han reservat vuit nits a l'hotel Flamingo de Lloret de Mar per passar-hi una setmana de festa, platja i piscina entre el 28 de juny i el 5 de juliol de 2008. Aterren a l'aeroport del Prat la vigília de Sant Pere en un vol procedent de Venècia. Amb les maletes carregades d'emocions, agafen el tren a l'estació de Sants. Estan tan ansioses per ser a lloc que s'equivoquen i baixen abans de l'estació de Blanes. Riuen. Paguen un taxi fins a Lloret de Mar i hi arriben ja de matinada, a dos quarts de tres. Passen per recepció de l'hotel Flamingo, un macroestabliment turístic de més d'un miler d'habitacions. Estan cansades del viatge i van directes a dormir a la 308. L'endemà s'aixequen amb la intenció de conèixer Lloret a fons i, sobretot, de fer amics.

A l'estiu aquesta població costanera bull tant de dia com de nit, i la Federica i la Stefania tenen ganes de gresca. La tarda del dia de Sant Pere es mouen pels bars i pubs del voltant del seu hotel, situat a l'avinguda Just Marlés, coneguda com la «riera», on es concentren bona part de les dis-

13

coteques i els locals d'oci nocturn. Es fixen en un bar, el Beach & Friends, on treballen dos cambrers molt simpàtics, la Valentina i el Víctor. Hi entren a fer unes copes i xerren una estona amb ells. La Valen ha de fer de traductora, perquè el Víctor, que és uruguaià, no entén l'italià i li costa comunicar-se amb les dues joves turistes. Viu a Lloret des de fa tres anys, però fa només dos dies que treballa en aquest local, servint copes darrere la barra i fent entrepans. Les dues noies prenen un parell de cerveses i se'n tornen al seu hotel per passar-hi la segona nit.

Poc s'imaginen que serà l'última vegada que dormiran juntes.

L'endemà, el 30 de juny, es lleven tard i, havent dinat, es preparen per sortir a fer unes copes al bar del dia anterior, el Beach & Friends. Se saluden tots efusivament com si es coneguessin des de fa temps. El cambrer, Víctor Díaz, conegut com el «Gordo», comença a prendre's confiances amb les dues noies, i especialment amb la Federica, a qui ja ha començat a petonejar a la cara i a les mans. El grup es fa fotografies amb les càmeres de les dues turistes. Hi surten tots somrients i amb el polze aixecat. Les dues amigues italianes estan trobant a Lloret tot el que havien vingut a buscar.

La nit s'anima i cap a dos quarts de dues arriba al local una colla d'amics d'un noi argentí que fa anys. El pub està ple i les dues noies italianes ballen i beuen amb el grup com si fossin amics de tota la vida. El Víctor mostra molt d'interès per les dues turistes. No para de convidar a copes la Federica i està pendent d'ella tota l'estona. Ofereix haixix a la Stefania i la noia accepta l'oferiment i fuma un porro. Les dues amigues estan eufòriques. La seva tercera nit a Lloret de Mar promet. Quan es cansen del Beach & Friends segueixen el grup de l'aniversari fins al Yates Hard Rock, un local situat molt a prop, al carrer Santa Cristina. La festa continua. Segueixen bevent i ballant, cada cop més desinhibides per l'alcohol. Una de les noies fins i tot li treu la samarreta a la Federica. La jove italiana veu que s'ha quedat només amb els sostenidors, riu divertida i es torna a posar la samarreta mentre continua ballant i bevent enmig d'un ambient molt distès. Els testimonis declararan després davant dels Mossos que «l'actitud de les dues noies italianes era de molt bon rotllo» amb tota la colla. El Víctor, el «Gordo», també és al local. Ell es dedica a fer col·lecta de diners entre els que ballen per poder demanar més begudes. Segueix fent-se el pesat amb la Federica, l'abraça per l'esquena, la petoneja, la toca tota l'estona i es fa el graciós amb ella. Però no s'entenen, perquè ell no parla italià i ella no sap espanyol.

La Stefania fa estona que flirteja amb un dels nois del grup de l'aniversari, el Manuel, un argentí que li proposa sortir del local i anar fins a la platja per enrotllar-se. Avisa la Federica que se'n va amb el Manuel i la deixa amb la resta dels coneguts. Cap de les dues va bé. Han begut massa. La gent comença a desfilar del local perquè ja és tard. La Federica està cansada i decideix marxar cap a l'hotel. Tot i que la volen acompanyar, diu que se'n va sola perquè el Yates està molt a prop i pot arribar-hi sense problemes. Però no arribarà mai a l'habitació 308 que comparteix amb la seva amiga i on s'havien de quedar fins al dia 5 de juliol.

Passades les quatre de la matinada la Stefania torna al bar Yates de fer un volt amb el Manuel, però a la porta del local li diuen que ja no hi pot entrar. Mira a dins, no hi veu ni la Federica ni ningú de la colla i decideix marxar cap a l'hotel. El Manuel l'acompanya fins a la porta del Flamingo i s'acomiaden.

Entra al vestíbul convençuda que la seva amiga deu ser a dalt dormint plàcidament, però la clau de l'habitació continua al caseller de la recepció.

A dalt hi ha el telèfon mòbil i la documentació de la Federica, però ni rastre de la noia. La Stefania pensa que deu haver conegut algú interessant i que tornarà més tard. Però comença a clarejar, els bars i les discoteques ja han tancat i la seva amiga no arriba. La Stefania comença a preocupar-se i fins i tot truca a Itàlia i parla amb la germana de la Federica per saber si s'ha posat en contacte amb ella. Però ningú en sap res. Ni a Catalunya ni al seu país.

Passa el temps i creix l'angoixa. L'endemà, 1 de juliol, ja de dia, quan fa hores que no sap res de la seva amiga, la Stefania s'acosta al Beach & Friends i pregunta al cambrer, el Víctor, si sap alguna cosa de la Federica, perquè no ha tornat a dormir. Ell li explica que es van acomiadar davant de l'hotel i que va marxar a casa.

Com que no sap on buscar-la, la Stefania se'n va a la comissaria dels Mossos de Lloret de Mar i en denuncia la desaparició.

UNA DESAPARICIÓ INQUIETANT

La Stefania explica als agents que l'última vegada que ha vist la seva amiga ha estat aquesta mateixa matinada, cap a les tres.

Celebraven l'aniversari d'un noi argentí al bar Yates i ella ha sortit a prendre l'aire amb un altre jove, el Manuel.

S'ha acomiadat de la Federica i han quedat que ja es troba-rien després. Quan la Stefania ha tornat al bar, la seva ami-ga ja no hi era. Tampoc no l'ha trobat a l'hotel. S'ha esfu-mat en una població que en aquest moment de l'any és un formiguer de gent a totes hores. Ni la Stefania ni els Mos-sos creuen que hagi desaparegut voluntàriament.

Amb la fotografia de la jove, el seu telèfon i la docu-mentació, els agents de la Unitat d'Investigació de Blanes comencen a buscar testimonis, és a dir, qualsevol que hagi parlat, ballat o begut amb la noia des que va arribar a Llo-ret amb la seva amiga. El primer que fan els policies és anar a l'hotel Flamingo i recollir de l'habitació el raspall de dents, una goma dels cabells i qualsevol objecte d'on puguin treu-re ADN de la jove desapareguda. Es tracta de tenir mostres preparades per poder comparar-les amb el cos, en cas que aparegui morta. Mentre aquests investigadors fan la feina discreta, a fora hi ha activat un ampli dispositiu de recerca que capgira bona part del centre de la població, enmig de l'expectació de turistes i veïns. Els Mossos no escatimen recursos. Sospiten que la Federica no ha marxat pel seu compte i la busquen a qualsevol racó: al mar, a la platja, en zones boscoses, en parcs, per aire en helicòpter i fins i tot al subsol de Lloret.

L'endemà dijous els germans de la Federica arriben a Lloret. El viatge des de la regió de Pàdua fins a la Costa Brava se'ls ha fet etern, amb un nus a l'estómac i l'angoixa a flor de pell. Arriben a l'hotel, parlen amb els Mossos i co-mencen a enganxar cartells de la jove a parets, aparadors i tot arreu on poden.

Saben que és impossible que la Federica hagi marxat. És una noia molt familiar, de les que truquen a casa cada dia.

No és el primer cop que se'n va de viatge amb amigues, i esperava aquestes vacances a Lloret amb candeletes. A casa li diuen Chicca. Treballa com a administrativa a la joieria Morellato i destina la meitat del seu sou a l'economia familiar. És la segona de quatre germans: la Roberta, de trenta anys; el Mattia, de vint-i-un, i el Francesco, de vint. Els seus pares, el Ruggero i la Maria Grazia, s'han quedat a San Giorgio delle Pertiche, la població de nou mil habitants on viuen, esperant notícies.

Amb el pas de les hores la tensió augmenta. La premsa i les autoritats italianes comencen a pressionar les espanyoles. Els periodistes ja segueixen de prop la desaparició inquietant d'una jove turista, i la policia té clar que no pot ser una desaparició voluntària, perquè la Federica ha deixat la documentació i el mòbil a l'habitació de l'hotel i, a més a més, té bitllet d'anada i tornada. D'altra banda, creuen que amb el rebombori que ha muntat la premsa amb la seva desaparició, si hagués marxat pel seu compte ja li hauria arribat la notícia i hauria tornat.

El Joan es va incorporar al cos de Mossos el 1990 i cinc anys després va passar a ser investigador. Té un sisè sentit per fer deduccions i una traça especial per obtenir informació de confidents. Treballa a la unitat d'homicidis de Girona. Van sempre molt carregats de feina. Quan la Federica desapareix, estan atrafegats investigant un crim recent i s'han de repartir. Una part de l'equip segueix amb el cas que tenen entre mans i la resta, entre els quals figura el Joan, es dedica plenament a buscar la Federica. La premsa italiana ha publicat la notícia en portada, i la família no és l'única que ha aterrat a Lloret de Mar buscant respostes. També hi han arribat periodistes. Un comissari italià que fa d'enllaç amb el consolat ha començat a seguir de prop la investigació per informar les autoritats del seu país. La desaparició de la Federica Squarise ja ha traspassat fronteres.

El Joan i els seus companys comencen a reconstruir les últimes vint-i-quatre hores de la jove italiana. Busquen imatges de les càmeres de seguretat per seguir el recorregut de la noia després de sortir del pub Yates, remouen l'entorn de la jove la darrera nit i troben alguns testimonis. Comencen a aparèixer les primeres contradiccions.

Tot Lloret està mobilitzat. Els Mossos saben que es juguen la credibilitat amb les autoritats italianes i hi ha molta pressió. El cap de la Divisió d'Investigació Criminal, Josep Lluís Trapero, està molt atent a qualsevol novetat que arribi des de Lloret i dona ales als investigadors perquè segueixin buscant pistes que els portin fins a la noia. Al carrer hi ha un gran desplegament: patrulles de seguretat ciutadana dels Mossos, la Policia Local, equips d'antiavalots, experts en recerca al subsol, l'helicòpter... Tots pentinen la zona metre a metre, però no hi ha ni rastre de la Federica, com si se l'hagués empassat la terra.

Mentrestant, el Joan i els seus col·legues d'homicidis continuen resseguint les últimes hores de la turista italiana abans de desaparèixer. Tenen moltes esperances que els interrogatoris a testimonis els aportaran pistes importants. Volen començar pel cambrer del bar Beach & Friends, el Víctor, que en realitat es diu Santiago Víctor Díaz Silva, àlies el «Gordo». Però quan el van a buscar al pub són les onze de la nit i els diuen que ja no hi és, que a aquella hora ja ha plegat. Els policies tenen la sensació que aquest individu ha fugit per la porta de darrere en sentir que l'estan buscant. Fa menys d'una setmana que treballa al bar i els altres cambrers diuen que no saben ni on viu ni quin telèfon té. La policia comença a arrufar el nas. Com que no troben el Gordo, busquen els altres joves que van estar amb la Federica la nit que va desaparèixer tornant cap a l'hotel. Interroguen cinc testimonis que poden explicar la franja que va de les quatre de la tarda a les sis del matí i comencen a descobrir detalls interessants. Per exemple, que el Gordo es va passar tota la nit i la matinada assetjant la Federica, abraçant-la i petonejant-la. Un dels testimonis, un argentí de nom Juan, explica als agents que «la noia no mostrava gaire interès pel Víctor» i que ell estava molt pesat i enganxifós: «com una mosca collonera». Un altre testimoni és un noi a qui prenen declaració a la pizzeria on treballa. L'interrogatori és complicat, perquè està molt dispers, però resulta el més productiu de tots els que han fet fins ara. Explica que la matinada en què va desaparèixer la Federica, mentre prenien copes i ballaven al Yates, el Gordo li va demanar que toqués el dos amb l'Imma, una de les noies del grup, perquè es volia quedar amb la Federica. El noi va entendre clarament que l'uruguaià es volia enrotllar amb la jove italiana i que li estava dient que ell i l'Imma feien nosa, allà.

Els policies comencen a fer-se una idea del que podria haver passat aquella nit, però necessiten més indicis. Per això interroguen com a testimoni el porter del pub Yates i li pregunten si va veure sortir la Federica del local, i amb qui anava. El porter contesta que la jove va marxar fent tentines i que se li notava que havia begut. Llavors calla, fa memòria un moment, i afegeix que ara recorda que al darrere de la noia, com si la perseguís, va sortir el Víctor, el «Gordo», que va dir al porter del Yates: «Me'n vaig, que la meva xicota està borratxa». El porter va notar que el noi tenia pressa per acabar la conversa i sortir corrents darrere aquella noia que, segons ell, era la seva nòvia. No hi va donar importància. Li va semblar un episodi més dels que veia cada nit a la sortida i entrada del local.

La policia té cada cop més clar que el Víctor és la persona clau, però necessita més informació per poder collar-lo i no fer cap pas en fals. El porter del Yates va veure la Federica marxar pel mateix carrer Santa Cristina, i per tant a les càmeres de seguretat que hi ha al llarg del carrer hi ha d'haver per força unes imatges essencials per aclarir què va passar entre la noia i el Gordo just després d'abandonar el local. Ella anava beguda i va marxar sola cap al seu hotel a dormir. L'hotel està molt a prop. Ell li va córrer al darrere per acompanyar-la després d'haver-se passat tota la nit assetjant-la amb abraçades i petons. Ella era una noia menudeta; ell, un tros d'home. No ha de ser difícil identificar-los a les imatges de les càmeres de seguretat d'algun dels locals.

El Joan i un company s'acosten a la discoteca Londoner per demanar les cintes del sistema que enregistra les imatges del que passa a la cruïlla entre el carrer Santa Cristina i l'avinguda Just Marlés, on hi ha l'hotel de la Federica, però el gerent del local diu que l'aparell no funciona i que les càmeres no enregistren. Els policies, que intueixen que es fa el despistat, el pressionen una mica explicant-li que estan investigant la desaparició d'aquesta noia i que Lloret en va ple. Finalment, s'ho repensa i entrega tot el material als investigadors.

Es troben amb la mateixa situació a la discoteca Yates. Segons els encarregats, les càmeres que hi ha a l'accés no enregistren. Al final, però, resulta que sí. Els Mossos aconsegueixen les imatges captades per cinc càmeres a diferents hores. Les hauran de mirar detalladament. Estan segurs que seran determinants.

A Itàlia, la desaparició de la Federica Squarise ja ocupa les portades de la premsa i també en parlen a la ràdio i a la tele. Els periodistes italians que arriben per seguir el cas s'enganxen als seus col·legues de professió catalans per veure si rasquen algun detall. Els Mossos, amb la voluntat de mostrar seriositat i credibilitat, atenen els periodistes nouvinguts i els donen detalls de la recerca i de la gran quantitat d'efectius que hi estan destinant. La família de la Federica espera notícies, però no arriben. Es respira una calma tensa. En el moment àlgid de la temporada d'estiu, Lloret està ple de turistes que tenen família i que es pregunten què li pot haver passat a aquesta jove de vint-i-tres anys. L'Ajuntament s'esforça per enviar missatges de calma. Estan avesats a bregar amb successos i notícies que els embruten la imatge, però aquesta desaparició inquietant els té molt preocupats.

La recerca de la Federica no s'atura. Els equips s'han repartit el mapa de Lloret: l'helicòpter busca a tota la franja litoral més propera a la població, per si troba des de l'aire alguna pista; el servei de subsol, els agents que es mouen en clavegueres i pous, busquen sota la riera Just Marlés, l'últim lloc on se la va veure, i agents de l'Àrea Regional de Recursos Operatius (ARRO) fan batudes per la zona boscosa que toca al mar. Tot i que no descarten que la Federica Squarise pugui ser en un altre indret fora de Lloret, de moment centren els esforços a buscar-la dins dels límits de la mateixa població, que té una superfície de 48,7 quilòmetres quadrats. La pressió de les autoritats i de la premsa italiana s'intensifica. Ja fa cinc dies que no es tenen notícies de la jove. La seva amiga Stefania està molt abatuda. Se sent culpable per haver-se separat d'ella la nit de la festa al bar Yates.

Ara sap que no es van creuar per pocs minuts. La desapareguda va arribar davant de l'hotel cap a les 3.50 h i la seva companya hi va entrar a les 4.04 h. Va comprovar que la clau de la Federica encara era a la recepció de l'hotel, i va deduir que encara no havia anat a dormir. L'última persona que la va veure, per tant, va ser el Gordo, que es converteix així en el principal sospitós.

Els agents d'homicidis han fet una còpia de les imatges de les càmeres de seguretat en un llapis de memòria. Se les miren per sobre i veuen que són els vídeos que buscaven: s'hi veuen la Federica Squarise i els seus acompanyants. La premsa italiana està publicant molta informació, com si els periodistes anessin adossats als investigadors. «Sembla que sentin tot el que diem, perquè és trobar una cosa i al cap de res ja la tenim publicada», s'exclama el Joan ben emprenyat davant dels companys. Per evitar que les imatges es filtrin i apareguin als mitjans en plena investigació i amb la Federica encara desapareguda, opten per tornar a la discoteca i comissar els discos durs del sistema de videovigilància. Un cop els tenen sota la seva custòdia, ara sí, posen el llapis de memòria a l'ordinador i apareixen els primers fragments de vídeo. De seguida s'adonen que el porter del Yates deia la veritat. Les imatges revelen que a les 3.42 h de l'1 de juliol la Federica Squarise va sortir tota sola del

Yates. Anava vestida amb uns pantalons curts de color blanc i una samarreta negra de tirants. Es veu com gira la cantonada del carrer Santa Cristina en direcció a l'avinguda Just Marlés, on hi ha el seu hotel. Un cop en aquest carrer continua en direcció muntanya. Els policies veuen que camina perfectament, que no fa tentines, com va declarar el porter del Yates. Contenen l'alè, atents a la pantalla de l'ordinador. Set segons després es veu com el Gordo surt del Yates, parla uns segons amb el porter i després s'afanya a atrapar la Federica, es col·loca al seu costat i, com si fossin parella, li posa la mà a la cintura i continuen caminant tranquil·lament. Al cap de pocs segons desapareixen del camp visual de la càmera i els perden de vista. Només els queden uns quants metres per arribar a l'hotel Flamingo, on estan allotjades les dues noies.

En aquest punt comença a ser urgent interrogar el Gordo, de manera que proven sort de nou al bar on treballa, el Beach & Friends. Intentaran arreplegar-lo quan surti i se l'enduran a comissaria. I tal dit, tal fet. L'uruguaià puja sense dir res al cotxe dels Mossos de paisà que l'està esperant i marxen cap a declarar.

Els policies tenen un as a la màniga i esperen que serveixi per collar el Víctor.

Fan seure el Gordo en un despatxet de la comissaria dels Mossos de Lloret. Al davant hi té el Joan i el «Monti», Josep de Monteys, sotscap de la Divisió d'Investigació Criminal. El Joan es presenta amb el seu nom real, com fa sempre amb tots els detinguts. De fet, diu que si no tingués nom i n'hi fessin triar un, escolliria aquest. Es posa al costat del Monti i va escrivint al teclat les respostes de l'interrogat.

Els investigadors pregunten al Gordo a quina hora va

abandonar la festa d'aniversari al Yates, què va fer després i on va anar. El sospitós declara que la matinada del dia 1 va sortir de la discoteca després de la Federica i que un cop al carrer es va trobar la noia i es van posar a caminar junts pujant «per la part dreta de l'avinguda Just Marlés». L'home explica que «van estar parlant de temes sense importància» —el Joan i el Monti no alteren l'expressió, però quan senten això pensen tots dos el mateix—, que va preguntar a la noia en quin hotel estava allotjada i llavors la va acompanyar fins a la porta i va marxar cap a casa seva.

El Gordo acaba de dir als dos investigadors que ell i la Federica van estar parlant de temes intranscendents. El que no sap és que l'amiga de la desapareguda, la Stefania, ha explicat als mossos que el Víctor no entén ni un borrall d'italià i que la nit que es van conèixer al Beach & Friends els va haver de fer de traductora una altra cambrera, la Valentina. La mateixa intèrpret ocasional els ho ha confirmat en la seva declaració. Aleshores, de què parlaven el Víctor i la Federica mentre caminaven cap a l'hotel, tenint en compte que no s'entenien?

No és l'única contradicció que detecten en el relat del cambrer. Ell assegura que va sortir caminant del Yates, que es va trobar la Federica més amunt «casualment» i se li va posar al costat per acompanyar-la. Però tant el porter de la discoteca com les imatges de vídeo revelen que el Víctor va sortir escopetejat darrere la noia en veure que marxava sola, i el porter fins i tot afirma que va comentar que era la seva nòvia.

Malgrat aquests detalls que no quadren, els investigadors no tenen prou indicis per detenir-lo com a sospitós de la desaparició de la jove. El Joan sap que el Monti es reserva una última carta, però tem que no sortirà bé, perquè fa temps que interroga delinqüents i intueix quan estan a punt de caramel i quan estan tancats en banda. I en aquest moment sap que tenen poca cosa per fer-lo caure. Els investigadors han trobat una fotografia on es veu el cambrer intentant fer un petó a la boca a la Federica i com ella ho refusa. El Monti prova sort, li parla del petó, però el Gordo no pica. Insisteix que van passar una nit molt agradable tots junts però que després de la festa ell va deixar la Federica davant de l'hotel, i d'aquí no el treuen.

Tenen un nus a l'estómac, perquè saben que l'hauran de deixar marxar. Mentre el Monti va a la impressora a buscar la còpia de la declaració per fer-l'hi firmar, el Joan es posa molt a prop del Gordo i li diu molt a poc a poc per assegurar-se que s'entengui bé: «Sé que has sido tú, ya te pillaré». L'interpel·lat fa cara de pomes agres, però no respon.

Després de prendre-li declaració a comissaria, els mossos el citen per al cap de dotze hores perquè es deixi prendre voluntàriament mostres d'ADN. Haurà de ser demà perquè a Lloret no tenen policia científica. Si fos pel Joan, ho haurien fet avui mateix i així no haurien perdut temps. Ja fa massa dies que la Federica Squarise ha desaparegut. Així doncs, a les tres de la tarda del 5 de juliol, l'endemà que el cas arribi a Homicidis, el Gordo s'asseu de nou en una cadira de la comissaria de Lloret i els policies li agafen saliva per extreure'n mostres d'ADN i guardar-les. En el moment que li passen el cotó per la boca, els investigadors es fixen que té esgarrapades a tots dos braços, per sota del colze, i petites ferides als dits de les mans. Ell diu que se les va fer fa dos o tres dies muntant unes estanteries. Després de recollir-li la mostra li fan també fotografies de les lesions i el deixen marxar.

El Joan explica el que acaben de veure als seus superiors i entre tots coincideixen que aquest home els fa mala espina. Li posen vigilància. Dos agents del torn de nit, també veterans en aquest ofici, s'acosten fins al local on treballa de cambrer i esperen que surti per controlar-lo de ben a prop. Però el pub abaixa la persiana a l'hora de plegar i allà no hi ha ni rastre del Víctor. S'ha esfumat. A la comissaria dels Mossos s'encenen les alarmes. Preparen a correcuita un escrit per enviar al jutjat l'endemà a primera hora demanant la intervenció del telèfon mòbil del principal sospitós. Volen saber a qui truca, amb qui parla i de què. No poden perdre ni un moment i ja van tard.

Els policies posen vigilància al pis del Gordo. El Joan, que té experiència, s'ensuma que ja han fet tard i s'emprenya. Al mateix bloc hi viu l'exparella del Víctor. Els investigadors pensen que ara podria demanar ajuda a la noia i la vigilen també de prop. El temps corre de pressa.

Si ha fugit és que sap que ja el tenen atrapat a la teranyina i que és qüestió de temps que la policia localitzi el cos de la Federica. Perquè a hores d'ara, cinc dies després de la desaparició, la policia té clar que el més probable és que sigui morta.

El Víctor Díaz Silva és un sospitós de manual: va ser l'última persona que va estar amb la jove davant del seu hotel, i quan s'ha vist acorralat pels Mossos, ha decidit fugir i amagar-se. Amb la seva actitud s'està incriminant i, arribats a aquest punt, els investigadors decideixen concentrar tots els recursos a fer una recerca minuciosa i mil·limètrica al voltant del pis del Gordo. Intueixen que el cos de la jove pot estar per la zona des de la matinada del dia 1 de juliol. El sospitós no té cotxe, i per tant no pot haver-la traslladat gaire lluny. Ordenen una batuda exhaustiva per la zona on hi ha el pis del Gordo, a uns deu minuts del centre de Lloret. Creuen que podria haver-la portat fins allà i encara no han revisat la zona a fons. Comencen a buscar des de la plaça de la Llentia fins al domicili del Gordo, a la zona de la plaça París, molt a prop de la carretera de Tossa. Es mouen com un exèrcit sota una mateixa consigna: han de fixar-se en tots els portals, aparcaments, solars i soterranis del carrer per buscar alguna peça de roba o algun objecte de la desapareguda. També envien agents de l'Àrea Regional de Recursos Operatius (ARRO) a pentinar una zona boscosa que hi ha darrere del pis del sospitós. Comencen a les nou del matí del diumenge i ho allarguen fins després de dinar. Tampoc no troben res.

La família s'aferra a l'esperança de trobar la Federica amb vida. No poden imaginar cap altre escenari. No s'ho poden permetre, perquè el dolor és massa gran i han de ser forts i mantenir l'enteresa fins que arribin notícies. Els Mossos difonen entre la resta dels cossos la fotografia del Víctor Díaz. L'hi van fer durant la seva primera declaració a comissaria. Dret, vestit amb texans i la samarreta de la selecció de futbol de l'Uruguai, mira a càmera amb cara de resignat i el cap lleugerament acotat. Porta tatuatges als braços i a la mà esquerra.

La fotografia, que acabarà tenint un paper rellevant en aquesta història, arriba a mans d'una periodista de Ràdio Girona. A la Redacció s'enceta un debat per decidir si publiquen la imatge al web, i finalment decideixen que el dret a la informació preval, i més tenint en compte que l'home que surt a la foto ha fugit i és urgent localitzar-lo.

Els policies segueixen atents a les informacions que van

apareixent a la premsa, també a la italiana. Continuen amb la mosca al nas, perquè cada vegada que fan un pas o toquen una tecla, al cap de poques hores ho troben publicat als mitjans. En un principi desconfien del comissari italià que fa d'enllaç amb les autoritats del seu país i amb la família de la jove, però de seguida s'adonen que no pot ser ell, perquè li passen la informació amb comptagotes. L'informen només del que creuen necessari. «No pot ser ell, perquè tampoc li expliquem els detalls. És increïble que els periodistes tinguin la informació tan ràpid», pensa el Joan. Necessiten blindar els detalls, si volen agafar per sorpresa l'home que consideren responsable de la desaparició de la turista italiana.

HOMICIDI

El dilluns 7 de juliol al matí, set dies després de la desaparició, el caporal que dirigeix la recerca de la noia ordena que la bateria d'agents de l'ARRO pentini la zona boscosa que hi ha paral·lela a la carretera de Tossa.

A les 12.22 h, sota un sol que estavella les pedres, un dels policies, el Marcos, troba un cos al costat de la masia Can Saragossa, a la zona de Can Xardó, a nou minuts a peu del pis del sospitós. Està en una mena de sot i mig tapat amb branques, però es veu clarament que és una dona. Està despullada. Avisen de seguida els investigadors d'homicidis, que corroboren que sembla el cos de la Federica, perquè porta un tatuatge al peu, un brillant incrustat en una dent i un pírcing al nas. Però per confirmar-ho científicament necessiten les proves d'ADN i empremtes. Un cop a la taula d'autòpsies, el forense també busca restes biològiques d'una altra persona, sota les ungles o als genitals, per poder identificar l'autor del crim o fer-les servir com a prova, si apareix algun indici.

Poca estona després de la troballa del cos, un testimoni es posa en contacte amb la policia i explica que, passejant per la zona, ha vist unes calces tanga i unes xancletes de dona entre uns matolls. Quan els agents les ensenyen a la Roberta, la germana gran de la Federica, la noia les reconeix sense dubtar.

Mentrestant, segueixen buscant indicis al paratge on ha aparegut el cadàver. Identifiquen i escorcollen tots els vehicles que hi ha aparcats al solar de sorra del costat de la masia, però no hi troben res d'interès. També organitzen una batuda en un perímetre de cinquanta metres per buscar més objectes de la víctima.

A primera hora de la tarda els periodistes ja s'han assabentat que els Mossos han trobat el cos de la jove italiana, després de set dies.

Des de l'hotel Flamingo, on se la va veure per última vegada, fins a la masia Can Saragossa, on han trobat el cadàver, hi ha un quilòmetre i tres-cents metres, uns deu minuts caminant. És una zona una mica boscosa però envoltada d'edificis.

Els pares i els tres germans de la Federica estan desfets. La Federica era una noia alegre i plena de vida que simplement passava unes vacances a la Costa Brava amb una amiga. Impossible de pair. El pare, el Ruggero Squarise, mecànic de professió, emplea a la mateixa empresa des de fa quaranta anys, es repeteix una frase com una mena de mantra: «La Fede estava molt contenta d'anar a Espanya amb la seva amiga. Amb els nens va així, marxen, es mouen. I què hem de fer, si no esperar-los?». La casa on vivia la Federica té les persianes mig abaixades. La família comença a rebre visites de condol. La mare de la Federica vol viatjar a Lloret per veure la seva filla per últim cop, diu, però el pare aconsegueix dissuadir-la'n i finalment es queda a Itàlia.

A Lloret, les autoritats municipals, consternades, organitzen un acte en record de la jove. Per convicció, perquè creuen que s'ha de fer, però també perquè són conscients que els estan mirant des d'Europa i que s'hi juguen la reputació com a destí turístic. Al campanar de San Giorgio delle Pertiche hi penja un cartell gegant que diu: «*Il tuo sorriso è con noi. Ciao, Fede*» (El teu somriure és amb nosaltres. Adeu, Fede). Els amics i veïns no se'n saben avenir que aquella noia «de somriure transparent» ja no hi sigui. S'ha decretat també un dia de dol oficial i les banderes onegen a mig pal.

LA PERSECUCIÓ

Un cop localitzat el cadàver, comença una cursa a contrarellotge per trobar el presumpte homicida. Aquell mateix dilluns a la tarda, els investigadors demanen al jutge el permís per entrar a casa del Víctor Díaz i escorcollar-la, al carrer Joan Baptista Lambert, per buscar-hi roba amb sang o qualsevol indici que vinculi el fugitiu amb el crim. El Joan i els seus companys porten moltes hores treballant sense descans i estan esgotats. El Joan sap per experiència que aquests casos no tenen mai un final a curt termini, perquè primer s'han de resoldre i després cal assegurar la prova. Són dies intensos, de dormir poc i tenir les antenes activades. Els agents de la policia científica entren a casa del Víctor a un quart de dotze de la nit del dia 7 de juliol i no en surten fins a dos quarts de quatre de la matinada. S'emporten la roba que té per rentar, el desguàs de la pica del lavabo, una càmera de fotos, empremtes de terra, d'un sofà i d'unes quantes portes. Volen esbrinar si la Federica Squarise va ser al pis del principal sospitós.

La nit passada el Gordo ha dormit en un banc del Raval. El dia abans, dissabte, després de deixar-se prendre la mostra d'ADN, va entendre que anaven darrere seu i ja no va ni passar per casa. Va decidir tocar el dos amb el que portava posat i sense el passaport, va trucar al seu amic Fabián i el va citar a la platja de Fenals perquè li pagués els diners que li devia i el deixés a Malgrat. Allà el seu amic Gonzalo el va ajudar a canviar d'imatge i a comprar un bitllet de tren.

S'ha rapat el cap i les celles perquè no el reconeguin. Fa hores que deambula pels carrers de Barcelona sense saber on anar.

A Girona el forense Narcís Bardalet fa l'autòpsia a la jove turista italiana. El cos ha passat set dies al ras a ple estiu i presenta un estat de descomposició bastant avançat. Malgrat que la policia té molts indicis que és la Federica, cal confirmar-ho amb l'ADN. El cadàver que hi ha sobre la taula d'autòpsies és el d'una noia jove com ella i també porta un brillant incrustat a la dent, un pírcing al nas, un tatuatge al peu i un altre darrere l'orella. Té marques d'estrangulament al coll i indicis d'asfíxia, però no d'agressió sexual. Definitivament, les proves d'ADN confirmen que es tracta de la jove desapareguda. Les proves enviades al laboratori de l'Institut Nacional de Toxicologia revelaran que la noia havia consumit molt d'alcohol.

La notícia provoca una forta consternació a Itàlia. El pare de la Federica, Ruggero Squarise, demana en declaracions a l'informatiu *Sky TG24* que «se li faci a l'homicida el mateix que ell li va fer a la seva filla». El mateix mitjà publica tres fotografies que generen encara més dolor a la família i a l'entorn de la noia. En dues de les instantànies es veu l'uruguaià petonejant la Federica a la galta mentre la italiana somriu i tots dos aixequen el dit polze. A la tercera instantània hi surt només ell amb els dos polzes amunt i rient. Segons la premsa local, a San Giorgio delle Pertiche, a la província de Pàdua, les imatges indignen encara més els veïns, que estan de dol des que ha aparegut el cadàver de la noia.

El dia anterior la policia de Lloret va trobar el cadàver de la Federica i avui la fotografia del Víctor ja surt a tots els mitjans: els Mossos el busquen com a principal sospitós de la mort de la turista italiana de vint-i-tres anys Federica Squarise.

Aquesta nit el Gordo ha dormit a la platja. Va vestit amb roba que ha trobat abandonada i ha hagut de demanar diners. Des de la muntanya de Montjuïc contempla la ciutat i s'adona que no pot continuar així. Ha de trobar un lloc on amagar-se. Allà mateix destrueix tota la documentació que l'assenyala com a uruguaià, la llença i decideix canviar d'aires. Se'n va a l'estació del Nord i demana a un noi que li compri un bitllet d'autobús per fugir cap a Madrid.

Però quan arriba a la capital espanyola de seguida s'adona que allà tampoc no trobarà el que està buscant. No sap on ficar-se, no hi coneix ningú. S'acosta a una església i demana que el beneeixin. S'ofereix a un pastor evangelista per fer feines a la comunitat, però li diuen que no necessiten ningú. Menja en un menjador social que troba prop de l'estació d'Atocha i torna a dormir al carrer. Si continua així, no trigaran a detenir-lo. Ha de trobar algú que l'amagui. I llavors li ve un nom al cap. El matí del dia 9 agafa un altre cop l'autobús. L'esperen set hores de viatge amb una sorpresa al final.

L'exparella del Gordo ja fa dies que està nerviosa. I encara s'hi posa més quan els Mossos li truquen per prendre-li declaració. Volen saber si l'ha vist o hi ha parlat. Ella els explica que van estar junts un temps quan ella va deixar el marit. El Víctor i ella es coneixen des de petits perquè vivien al mateix barri a Montevideo, a Uruguai. Tots dos van arribar a Lloret de Mar l'any 2005, ara fa tres anys. Primer la noia, i uns quants mesos després el Gordo. Com que es coneixien, ella el va acollir a casa i van acabar tenint una relació sentimental. Al cap d'un temps van trencar, però encara mantenen relacions sexuals i, com que ell li va agafar estima al nen d'ella, de tant en tant se l'endú a passejar o a fer una hamburguesa. L'última notícia que té d'ell és del dia 5 de juliol, unes hores abans que s'esfumés després de donar el seu ADN a comissaria. L'exparella explica que el Víctor la va citar per veure's un moment amb urgència perquè li volia explicar una història abans no se n'assabentés per tercers. El que volia era posar-la en context per si acabava engarjolat. Li va dir que ell era una de les últimes persones que havien vist amb vida la jove italiana que estaven buscant a Lloret i que temia que això li portés problemes. Segons declara l'exparella als Mossos, li va preguntar si s'havien enrotllat i ell ho va negar. Li va assegurar que només l'havia acompanyat fins a la porta de l'hotel, que se n'havia acomiadat amb un parell de petons a la galta i que se n'havia tornat cap a casa seva. Els policies insisteixen per saber si li va donar algun altre detall, però la noia assegura que no. De fet, diu que l'endemà va intentar parlar amb ell per telèfon i ja li va saltar el contestador.

La vigília, dimarts, la policia de Gavà va detenir un home per tràfic de drogues i tinença il·lícita d'armes. Així que va entrar a comissaria va fer saber espontàniament als agents que tenia informació sobre la desaparició de la noia de Lloret. Com que no se sap mai, avui, 9 de juliol, els policies li prenen declaració. No hi perden res. El detingut els explica que té un amic que es diu Pedro que fa un parell de dies, tot esmorzant en un restaurant de l'àrea de Barcelona, li va explicar que sabia coses sobre la italiana desapareguda a Lloret. Com que ell el va anar burxant, el tal Pedro li va acabar explicant que l'agressor era un uruguaià que es deia Víctor. Havia matat la noia i havia abandonat el cos a la muntanya, a Lloret mateix. I aquest Pedro d'on havia tret la informació? Doncs resulta que l'hi havia dit un altre uruguaià que es diu Fabián i que havia ajudat el Víctor a fugir. Aquest Fabián és l'amo d'un locutori de la plaça

París de Lloret i el responsable de la seguretat de la discoteca Zoo.

El mateix dia, a Lloret, s'afanyen a fer citar el tal Fabián a comissaria com a testimoni perquè expliqui si ha encobert el Gordo i, sobretot, si sap on és. Hi arriba amb actitud de perdonavides i molt poques ganes de parlar. El Joan s'omple de paciència i a poc a poc va descobrint quina relació tenen el Fabián i el Víctor. Tots dos són uruguaians i es coneixen de veure's per Lloret. A més, el testimoni és consumidor de cocaïna i el Gordo n'hi ven. El primer cop que es van veure després de la desaparició de la Federica va ser el 4 de juliol, el dia abans que el Gordo toqués el dos. Aquell dia el Fabián va anar a trobar-lo perquè li fiés un gram de coca. L'endemà a les quatre de la tarda el Víctor va trucar-li al mòbil per reclamar-li seixanta euros per la droga. Va dir-li que l'esperava a la platja de Fenals i que el passés a recollir en cotxe per allà. El Fabián duia una criatura de només cinquanta dies a dins del vehicle, però no va dubtar a fer-hi pujar el Víctor per portar-lo fins a Malgrat, tal com li va demanar el fugitiu. Parlant del fill petit, el Fabián comença a estovar-se. Els policies insisteixen i repregunten. Volen saber si el cambrer del Beach & Friends, que està amb l'aigua al coll, li va confessar el crim i li va demanar que l'amagués. Però el Fabián, que comença a plorar i ja no para en tota la declaració, manté el seu discurs i insisteix que no en sap res; que l'únic que li va dir el Víctor és que necessitava anar a Malgrat de Mar per veure un soci que li subministra la droga. El Joan i el sergent que li prenen declaració estan segurs que menteix, però no tenen més indicis contra ell i el deixen marxar. Els investigadors comproven els moviments telefònics del Víctor i veuen que l'última trucada que va fer des del seu mòbil abans d'apagar-lo va ser al Fabián. Quan revisen el mòbil del testimoni, no hi consta cap trucada entrant del Víctor. Estan convençuts que l'ha esborrat del terminal.

L'únic detall que el Fabián els ha donat i que els pot servir és un nom: Gonzalo, un altre uruguaià, que es dedica a fer tatuatges a Malgrat de Mar.

Nou dies després de la mort de la jove italiana, un autobús deixa el fugitiu a Tarragona. Té un contacte a la ciutat i li vol demanar ajuda. És un noi de vint-i-sis anys que es diu Jose. El Gordo el va conèixer a Lloret amb tres amics més. Es van intercanviar els telèfons i fa un mes, quan es va separar de la parella i es va quedar al carrer, ja els va demanar ajuda. Amb la mateixa confiança, ara va directe cap a casa seva. Però el Jose i els seus amics han vist a les notícies la seva foto, la que els Mossos li van fer a la primera declaració —aquella que va arribar a la taula d'una periodista de Ràdio Girona i que va ser objecte de controvèrsia a la Redacció—, i ara aquella instantània pot acabar sent el final de la fugida del Víctor.

El Gordo es presenta a casa del Jose després de baixar de l'autobús i d'un llarg viatge des de Madrid. És tard, truca al timbre, els quatre amics són dins del pis. I si és el Gordo? El Jose mira per l'espiell de la porta, es gira i els confirma amb la mirada que és ell. Els joves de Tarragona no volen encobrir un sospitós d'assassinat. Es queden en silenci fins que senten uns passos que s'allunyen escales avall.

El Víctor ha marxat, però els de dins se senten malament per no actuar. No poden deixar un presumpte assassí campant lliure pel món. Per això tracen un pla i surten amb el cotxe a buscar-lo pels carrers de Tarragona.

Al cap d'una estona el troben. El Gordo els demana ajuda i un dels quatre amics, el Javi, se l'emporta a fer un beure en un bar. «Va ser la mitja hora més terrible de la meva vida. Mirava el rellotge tota l'estona, cada minut em semblava una eternitat. Em va dir que havia matat una persona en una baralla i vaig veure la cara d'aquella pobra noia», declararà el jove al cap d'unes hores al periodista Giusi Fasano del *Corriere della Sera*. «Ell estava angoixat, blanc com el guix, suat i nerviós. Em sembla que el veig encara amb aquell cap rapat, sense celles i totes aquelles rascades als braços i a les cames. Em va dir que també ho havia explicat a una amiga de Barcelona, que li havia posat una Bíblia a la mà i li havia demanat que marxés».

El Javi intenta dissimular els nervis mentre per dins compta els minuts. Els tres amics ja són a la comissaria de la Guàrdia Urbana. Abans hi han trucat per telèfon, però estan tan nerviosos que al final s'han estimat més anar-hi personalment. Mentrestant es comuniquen amb el Javi a través de missatges i ell cada cop dissimula pitjor. «Els amics em preguntaven on érem, però ell volia moure's constantment perquè tenia por que algú el reconegués. Deia que no volia anar a la presó».

Quan li sembla que ha passat una eternitat, veu aparèixer la policia per la porta del bar. El Gordo es deixa emmanillar resignat. Mira fixament el Javi i li diu: «Ets un traïdor». L'altre no dubta a respondre-li: «És el que et mereixes, ets un bastard i et passaràs la vida a la presó».

Els policies no s'hi entretenen. L'aixequen i se l'emporten cap al cotxe patrulla. Aleshores, inesperadament, el Gordo s'ensorra i pregunta: «¿Cuánto tendré que cumplir por haberla matado?».

Fa molts dies que el Joan i els seus companys d'homicidis van de bòlit revisant imatges, fent interrogatoris, parlant amb el jutjat, la família i les autoritats. Estan esgotats. Quatre dies després que el Gordo els fugís de les mans, quan el Joan ja està plegant per anar a casa a descansar una mica, sona el telèfon. Els seus companys mossos de Tarragona li diuen que tenen detingut el fugitiu de Lloret i que els ha donat un encàrrec: «Quiero hablar con Joan». No vol parlar amb ningú més.

El que li demana el cervell és marxar a casa a dormir, perquè està molt cansat. El cas de la Federica no és l'únic que tenen sobre la taula aquest estiu, però han trigat molts dies a trobar el cadàver i això els ha desgastat molt. Així i tot, si el cap l'estira cap a casa, el cor li diu que ha de baixar a Tarragona, mirar el Gordo als ulls i escoltar el que li vol dir.

El Joan agafa un cotxe de paisà amb els seus companys del grup i van directes cap a la comissaria del Tarragonès. Quan hi arriben ja és passada la mitjanit. El primer que pensa el Joan quan veu el detingut és que està molt demacrat. Li diuen que no té assignat cap advocat i per tant no li poden prendre declaració formalment. El Joan és molt escrupolós i no vol problemes. Intercanvia quatre paraules amb el detingut i poc més.

Però el Gordo ha demanat expressament per ell, perquè necessita dir-li una cosa. No s'ha oblidat de la frase que li va dir el Joan aquell dia a la comissaria de Lloret: «Sé que has sido tú, ya te pillaré».

El Gordo el mira als ulls i confessa: «La estrangulé la noche del día 1 y la abandoné en un descampado».

S'ha acabat la fugida.

LA CONFESSIÓ

El Joan i els seus companys saben que se'ls ha girat feina per demà i se'n tornen cap a Girona a intentar dormir ni que sigui unes horetes.

El Gordo tampoc dormirà gaire estona. La primera nit la passa engarjolat a la comissaria de Tarragona i l'endemà el traslladaran a la de Blanes, la comissaria principal de la Selva marítima. Mentrestant, el jutjat de Tarragona, on s'ha fet la detenció, traspassa el cas al de Blanes, que porta la investigació des del principi, perquè Lloret està dins d'aquest partit judicial.

El Gordo surt a mig matí de la comissaria de Tarragona en direcció a Blanes amb uns pantalons curts d'esport, samarreta granat i el cap i les celles rapades. És en aquest moment que la premsa capta les primeres imatges de l'assassí confés de la Federica Squarise. Intenta amagar la cara, però el seu rostre ja fa dies que circula per tot arreu.

Els Mossos el fiquen dins d'un furgó de trasllats de detinguts. Té un petit habitacle a la part del darrere que es tanca amb clau. Els arrestats van lligats amb un cinturó de seguretat que es corda i es descorda automàticament. El porten directe cap a Blanes. El trajecte és força ràpid. En una hora i mitja es planten a la comissaria.

El deixen al calabós, li donen un entrepà per dinar i contacten amb l'advocat. El Joan pronostica que serà una declaració llarga, perquè ahir a la nit ja se li notaven ganes de parlar.

Fa tants dies que va de corcoll al darrere d'aquest individu que està impacient per tenir-lo davant i saber-ho tot. Es pot imaginar el que va passar, però vol sentir la versió del Gordo i, sobretot, saber com es justifica. Ha conegut homicides de tots colors i n'ha fet confessar uns quants, de vegades amb una simple abraçada en el moment oportú. Aquesta nit també ha dormit poc i té ganes d'enllestir la feina. Agafa un cotxe de paisà i, acompanyat d'una part del grup, marxa cap a Blanes.

A les cinc de la tarda del dia 10 de juliol, deu dies després de la mort de la Federica, el cambrer del Beach & Friends buida el pap i ho explica tot amb pèls i senyals acompanyat de l'advocat. Al davant hi té el sergent d'homicidis, que és l'instructor de l'atestat, i el Joan, que actua com a secretari.

Així que s'asseu a la cadira es mira el Joan i li diu: «Te lo quería decir aquel día; te lo hubiera dicho».

Ha passat poc més d'una setmana des d'aquell dia. Aleshores el cos de la Federica encara no havia aparegut i el policia va tenir la sensació que si pressionava molt potser aconseguiria una confessió. Llàstima que encara no tenia prou indicis per collar-lo. El cas és que el Gordo no s'ha pogut treure del cap aquell policia que va prometre que l'atraparia. Ara el té al davant mirant-lo atentament, davant del teclat de l'ordinador i esperant que ho expliqui tot. El Gordo comença el seu relat des del principi, la matinada de l'1 de juliol.

El Víctor Díaz Silva té ganes de gresca. Porta tota la nit compartint cerveses, licors i algun porro amb un grup d'argentins i dues italianes que celebren un aniversari a la discoteca Yates. Han començat la festa al bar on treballa ell, el Beach & Friends, i ara la continuen en aquest local. Són una dotzena de joves que s'abracen, ballen i beuen. El Gordo fins i tot fa una col·lecta per pagar uns xarrups de Jagger, un licor molt potent que puja molt ràpid al cap. Passades les tres de la matinada, ja només queden sis persones al pub, entre elles la Federica, la noia que el Gordo defineix com la turista italiana «més baixeta», que porta una samarreta negra i unes bermudes blanques. La seva amiga ja no és al bar. Ha sortit fa estona acompanyada d'un noi ros amb els ulls clars. Cap a tres quarts de quatre la Federica decideix marxar tota sola cap a l'hotel. Diu que ha begut massa i necessita caminar tranquil·la i prendre la fresca. Quan ja s'allunya pel mateix carrer del Yates, ell se li acosta, li posa la mà a la cintura i caminen un al costat de l'altra.

—On vas? —li pregunta ell.

—Vaig a caminar una estona.

—Vinc amb tu.

Quan passen per davant de l'hotel Flamingo, on s'allotja la noia, ell li pregunta:

—Què vols fer?

—Vull seguir caminant una estona tranquil·la.

Ell no parla italià i ella entén poc l'espanyol. Però segons el Gordo xerren sobre Itàlia, la pasta italiana, Lloret i Uruguai. La noia va força beguda. Ell també porta unes quantes copes de més i ha fumat haixix. Mentre caminen, li passa la mà per la cintura i li toca els malucs i el cul. El Víctor Díaz està convençut que aquesta nit ha lligat i que té la

42

jove italiana a punt de caramel. Cada cop està més excitat amb la idea d'endur-se-la al llit. Quan ja s'acosten a l'altura de la plaça de la Llentia ell li fa una proposta:

—Anem a un parc on hi ha bancs. Allà estarem tranquils.

Ella segueix caminant al seu costat. Un cop al parc, passat el CAP de Lloret, s'asseuen a terra i ell —sempre segons el seu relat davant dels Mossos— li demana permís per fer-li un petó als llavis. S'estiren, es comencen a petonejar i ell li magreja els pits. Li descorda el cinturó i les bermudes i li abaixa els pantalons i les calces. Està cada cop més excitat i només pensa a penetrar-la. Li posa la punta del penis dins de la vagina i ella l'atura. Li diu que no vol continuar.

—I ara em denunciaràs... —li retreu ell, contrariat.

—Sí.

—Tinc família i un nen —li diu ell somicant, cada cop més nerviós.

—Et denunciaré!

En aquest punt del relat el Gordo s'atura, mira els policies que l'estan interrogant i diu: «Dins del meu cap vaig sentir una veu que em deia MATA-LA». Fa una pausa, i segueix.

La Federica està estirada a terra amb l'esquena sobre l'herba i té el Gordo a sobre. Ell li posa les mans al coll i estreny i estreny per matar-la. Està tot molt fosc i no li veu la cara. Quan nota que la noia ha deixat de moure's, para d'estrènyer un moment, però s'adona que està intentant agafar aire i aleshores la remata tapant-li el nas i posant-li la seva pròpia roba a la boca per asfixiar-la. Un cop està segur que és morta li treu la brusa i els sostenidors, s'embolica dos dits amb una peça de roba i els introdueix dins la vagina de la noia per netejar qualsevol resta de líquid de lubricació que hi pugui haver quedat.

Amb les mans embolicades amb peces de roba per no deixar cap empremta a la pell de la seva víctima, comença a arrossegar-la pels peus fins a una mena de sot que hi ha al costat d'un mur i d'un arbre. Després d'una zona planera ve una petita pujada i li costa molt estirar-la. El Gordo sent que passa gent a la vora, s'ajup per amagar-se i conté la respiració. Les veus passen de llarg. No l'han vist. Acaba d'arrossegar el cadàver fins al sot i intenta amagar-lo una mica. Està suat i nerviós. No vol deixar cap pista i li neteja tot el cos amb la roba per eliminar qualsevol marca. Arrenca unes quantes branques per tapar el cadàver i es punxa. Triga un quart d'hora a enllestir la feina. S'endú la roba i una petita bossa de mà de la Federica i corre esperitat bosc a través cap a casa seva. En la fugida s'esgarrinxa les cames i els braços. Arriba al pis al cap d'uns deu minuts, deixa els objectes personals de la seva víctima a terra i va directe a dutxar-se. Acaba de matar una persona, però es posa el despertador i se'n va a dormir. D'aquí a poques hores ha d'anar a treballar. A fora ja clareja. Es desvetlla unes quantes vegades i es lleva abans que soni l'alarma. És ara, quan es fica a la dutxa un altre cop, que s'adona que va tot ple d'esgarrinxades.

És perfectament conscient del que ha fet i es pregunta quant temps trigaran a trobar-la. Malgrat que ha netejat el cadàver a consciència, el mortifica la idea que trobin una empremta seva al cos. Abans de sortir de casa per marxar a treballar al Beach & Friends, obre la bossa de mà de la Federica i hi troba una càmera de fotos, estris de maquillatge i un moneder petit. Agafa una bossa d'escombraries negra, hi fica la roba que es va endur ahir a la nit, la bossa de mà, els pantalons i la dessuadora que portava ell en el moment del crim, ho llença tot en un contenidor de la plaça París, a prop de casa seva, i se'n va cap a la feina. Hi arriba una mica més tard del que és habitual, però es comporta amb tanta normalitat que ningú sospita que des de fa unes hores és un criminal.

El Víctor Díaz, el «Gordo», acaba el seu relat exhaust. Entremig han hagut de parar per menjar. El detingut s'ha passat part de la seva declaració plorant a llàgrima viva o somicant. L'interrogatori ha durat vuit hores i ja és de nit. Ha estat un dels més llargs que recorda el Joan.

El Gordo ha reconegut que va matar la jove italiana amb qui pensava que havia lligat, però nega per activa i per passiva que la violés. Insisteix que la relació sexual era consentida, però que a última hora ella es va fer enrere i va amenaçar-lo amb una denúncia.

Després que el detingut asseguri que no té res més a afegir li posen les manilles i el condueixen cap a les garjoles de la comissaria. Al cap de poques hores passarà a disposició del jutge de guàrdia de Blanes, que el tancarà entre reixes en presó preventiva fins a la celebració del judici, d'aquí a tres anys.

Mentre el Gordo espera la vista en una petita cel·la de la presó, a l'església de San Giorgio delle Pertiche un miler llarg de persones esperen l'arribada del fèretre de la Federica per retre-li l'últim homenatge. Fa dinou dies que la van assassinar a Lloret de Mar. Quatre policies locals porten el taüt fora de l'església. Està cobert amb un ram de gira-sols i un coixí de roses blanques. De fons sonen les notes d'una cançó dels Tiromancino, un dels grups preferits de la Federica, barrejades amb el lament dels que l'estimaven.

EL JUDICI

El 24 d'octubre de 2011 comença el judici. Els pares de la Federica i la seva germana Roberta traspassen molt nervio-sos les portes de l'Audiència de Girona, l'edifici antic de la Casa Pastors, situat davant mateix de les escales de la ca-tedral. Han passat tres estius des d'aquell fatídic juliol del 2008 i encara tenen la sensació que estan vivint un malson. El Gordo apareix a la sala de vistes custodiat per dos mos-sos. Va més ben vestit que en aquella foto que li van fer a comissaria després de la desaparició de la Federica.

Torna a explicar amb tota mena de detalls la seqüència de la matinada del crim. Confessa que la va matar, però nega que fos una violació. «Rocé mi parte masculina con su par-te femenina, pero no la penetré en ningún momento», de-clara el Víctor Díaz davant del tribunal.

En alguns detalls es contradiu amb el que va declarar davant dels mossos a comissaria. «Cuando declaré llevaba días sin dormir, estaba nervioso y quizá me expresé mal», al·lega per justificar-se. Si als investigadors els va dir que les esgarrapades dels braços se les havia fet amb les branques que havia arrencat per tapar el cos o corrent bosc a través, ara diu que les hi va fer la Federica amb les ungles quan intentava defensar-se —cosa que explicaria per què la víc-tima tenia restes de pell del seu agressor a les ungles—

i que també li clavava puntades de peu. Però la fiscalia i les acusacions neguen que la noia tingués cap opció de defensar-se. Només cal comparar la corpulència del Díaz Silva amb el cos menudet de la Federica. Si ell pesa 120 quilos i fa 1,83 metres d'alçada, ella amb prou feines arribava als 50 quilos i a 1,60 metres.

També declara en el judici l'amiga de la Federica, la Stefania. Està molt commocionada pel que va passar i encara no s'ho explica. Descriu la seva amiga de la infància com una noia amable, educada, molt oberta i sociable, i insisteix que el Gordo va estar tota la nit pendent de la Federica. Que ell li acariciava les mans i li volia fer petons, però la Federica «no se n'hauria anat amb un individu així».

El Santiago Víctor Díaz Silva va ser condemnat a disset anys i nou mesos de presó per assassinat i abús sexual. No eren les tres dècades que demanaven la fiscalia i la família Squarise. Al final el tribunal va fer rebaixes amb el delicte d'agressió sexual i el va deixar en un abús.

El Joan i tot l'equip d'investigadors que es van deixar la pell per resoldre aquell cas encara no s'ho expliquen. Què més calia?, es pregunten. El Díaz Silva va reconèixer que li havia ficat la punta del penis i fins i tot que li havia netejat la vagina per assegurar-se que no hi quedés cap fluid. Per al Joan és una agressió sexual de manual. La sentència també en tenia una de freda i una de calenta: el tribunal considerava provat que el Gordo havia actuat amb traïdoria, però li rebaixava els anys de presó perquè havia confessat.

La Federica Squarise era una noia de vint-i-tres anys simpàtica, alegre i molt treballadora. Havia estalviat tot l'any per anar-se'n de vacances. Li feia moltíssima il·lusió passar una setmana de festa i rialles a Lloret amb la seva amiga de la infància. S'havia endut una càmera de fotos petita per immortalitzar els bons moments. La portava en una bossa de mà que el Gordo va llençar a les escombraries.

Va morir a mans d'un home que no va voler entendre que quan una noia diu que no és que no. No és no. A Pàdua, a Montevideo i a Lloret de Mar.

Cosins

Feia molts anys que el Paco regentava un negoci a Lloret de Mar. Ell i la seva dona, la Rosi, tenien un bar i, al damunt, quatre habitacions per llogar. Els havia fet il·lusió batejar el negoci amb el nom Bar Pensión Rosi. Ella era una dona alegre i generosa amb els clients. Tan alegre i generosa com els vestits que portava, sovint només una bata d'aquelles tan fresques i còmodes. No li agradava passar calor i a Lloret en feia molta. Li agradaven les bates de flors.

El Paco i la Rosi havien aconseguit crear una atmosfera especial, al bar. Els clients eren pràcticament sempre els mateixos. S'hi havia fet un grup d'habituals que eren com una família. Lloret bullia de turistes, però al Bar Pensión Rosi no n'hi entraven gaires, per no dir cap. Els clients eren tots de casa, com el Ricardo Piris, un home que devia tenir la mateixa edat que els amos del local, si fa no fa.

Al Ricardo li deien «el Mançanilla» perquè només prenia infusions. Era un home tranquil, educat i, en moltes ocasions, seductor. Tot i que tenia parella, una dona que es deia Ana i que vivia a Barcelona però venia de tant en tant a Lloret, el Ricardo flirtejava amb totes les dones que li passaven per davant, com per exemple la Paloma, una altra de les clientes habituals. Però ja en tornarem a parlar més endavant, de tota aquesta colla.

Resulta que el Paco i la Rosi havien trobat a faltar el Ricardo. Feia quatre dies que no passava pel bar, i això no era normal. Ell no fallava mai. Sabien que vivia a Santa Coloma de Gramenet i que la casa que tenia a Lloret era una segona residència, però quan estava instal·lat allà, com ara aquell agost, no hi havia dia que no tragués el cap al bar un moment o l'altre. I, si no, avisava. Alguna cosa li devia haver passat, que fes tants dies que no se li veia el pèl. Com que tenien el seu número, li van telefonar al mòbil. Els clients habituals del Bar Pensión Rosi tenien el número de tots els seus companys de tertúlia. No contestava. Van pensar que potser era amb la nòvia i li van trucar a ella també, però l'Ana tampoc no en sabia res, i a més estava molt preocupada, perquè havien quedat que passarien el cap de setmana junts i ell no s'havia presentat a buscar-la.

El Paco estava segur que al Ricardo li havia passat alguna cosa i, com que no tenia claus de casa seva, li va semblar que la millor opció era anar-ho a denunciar als Mossos.

Quan passen dos minuts de la mitjanit, el Francisco entra per la porta de la comissaria dels Mossos d'Esquadra de Lloret de Mar. És ja la matinada del diumenge 27 d'agost de 2000 i tot just acaba de tancar el local.

És tard i fa molta calor. Està sent un estiu dur. Els Mossos s'adonen que han d'anar ràpid, perquè aquest home viu sol i potser ha tingut un accident o un atac a dins de casa. Arriben al carrer de Santa Julita, en un petit barri dels afores de Lloret. Els turistes no saben ni que existeix. Les cases són molt senzilles, d'una o dues plantes. N'hi ha alguna de tres, però ben estreta. És un barri de gent treballadora i moltes teulades són d'uralita. Sempre s'ha guanyat més o menys bé la vida, però al Ricardo no li ha sobrat mai un duro. No es podia permetre un apartament a primera línia de mar, però volia una segona residència a Lloret. Això, a Santa Coloma, muda molt. I a Valencia de Alcántara, el poble d'Extremadura d'on prové, encara més.

Els mossos veuen el cotxe del Ricardo aparcat al davant de casa. Mal senyal. Truquen i no respon ningú. Telefonen al mòbil i sona a dins. Senten que sona perquè la finestra enreixada que hi ha a la planta baixa està oberta. Enfoquen a dins amb la llanterna i veuen que tot està en ordre. És la finestra del menjador.

—Ei, hi ha unes claus damunt la taula.

Un dels mossos proposa a l'altre que mirin d'arribar a les claus. La casa és en un extrem del barri i és a tocar d'un descampat. Aprofitant que hi ha branques a terra n'agafen una i li posen un ganxo de filferro a la punta. Però la finestra és massa alta perquè hi arribi un mosso i allargui el braç cap dins.

—Calla, enfila't damunt meu, com si féssim un pilar de dos.

Dit i fet. L'un puja a sobre de l'altre. Si no fos perquè allà dins potser hi ha un home que necessita ajuda, encara riurien de la situació.

—No et moguis, tio, que em faràs caure —diu el de sobre.

—Collons, és que peses i m'estàs clavant les botes. Un altre dia descalça't.

51

—Aguanta, que estic a punt. Ja està, ja les tinc.

Efectivament, les claus obren la porta. No està tancada amb volta de clau ni sembla que l'hagin forçat. A dins sona la ràdio: Los 40 Principales. Això encara ho fa tot més estrany.

—Ricardo! —criden els mossos—. Ricardo! Està bé?

Miren al menjador i no hi veuen res fora de lloc. Es dirigeixen a la cuina, i al costat de l'aigüera hi ha una Fanta de llimona i un got a mig beure. A l'altra banda, al costat de la nevera, el mòbil del Ricardo. Està endollat, carregant-se, i marca el cent per cent de bateria. A la planta baixa no es veu ningú per enlloc.

Pugen les escales. No saben per què, però no han encès els llums de la casa i avancen il·luminats per les llanternes. És una llum prou potent i fa un feix prou gran. A cada graó que pugen els arriba una olor progressivament més penetrant. Molt mal senyal.

—Mare meva, quina pudor —diu en d'ells, tapant-se el nas i la boca.

No hi ha res estrany al passadís. Continuen avançant seguint la pudor. Hi ha una porta tancada. Deu ser l'habitació del Ricardo. Obren la porta. La llanterna del mosso que va davant enfoca en horitzontal i il·lumina un llit desfet. La pudor és espessa, es podria mastegar. És pudor de carn podrida. Insuportable. El llit desfet sembla que és ple de sang. «Ai, ai, ai. Aquí hi ha una sangada de por». A la paret hi ha una esquitxada enorme. No és vermella, perquè ja deu fer dies que hi és.

Quan hi entra el segon mosso enfoca la llanterna cap a la paret i s'il·lumina un santcrist que hi ha penjat. L'habitació té dos llits individuals. El que no està ple de sang està fet, impecable.

El mosso que ha entrat primer fa un pas a la dreta, apunta el feix de llum cap avall i...

—Hòstia!!!

Hi ha el cos d'un home a terra. Està despullat i de bocaterrosa. El cadàver es troba en un estat de descomposició avançat, però a l'esquena se li veuen unes marques que podrien indicar una mort violenta. Els policies decideixen no tocar res i sortir de la casa per no alterar el que a primera vista sembla l'escenari d'un crim.

El primer que crida l'atenció a la comitiva judicial i als agents de la científica que arriben al carrer de Santa Julita de Lloret de Mar per fer l'aixecament del cadàver és l'esquitxada de sang que es veu en una de les parets de l'habitació: «Era com si algú hagués agafat un got ple de sang i l'hagués llançat contra la paret», recordarà l'inspector Xavier Domènech. Una sagnia així només pot indicar una cosa: que el Ricardo l'han matat fent servir una violència extrema. Sortint de l'habitació, un rastre de gotes vermelles baixa per les escales i es perd a dins del lavabo de la planta baixa.

Però la sang no és l'únic que els crida l'atenció. La segona sorpresa arriba quan tomben el cadàver. Vegem com s'explica la troballa al sumari:

Siendo las 9.30 horas del día 27 de agosto de 2000, se continúa la diligencia. Se gira el cuerpo del cadáver y se observa por el médico forense una herida incisa en la ingle derecha de unos tres centímetros de longitud; el pene, erecto, tiene puesto un preservativo.

Aquesta sí que no se l'esperaven: un preservatiu en un penis endurit. Es miren i el mosso més veterà li diu a l'altre: «Deu ser el rigor mortis». Tenen clar que no és el mateix un cadàver despullat que un cadàver despullat que porta un condó. Tot i que són conscients que no s'han de deixar portar per la primera impressió, la violència de les ganivetades i el detall del condó obren una possible línia d'investigació. Tot apunta que el mòbil podria ser una venjança sexual o de tipus passional, i així queda reflectit a les primeres diligències policials:

> La víctima ha estat assassinada durant els actes previs o mentre efectuava l'acte sexual, ja sigui per la mateixa persona o bé una tercera. Presumptament el mòbil del crim ha estat passional, emocional o sexual. Al preservatiu hi ha les restes de l'ejaculació.

Tot i que encara és prematur, els agents parteixen de tres hipòtesis:

1) Malgrat tenir parella, el Ricardo podria haver contractat els serveis d'una prostituta. Ella hauria intentat robar-lo o s'haurien barallat per algun altre motiu, i ella se l'hauria carregat.
2) El Ricardo estava mantenint relacions amb una dona que estava casada o tenia parella. L'home els hauria enxampat i l'hauria matat sense pietat.
3) El Ricardo se les hauria tingut amb la dona amb qui estava al llit i la discussió hauria acabat com el rosari de l'aurora.

Presenta signes de defensa a les mans. No li han sostret ni diners ni objectes personals. L'habitatge no presenta símptomes de forçament.

En tota la casa no hi ha cap indici que apuntali la hipòtesi del robatori: cap calaix forçat, cap habitació regirada. Res. Però el cadàver està literalment cosit a ganivetades.

«Això no és gens habitual, i aquest tipus d'homicidi indica molta ràbia, molt d'odi. És un d'aquells crims que nosaltres anomenem "passionals". No és delinqüència comuna per robatori, aquí es denota una relació prèvia molt intensa entre la víctima i l'autor», assegura l'inspector Xavier Domènech.

Mentre el cos és traslladat al tanatori de Lloret de Mar, on se'n farà l'autòpsia, els Mossos comencen a investigar qui podria odiar el Ricardo Piris. Per fer-ho només poden començar per una persona: el protagonista principal, el Ricardo Piris Piris. La seva història familiar coincideix amb la de molts nouvinguts: els Piris són originaris de la província de Càceres (Extremadura). Per ser més exactes, d'un poblet que es diu Valencia de Alcántara, a prop de la frontera amb Portugal. Els pares ja són morts. Dels cinc germans, dos es van quedar a Càceres i els altres tres fa anys que van emigrar a Barcelona o als voltants. Té una germana a Salt i un germà a la Bisbal.

El primer que fan els Mossos, òbviament, és parlar amb els familiars: tots diuen que era una bona persona. Això sí, era un home molt introvertit que no parlava pràcticament amb ningú de fora del seu cercle. I molt estalviador, asseguren.

Els propietaris del Bar Pensión Rosi, el Francisco i la Rosi, afirmen que era massa desconfiat per deixar entrar a casa ningú que no fos conegut. Però tothom amb qui parlen coincideix que no s'imaginen qui podria odiar tant el Ricardo per apunyalar-lo amb aquella fúria.

Amb l'esperança de trobar algun fil per estirar, els Mossos continuen investigant el cercle més proper al Ricardo Piris i intentant fer-se una idea de com vivia: «Ens vam centrar molt a reconstruir la seva vida. Ens calia conèixer amb qui es relacionava, on anava, què feia al matí, a la tarda, on anava a comprar... per identificar i conèixer el màxim de persones del seu entorn. I també, evidentment, en la família», explica el Xavier Domènech.

Mentre burxen en la vida de la víctima, els investigadors en reben una de freda i una de calenta. Comencem per la calenta: els de la policia científica han trobat cabells tant al llit del dormitori com al vehicle que hi ha aparcat davant la casa, del qual també han aconseguit extreure empremtes.

I ara la freda: el buidatge del mòbil que han trobat a Santa Julita no aporta cap informació útil. L'última trucada que ha rebut d'un telèfon fix no és rellevant. De moment, continuen encallats. Recordem aquesta dada, perquè més endavant tornarem a parlar del registre de trucades.

El 30 d'agost, tres dies després que el trobessin mort, enterren el Ricardo Piris al cementiri de Salt. A falta d'un pla millor, els Mossos decideixen aprofitar l'ofici religiós per camuflar-se entre els assistents i gravar-los en vídeo. No saben ben bé què busquen, però volen estudiar l'actitud de la gent: si algú diu una paraula més alta que l'altra, si es palpa tensió a l'ambient...

Amb tot, per més que repassin les imatges del funeral, continuen treballant a cegues. Fins que en una de les entrevistes que fan al cercle habitual del difunt un dels entrevis-

tats els diu que voldria parlar però que té por de les repre-
sàlies i fins i tot pateix per la seva integritat física.

El qualifiquen com a testimoni protegit A-100 i final-
ment decideix explicar-se: al Bar Pensión Rosi, assegura, hi
ha una parella que podria estar involucrada en el crim. Al
testimoni li consta que ella, la Paloma, mantenia relacions
sexuals amb el difunt; i que el marit, el Joaquín, és tan gelós
que segur que seria capaç de fer un disbarat si ho arribés a
saber.

Els Mossos veuen com se'ls obre una porta: per fi tenen
un fil per estirar, i a més tot plegat encaixaria amb la hipò-
tesi amb què treballen. Si és veritat que aquest home és tan
violent i gelós, podria ser que els hagués enxampat i hagués
perdut l'oremus. Abans de fer-se moltes il·lusions, truquen
a l'hotel on treballa la Paloma, el Clipper de Lloret. Prime-
ra sorpresa: amb la feinada que hi havia a l'hotel, el di-
vendres —possible dia de la mort del Ricardo, segons els
primers resultats de l'autòpsia— la Paloma no va anar a
treballar, va trucar a l'hotel dient que tenia la filla malalta.

Ara sí que intueixen que van pel bon camí: tenen dos
sospitosos.

El primer pas és investigar a fons qui són aquest parell.
Comencen a vigilar-los i fins i tot els prenen declaració de
manera formal en dues ocasions, per veure si els enxampen
en alguna contradicció. Efectivament, la tàctica funciona i
detecten algun detall que no acaba de quadrar i que els ser-
veix d'excusa per demanar una intervenció telefònica.

Repassem les declaracions dels dos sospitosos:

El primer a passar pel tràngol és el Joaquín, un tros d'ho-
me que té fama de rampellut. Explica que està separat de la
dona, amb qui té dues filles, i que ara viu amb la Paloma.

Reconeix que té mala jeia i que fa anys va estar detingut per una baralla violenta.

Per la seva banda, la Paloma nega haver estat mai a casa del Ricardo Piris, amb qui assegura que no tenia gaire relació.

El problema d'aquesta versió és que al Bar Pensión Rosi hi ha parroquians que afirmen que l'han vist entrar a casa de la víctima, i recordem que el nostre testimoni protegit diu que la Paloma estava enredada amb el Piris.

Per acabar d'embolicar la troca, una altra habitual del Bar Pensión Rosi, la senyora Faride, assegura que el local és el punt de reunió d'una colla de gent que es dediquen a criticar tot déu. No té gaire bon concepte del Paco i la Rosi, de qui diu que la van utilitzar com a ganxo per atraure clientela, i assegura que la Paloma s'ho feia amb tots els homes que passaven pel bar i que a més van treballar totes dues juntes al club Las Cuevas de Lloret.

Citen a declarar per segon cop la Paloma, però tampoc no en treuen res. Els investigadors arriben a la conclusió que al Bar Pensión Rosi tot són xafarderies i que s'han d'agafar amb pinces tot el que diguin aquella colla de criticaires. A més a més, les empremtes que li han pres no coincideixen amb les que s'han trobat a la casa ni al cotxe de la víctima: tornen a la casella de sortida.

Per no fiar-ho tot a una única hipòtesi, mentre investigaven aquella parella tan peculiar han anat trucant a les portes dels veïns del carrer de Santa Julita, a veure si en treien res, i no totes les entrevistes han estat en va. La senyora Antonia, la veïna del costat del Ricardo, una dona gran que es passa tot el dia amorrada a la finestra i que té tot el veïnat controlat, sí que ha vist alguna cosa.

«Ens va comentar que la setmana abans havia vist com

el Ricardo arribava amb el seu vehicle i baixava acompanyat d'una dona d'entre quaranta i seixanta anys, grassa. Ens va remarcar que tenia els malucs molt amples, que portava un vestit de flors i que van accedir tots dos junts al domicili. Va ser l'últim cop que va veure el Ricardo, i el vehicle ja no es va moure més», explica el Xavier Domènech.

La veïna no va acabar d'aclarir si era el divendres 18 o el dilluns 21. Les dates encaixarien amb els resultats de l'autòpsia, que estima que el Ricardo podria haver mort el 18, tot i que amb la calor d'aquells dies també podria haver estat el dia 21. Però l'Ana, la seva parella, no quadra amb la descripció de l'acompanyant que els ha fet la veïna. A més, l'han descartat des del primer moment perquè té una coartada. Qui és, doncs, la dona misteriosa que anava amb el Piris l'últim cop que se'l va veure amb vida?

Per si els investigadors no van ja prou despistats, se'ls presenta a la comissaria un dels germans del Ricardo Piris i els diu que l'endemà de l'enterrament es va trobar amb el Paco —el propietari del Bar Pensión Rosi, l'home que va denunciar la desaparició—, i que li va dir que entrés a prendre alguna cosa al seu establiment. Un cop dins, assegura, es va sentir amenaçat, tant per ell com per la dona. No sap explicar ben bé per què, però va tenir la sensació que tant el Paco com la Rosi li deien amb la mirada que si sabia alguna cosa callés o el traurien del mig.

El germà del Ricardo parla només de sensacions, de mirades, però als investigadors se'ls encén la bombeta: la dona del Paco encaixa amb la descripció de la misteriosa acompanyant de la víctima. Com és que no se n'havien adonat! I si al Bar Pensión Rosi hi ha gat amagat? I si l'amo del bar i la víctima no tenien tan bona relació com sembla? Amb els personatges que freqüenten aquell bar se'n podria fer un serial, així que ves a saber. Els investigadors pensen que també podria ser que el Paco l'hagués matat, que hagués deixat passar uns dies, i després hagués anat a avisar els Mossos per no aixecar sospites.

Quins elements apunten cap als amos del bar? Per una banda, la sensació d'amenaça que percep el germà. No és gran cosa, d'acord, però qui no té tall rosega els ossos. I per l'altra, un detall que crida l'atenció: tot i ser molt amics de la víctima, ni l'un ni l'altra van anar al funeral. Quan els pregunten per què —per separat—, la dona diu que perquè havia caigut i s'havia fet mal al genoll, tot i que salta a la vista que de mal no se'n va fer gaire. Però la resposta de traca és la del marit: «Pues para que no me relacionaran con el homicidio».

Aquesta sí que és bona. Segons aquest home, si vas a l'enterrament d'un amic que ha mort assassinat i de qui tu mateix has denunciat la desaparició, automàticament et converteixes en sospitós.

Aquí hem de fer un incís. Recordeu A-100, el testimoni protegit que va assenyalar aquella parella de clients problemàtics del Bar Pensión Rosi? Aquell que assegurava que ella estava enredada amb el Ricardo i que el nòvio era un cafre que tenia molt mala llet? Doncs no diríeu mai qui és aquest testimoni protegit: el mateix Francisco, «Paco» per als amics.

I si el Paco se'ls ha estat torejant des del primer dia?

És evident que han d'investigar els propietaris del Bar Pensión Rosi. Agents camuflats comencen a seguir-los per tot arreu i fins i tot s'instal·len durant un temps als apartaments Maremagnum de Lloret, just davant de la casa dels sospitosos, per observar-los més discretament. Aquesta vegada, a més, demanen al jutjat que els intervingui els telèfons personals i el del bar.

El dispositiu suposa un gran esforç per a tots els agents d'homicidis, que estan convençuts que ara sí que s'hi estan acostant. Però malauradament van passant les setmanes i comencen a tenir la sensació que piquen ferro fred: aquell parell no fan res ni diuen res que els pugui relacionar amb el crim del carrer de Santa Julita.

A més, sense comunicar-ho als Mossos, el jutjat ha cridat la Rosi i el Paco per prendre'ls les empremtes, i resulta que no coincideixen amb les que es van trobar a la casa i al cotxe. Entre una cosa i l'altra ja fa tres mesos que el Ricardo Piris és mort. Són al novembre i el més calent és a l'aigüera.

Fins que el dia de Reis uns familiars de la víctima reben un regal inesperat que capgirarà el cas. No ve de l'Orient sinó d'Extremadura, i per correu ordinari, però Déu-n'hido la sorpresa.

Es tracta d'una carta escrita a mà. L'encarregada de portar-la a la comissaria serà la María Jacinta, la germana del difunt que viu a Salt. El 8 de gener la María Jacinta explica als Mossos que la carta l'ha rebut una de les germanes que viu a Valencia de Alcántara i que la dona l'hi ha enviat a ella perquè la pugui portar a la policia. Té data del 2 de gener de 2001 i el mata-segells és de Sant Adrià de Besòs. Al sobre s'hi pot llegir:

Ricardo Isidro, Asiento
Laseña de la Borrega
Valencia de Alcántara, Cáceres.

Laseña de la Borrega és en realitat La Aceña de la Borrega, una pedania de cent habitants a onze quilòmetres de Valencia de Alcántara. Els Mossos no triguen a descobrir que el remitent s'ha pres la molèstia de fer-ne cinc fotocòpies i d'enviar-les a cinc persones diferents de l'entorn del Ricardo Piris, que després s'han encarregat de fer-les arribar als familiars.

Es tracta d'un anònim escrit a mà, amb majúscules i traç insegur. Costa seguir-ne el fil, perquè no para de fer salts temporals i de passar d'un tema a un altre sense solta ni volta. Són tres fulls de llibreta quadriculats, i sembla que l'autor conegui molt bé la família de la víctima. Explica que part dels germans van decidir marxar a Catalunya, que han tingut conflictes per problemes d'herències, discussions... i llavors ve el plat fort: diu que l'assassina és una cosina del difunt, una tal Engracia.

Els Mossos ja estan prou escaldats i no es volen fer il·lusions, perquè el text denota una profunda hostilitat de l'autor cap a la cosina en qüestió. De fet, la deixa verda: que si ha estat ella qui ha enemistat els cosins, que si ha deixat pelat l'exmarit, que si roba persones grans. Tot plegat és tan exagerat que s'estimen més posar-ho en quarantena:

EL MARIDO SE LLAMA ANTONIO ORTEGA. LE ROBÓ TODO LO QUE TENÍA. ANDA HACIENDO DAÑO A TODO EL MUNDO POR BADALONA, ROBANDO A LOS VIEJOS Y A LAS VIEJAS. EN SANTA COLOMA HACE LA MISMA FAENA.

I llavors deixa anar:

ENGRACIA ROSADO PIRIS HACE VEINTE AÑOS ESTUVO CON RICARDO. EL DÍA UNO DE AGOSTO DE DOS MIL HASTA EL VEINTITRÉS DE AGOSTO, SABÉIS LO QUE PASÓ ALLÍ? ESTUVIERON JUNTOS LOS DOS EN LLORET. DURANTE VEINTE AÑOS ESTUVIERON PASANDO POR ALLÍ. ELLA LE QUERÍA QUITAR LOS DOS PISOS, EL COCHE Y EL DINERO. POR ESO PASÓ LO QUE PASÓ ENTRE LOS DOS.

Com que és un anònim —el reproduïm textualment, amb incoherències incloses—, els investigadors saben que l'han d'agafar amb pinces, però conté certs detalls que val la pena comprovar si són certs. Repassem-los:

1) Que la cosina en qüestió va aprofitar que els dos fills estaven passant una temporada fora per cometre el crim.
2) Que es devia fer una lesió apunyalant la víctima perquè la van veure pel carrer amb les mans ferides.
3) Que fa vint anys l'Engracia i el Ricardo mantenien relacions sexuals.

LO QUE LE PASÓ A RICARDO FUE CULPA DE LA ENGRACIA. LO QUITÓ DE EN MEDIO. LE VIERON POR LA CALLE DE SANTA COLOMA CON LAS MANOS HERIDAS EN EL MES DE AGOSTO.

Els Mossos no es volen fer il·lusions, però és perfectament plausible. No seria pas la primera vegada que un assassí es fa ferides a les mans apunyalant algú. Passa sovint quan intenten desclavar el ganivet del cos de la víctima.

Però ja han tingut uns quants desenganys que els han fet perdre molts dies de feina, i aquest cop s'ho prenen amb més calma.

Comencen pel principi: trobar l'Engracia Rosado Piris. Efectivament, hi ha una dona que es diu així, que viu a Badalona i té tres fills. Els Mossos acaben veient que el nombre de fills balla segons amb qui parlen, però van per feina i decideixen interrogar primer els dos que encara conviuen amb la mare.

El 18 de gener de 2001, cinc mesos després del crim, parlen amb la Mónica Piris, la filla que va tenir l'Engracia amb la seva última parella, Vicente Piris.

Els explica que des del 1999 el pare està internat en un geriàtric de Sant Adrià de Besòs. Va amb cadira de rodes i li costa molt parlar. Ja fa temps que no té cap relació amb l'Engracia i els únics que el visiten són els fills. Tot i que la noia viu amb la mare a Badalona, assegura que no es parlen entre elles.

Però el més important és que la Mónica confirma dos dels punts crucials de l'anònim: que tant ella com el germà van ser a Extremadura visitant la família del 14 al 24 d'agost —per tant, la data estimada de la mort, al voltant del 18 d'agost, l'Engracia estava sola a casa—, i que quan van tornar a Badalona la mare duia la mà embenada perquè s'hi havia fet un tall —segons els va dir, per culpa d'un accident domèstic.

Ara sí que els Mossos decideixen que ha arribat el moment de saber què hi diu l'Engracia, a qui aquell mateix dia escolten a la comissaria per prendre-li declaració voluntària. Així és com descriu la nova sospitosa l'inspector Xavier Domènech: «És una dona de cinquanta-sis anys, tenia la mateixa edat que la víctima. Sembla la típica dona carinyosa, incapaç de fer-li mal a ningú... No diria que és una àvia, perquè encara no té l'edat de ser-ho, però sí una dona grassa. Evidentment, coincidia amb la descripció que ens havien dit. La típica dona que tothom pensa que és bona persona i que no té pinta d'haver-li fet mal a ningú».

El físic de l'Engracia, per tant, encaixa perfectament amb la descripció que va fer la veïna del Ricardo de la dona que l'acompanyava l'últim cop que se'l va veure amb vida. Ara vegem què explica el responsable de la investigació sobre la primera conversa amb la cosina de la víctima: «La seva declaració va ser molt correcta, ens va dir que amb el seu cosí mantenia una relació distant, com ho poden ser moltes relacions familiars. Intentava insinuar que hi ha coses que entre familiars no es fan... Primer no ho vam entendre. Ens va explicar que estava separada, que vivia amb una altra parella. Li vam preguntar si havia estat mai al domicili del seu cosí a Lloret i ens va dir que no hi havia estat mai».

L'Engracia assegura que es va assabentar de la mort del cosí perquè l'hi va explicar una noia del barri. Sap on és el domicili del Ricardo a Santa Coloma, però diu que a la casa que té a Lloret no hi ha estat mai. L'últim cop que van parlar va ser a l'estiu, quan el van operar del nas.

Fins aquí, tot normal. Tot normal si no fos que els investigadors es fixen que mentre parlen l'Engracia intenta amagar la mà esquerra. No hi porta cap bena, però se li veuen uns talls. Com que de l'entrevista no n'han tret res aclaridor, se centren en la ferida de la mà. Sembla una ferida prou seriosa i fa suposar que li devia caldre atenció mèdica.

Efectivament, l'historial mèdic confirma que el 21 d'agost

de 2000 l'Engracia va anar a l'hospital perquè li curessin un tall, que, segons va explicar ella mateixa, s'havia fet amb un ganivet. Tenia tres tendons afectats i, pel que indica el metge a l'informe, devia fer unes cinc hores que se l'havia fet.

La declaració de l'Engracia és coherent, però cinc hores són moltes, quan t'has fet una ferida així. I a més ara ja hi ha uns quants indicis que l'assenyalen.

a. L'anònim que l'apunta com a autora dona dades concretes que s'han pogut corroborar.

b. Tot i que ella nega haver estat a Lloret, tant l'anònim com la família del Ricardo asseguren que els dos cosins mantenien una relació que no era ben bé de cosins.

c. El mateix dia en què va morir el Ricardo, ella es va fer una ferida a la mà completament compatible amb l'arma que es podria haver fet servir per assassinar-lo.

d. La descripció que fa la veïna de Santa Julita de la dona que acompanyava el Ricardo Piris encaixa amb la complexió física de l'Engracia.

e. Els Mossos han analitzat més a fons la llista de trucades que va rebre el Ricardo al mòbil. Aquesta vegada decideixen demanar informació a la companyia telefònica i... bingo: l'última trucada que va rebre el Ricardo es va fer des d'un telèfon fix del número 11 del carrer d'Orió, casa de l'Engracia.

L'endemà, 19 de gener, cinc mesos després que el Ricardo aparegués mort a casa seva, els investigadors decideixen agafar el toro per les banyes. Dos mossos truquen a la porta

66

del pis on viu l'Engracia Rosado. L'inspector Xavier Domènech assegura que no oblidarà mai aquella detenció:

—Señora Engracia, está usted detenida por haber matado a su primo Ricardo.

—Si yo lo he matado es porque él me mató a mí.

És una confessió sense contemplacions. Com marcar un gol en un partit al minut u. No t'ho creus ni tu. Truques a la porta de casa d'una sospitosa, li dius que està detinguda per assassinat i confessa només de dir bon dia.

A partir del moment en què pronuncia aquestes paraules ja no pot parar. L'inspector Domènech assegura que poques vegades s'ha trobat amb algú amb tantes ganes de buidar el pap. Normalment tothom ho nega tot fins a l'últim moment i els investigadors s'han d'escarrassar a buscar proves per demostrar-ho tot, però, mentre la traslladen amb cotxe de Badalona a Blanes, on hi ha el jutjat encarregat del cas, l'Engracia es passa tota l'estona xerrant pels descosits. Tot i que els agents l'adverteixen que no cal que digui res, no hi ha manera que calli. En acabat no tindrà cap problema per repetir-ho tot, pràcticament paraula per paraula, davant dels agents instructors, el secretari de diligències i l'advocat. I l'endemà, quan passi a disposició judicial, sant tornem-hi. Sempre la mateixa versió, clavada. I què explica exactament l'Engracia Rosado Piris?

Per saber-ho, ens haurem de remuntar molts anys enrere i situar-nos a Valencia de Alcántara, on l'Engracia es va casar amb l'Antonio Ortega. Un cop casats se'n van anar a viure a Madrid, però el matrimoni va fracassar i ella se'n va tornar a Valencia de Alcántara amb dues filles. Segons la doctora Emma Osejo, una psiquiatra que la va visitar el 1998, dos anys abans del crim, l'Engracia li va assegurar que es va separar del primer marit perquè la maltractava i que va pujar les filles tota sola. Al cap d'un temps va conèixer el Vicente Piris Carnerero, d'un poble de prop de Valencia de Alcántara, i se'n van anar a viure tots dos a Catalunya per començar una nova vida.

L'any 1975 el Ricardo Piris va decidir seguir els passos de la seva cosina i se'n va anar a provar sort a Catalunya. En un primer moment fins i tot es va instal·lar a casa d'ella. Al principi tenien una relació normal entre parents, però a mesura que va anar passant el temps la cosa es va anar animant.

A partir del 1990, relata ella mateixa, la relació va fer un gir: van començar a tenir relacions sexuals. Explica que eren unes relacions sexuals «normals», però que el Ricardo li reclamava pràctiques anals i ella li deia sempre que no. Aquesta relació es va allargar tres anys. Concretament, fins al 23 d'agost de 1993. Què va passar aquest dia?

L'Engracia va arribar a casa del seu cosí. Van prendre una Coca-Cola i, no sap si perquè ell li va posar alguna cosa a dins, va notar que li venia mareig. El Ricardo va aprofitar que la cosina no es trobava bé per violar-la. Primer vaginalment i després analment. Un cop consumada l'agressió, l'Engracia, furibunda, va marxar del lloc assegurant-li que el pensava denunciar.

«Si me denuncias, te mataré a ti o a tus hijos», diu que la va amenaçar el Ricardo.

L'Engracia explica que en aquell moment va tenir la sensació que el seu cosí era capaç de complir l'amenaça i que al final va decidir no anar als Mossos. És per això que els arxius policials no tenen constància de la violació. Però l'Engracia se'n va anar d'allà amb una idea fixa al cap. Així que va sortir de casa del seu cosí va entrar en una botiga del carrer del Rellotge i va demanar el ganivet més gran que tinguessin. N'hi van oferir un de grans dimensions i amb el mànec de fusta. El va comprar, el va fer esmolar encara més i se'l va guardar. Havia decidit que el mataria. Esperaria l'oportunitat i el mataria.

Van anar passant els dies i els mesos, i la ràbia no remetia. No podia oblidar l'agressió. I és que li havia deixat seqüeles psíquiques, però també físiques. Va ser tan violenta que pocs mesos després fins i tot la van haver d'intervenir quirúrgicament a causa d'un esquinçament anal.

«Aquesta senyora comença a tenir uns problemes d'esquinçament a l'anus que li provoquen que tingui una incontinència fecal constant que l'obliga a portar bolquers des d'aquella època», assegura el seu advocat, Jaume Rovira. Tot i que ja hi tenia molèsties arran d'un dels parts, l'agressió va agreujar el problema. Per això l'Engracia assegura un cop i un altre que des d'aquell 23 d'agost que no ha tornat a ser la mateixa. Recordem el que va dir a la primera de canvi als agents que li van comunicar la detenció: «Yo lo maté porque él me mató».

Però quina relació mantenen els dos cosins entre el 23 d'agost de 1993 —data de la presumpta violació— i el 21 d'agost de 2000, la data en què va morir el Ricardo?

Tot i que el tracte s'havia refredat, l'Engracia era conscient que si volia tenir opcions de matar el Ricardo no podia tallar en sec la relació. Va mantenir-la, fins al punt que compartien un compte corrent on ell cobrava la pensió per invalidesa. El contacte físic entre tots dos no era, ni de lluny, com abans. Ella sabia que havia de mantenir la relació fins que es presentés una oportunitat.

I aquesta oportunitat va arribar el 21 d'agost de 2000, quan faltaven dos dies perquè es complissin set anys de la violació. El dia abans, aprofitant que els dos fills estaven de vacances al poble, va decidir que havia arribat l'hora: va trucar al seu cosí, li va dir que els nois eren fora i que estava sola a Badalona, i li va proposar que l'endemà la passés a recollir i pugessin tots dos a Lloret. Així ell li podria ensenyar la casa nova.

El Ricardo ho va acceptar a l'instant. Com veurem després, tot i que feia set anys que no tenien relacions sexuals, de seguida va interpretar l'interès de l'Engracia per pujar a Lloret com una insinuació.

El 21 d'agost l'Engracia es va posar un vestit de flors, es va ficar el ganivet que havia guardat durant set anys a la bossa i va pujar al Citroën del Ricardo. Abans d'arribar a la casa de Lloret es van aturar en un centre comercial a comprar un parell de coses i unes costelles per dinar.

L'Engracia era una dona sense estudis i sempre s'havia sentit menystinguda pel Ricardo, que se la mirava per damunt de l'espatlla sense dissimular. Mentre anaven en cotxe, ell no parava de fer-li comentaris desdenyosos que li anaven encenent encara més la sang. Quan finalment van aparcar el cotxe davant de la casa del carrer de Santa Julita, l'Engracia tenia molt clar el que havia de fer. Va ser justament en aquest moment, quan baixaven del cotxe, que la veïna que mirava per la finestra va veure entrar el Ricardo a casa seva amb una dona que portava un vestit de flors.

Ell va deixar la carn a la nevera, va posar la ràdio i li va oferir una Fanta de llimona. L'Engracia explica que tenia molt present el record de la Coca-Cola que l'havia marejat el dia de la violació i que va dubtar un moment, però com que sabia on havia comprat la Fanta i el Ricardo l'havia encetat davant seu, va decidir beure'n.

I aleshores el Ricardo li va preguntar tal com raja:

—Què vols fer: vols que dinem, o vols que fem l'amor?

—No, no, anem a dalt.

Era evident, doncs, que ell no tenia cap dubte que la seva cosina l'havia perdonat i tot tornava a ser com abans.

Van pujar a la tercera planta. El Ricardo li va dir que anés a deixar la bossa a l'habitació que feia servir la seva nòvia per guardar-hi les coses quan venia a passar el cap de setmana. Recordem que era en aquesta bossa on hi havia el ganivet que l'Engracia havia comprat feia set anys.

El Ricardo de seguida va anar per feina. Quan ella va entrar al dormitori, se'l va trobar despullat i estirat en un dels dos llits. Així que la va veure, es va posar un preservatiu.

Van mantenir relacions sexuals. Quan els investigadors preguntten a l'Engracia per què s'hi va prestar, ella respon que perquè sabia que, en acabat, el Ricardo estaria més relaxat i tindria menys reflexos per defensar-se.

El Ricardo i l'Engracia van acabar de fer l'amor. Ell es va quedar estirat al llit, mig ensopit, i ella es va aixecar per anar a rentar-se, però en lloc d'anar al lavabo va entrar a l'habitació on havia deixat la bossa i va agafar el ganivet que havia guardat, ben esmolat, des de l'agost del 1993.

Va tornar a l'habitació i, amb tota la ràbia acumulada durant set anys de malviure, li va clavar una ganivetada a l'engonal que li va seccionar l'artèria femoral. El ganivet va quedar clavat al cos del Ricardo i l'Engracia el va haver d'estirar per recuperar-lo. Va ser en aquest moment que es va fer el tall a la mà que acabaria delatant-la. Quan final-ment ho va aconseguir, en va sortir disparat un doll de sang que va esquitxar de dalt a baix la paret. El Ricardo, dret, va suplicar a la seva cosina que parés i que truqués a una ambulància, però ella va fer com si sentís ploure. Ell es va marejar i va caure a terra. L'Engracia va aprofitar per clavar-li una ganivetada rere l'altra. Vint-i-cinc en total.

Segons els forenses, el cos del Ricardo presentava vint ganivetades amb forat d'entrada i sortida, cinc sense sortida, i talls superficials que es va fer intentant defensar-se. En total, doncs, vint-i-cinc punyalades amb un ganivet que els Mossos encara no han trobat.

Ja estava. Set anys després d'haver-s'ho proposat, l'Engracia havia matat el seu violador. Però no tot havia sortit com ella volia.

«Entonces yo cogí el cuchillo con la mano derecha y con la izquierda para cogerle sus partes y cortárselas, pero entonces, cuando le clavé el cuchillo en la ingle, me echa mis manos para atrás y ya no pude cogerle las partes».

L'objectiu de la primera ganivetada, doncs, no era la femoral. A l'Engracia li va fallar la punteria.

Va anar al lavabo de la planta baixa, es va rentar les mans i es va taponar la ferida amb un drap. Un cop al carrer, va llençar l'arma i va caminar uns vint-i-cinc minuts fins al centre de Lloret. Allà va agafar un taxi i se'n va tornar a casa seva. Llavors va veure que el tall de la mà era més greu del que es pensava i se'n va anar cap a l'hospital Vall d'Hebron. Quan el metge la va atendre, ja feia cinc hores que el Ricardo era mort.

Els Mossos busquen per la zona on l'Engracia ha declarat haver llençat el ganivet amb «l'empunyadura de fusta de color marró vermellós, de fulla esmolada ampla i llarga», segons l'ha descrit ella mateixa. Però no apareixerà mai.

Al judici, el jurat popular ha d'intentar discernir si l'Engracia Rosado Piris hi era tota o no, el dia que va assassinar el seu cosí.

L'encarregat de la defensa és el mateix advocat que hi havia de guàrdia el dia de la detenció, el Jaume Rovira. Demana una pena de cinc anys de controls psiquiàtrics, perquè entén que la violació va ofuscar la seva clienta, que a més a més patia un trastorn. El fiscal, en canvi, sol·licita la pena màxima, perquè, segons ell, hi va haver acarnissament i traïdoria.

Però tornem a la violació: realment l'Engracia va actuar per venjar una agressió sexual? És cert que el seu cosí la va violar? Es va poder demostrar? Vegem què en diu el seu advocat: «La violació no era el motiu del judici. Amb la qual cosa el jutge no tenia ni tan sols per què entrar-hi, ni tan sols comentar-la en la seva sentència. Però sí que ho va fer, reconeixent que hi havia hagut un fet previ que l'acusada relatava. Que aquest relat venia recollit amb els informes mèdics i psiquiàtrics des de l'any 1993 fins a l'any 2000, en el moment de la detenció. Perquè ella va mantenir aquesta versió, no només davant de la policia i davant dels jutjats, sinó també davant dels seus metges i davant dels psicòlegs i psiquiatres que la van atendre entre el 1993 i el 2000. Amb la qual cosa tenim constatat això. Ara, si es va produir o si no es va produir la violació, això és el que no s'ha pogut demostrar».

Hem de tenir en compte que a principis dels noranta la majoria de les agressions sexuals no es denunciaven.

L'Engracia no ho va fer perquè l'agressor la va coaccionar i perquè en el seu món aquestes coses es consideraven un tema privat.

Hem vist, doncs, que hi ha informes mèdics posteriors a l'any 1993 on es recullen els problemes psicològics de l'Engracia i el relat de la violació —«refiere haber sido agredida sexualmente»— i que té seqüeles físiques que fins i tot l'han obligat a passar pel quiròfan. Com pot ser que no l'ajudés cap professional?

Ara sorprèn que tot plegat no comportés l'activació de cap mena de protocol, però eren altres temps, i el dolor de l'Engracia per l'agressió de la qual havia estat víctima es va anar convertint en una obsessió per venjar-se. La defensa va aportar al judici el diagnòstic que n'havien fet els psiquiatres que l'havien tractat després de l'assassinat: trastorn delirant crònic. En canvi, els metges forenses de Girona que van fer-ne el peritatge van considerar que no es tractava d'un trastorn delirant, sinó d'obcecació.

Un trastorn delirant es caracteritza perquè hi ha deliris. Aquests deliris semblen pensaments basats en la realitat, però són pensaments alterats. Aparentment segueixen una lògica, però les premisses de partida no són correctes. Semblen racionals, però no ho són.

Si bé els perits afirmen que en el moment dels fets l'Engracia no patia cap malaltia mental, sí que reconeixen que va actuar sota l'efecte de l'obsessió que la turmentava des de feia set anys.

Però què passa amb les seqüeles físiques? Com les expliquen els forenses al judici? Segons ells, l'Engracia ja patia un esquinçament anal abans de la suposada violació, i la intervenció quirúrgica a la qual s'havia sotmès no només

74

no l'hi havia curat, sinó que l'hi havia agreujat, però el ponent de la sentència no vol entrar a discutir si la violació li havia provocat o no els problemes:

> Sin embargo, el Tribunal del Jurado, contando con prueba para ello, derivada tanto de la declaración de la propia acusada como del informe de los Médicos Forenses, estima concurrente la atenuante de obcecación, dado que durante siete años guardó en su interior la intención de acabar con la vida de su primo, obcecación que vino asentada en el dato objetivo de ciertas molestias derivadas de la anulación del nervio que controla los esfínteres anales, lesión esta de la que no dudaba en culpar a su primo por la violación anal que la propia acusada decía haber padecido. No es el momento de entrar a valorar la existencia o no de esa violación, pero lo cierto es que su sentimiento y vivencia por parte de la acusada limitaba levemente su facultad para controlar sus impulsos.

El jurat popular determina que la manera com va actuar l'Engracia denota un control de la situació: va premeditar el crim, va ser ella qui va citar el cosí, va amagar el ganivet a la bossa, va consentir a tenir-hi relacions sexuals per tal que estigués despullat i així poder-li tallar el penis i els testicles, el va atacar a traïció i es va desempallegar del ganivet.

No hi ajuda gaire la parsimònia amb què l'acusada relata tant l'agressió com la mort del Ricardo, com si fos un relat memoritzat que va repetint a tothom.

Finalment el jutge té en compte l'agreujant de traïdoria, descarta el d'acarnissament i hi aplica l'atenuant d'obcecació.

Com pot ser que en un crim que va esgarrifar els investigadors per la brutalitat de les ganivetades no s'hi apliqui l'agreujant d'acarnissament? Així va explicar l'Engracia les vint-i-cinc ganivetades: «Entonces, yo, para que no padeciera, le di por la espalda unas pocas, no sé las que fueron».

És a dir, l'Engracia va tenir compassió. Afirma que el seu cosí va estar agonitzant cinc minuts i que ella li va anar clavant ganivetades per accelerar el desenllaç.

Per què això no es pot considerar acarnissament? Perquè no li va provocar més patiment del necessari. Després de la primera ganivetada la víctima no va trigar a perdre el coneixement, de manera que les altres vint-i-quatre no les va sentir.

El jutge li imposa la pena mínima aplicable en casos de traïdoria: quinze anys de presó.

A l'Engracia li costa seguir el fil del que passa a la sala. En el moment de la lectura del veredicte, el seu advocat se li acosta i li diu a cau d'orella que li han caigut quinze anys.

«¿Solo?», se sorprèn.

Aquesta resposta només s'explica, segons el seu advocat, perquè a la seva clienta no li importa gaire anar a la presó. A fora no hi deixa gaire res: viu amb dos fills amb qui ni tan sols es parla, en un pis petit, amb la nevera buida i tan atrotinat que l'única bombeta que encara funciona és la del menjador.

Segons el mateix advocat, per a l'Engracia la presó provisional va ser un descans. Primer, perquè ja no havia d'amagar aquell secret que la rosegava, i segon perquè se sentia més atesa i vivia en condicions més dignes a la presó que no pas a casa seva.

Com diria aquell, misteri resolt. Ja sabem qui va matar l'home que va aparèixer mort al llit amb un condó posat i també sabem per què ho va fer. Però hi ha un enigma que encara no hem esbrinat. Sabeu quin és? L'anònim, efectivament. Qui va escriure la carta que va delatar l'Engracia i on s'assegurava que es dedicava a robar a tort i a dret i només es movia per cobdícia? Què hi ha de cert en aquesta acusació?

Comencem pels diners: els germans del Ricardo també deien que l'Engracia arrambava amb tot el que podia, però l'únic que va quedar demostrat és que en el moment de la detenció l'autora del crim tenia divuit mil euros al banc entre el seu compte i el que compartia amb el mort, on ell cobrava una pensió per una invalidesa, perquè en el moment en què l'havia obert l'Engracia era l'única persona que coneixia a Santa Coloma. Per tant, el mòbil econòmic no va quedar demostrat.

Però qui va enviar aquell anònim? Qui podia tenir tota aquella informació sobre l'Engracia?

Una setmana després de la detenció, els Mossos tanquen el cercle. Aquell dia decideixen anar a la residència geriàtrica Matacàs de Sant Adrià de Besòs per entrevistar-se amb el Vicente Piris Carnerero, l'última parella de l'Engracia i pare de dos dels seus fills. Fa un any i mig que viu allà. Una embòlia cerebral li ha deixat seqüeles greus: té dificultats per parlar i una incapacitat física motriu. El Vicente explica com pot als agents que va viure amb l'Engracia del 1973 fins al 1997. Es va assabentar de la mort del Ricardo Piris pels fills un dia que el van anar a visitar, i el primer que va pensar va ser que se l'havia carregat la seva exdona, perquè, segons ell, en una ocasió també havia intentat matar-lo a ell.

Com que durant els últims mesos l'havia vist voltant per la residència, li va agafar por i va decidir començar a escriure una carta explicant quin tipus de persona era la mare dels seus fills. La va acabar al desembre, en va fer fotocòpies i les va enviar a uns quants amics de prop de Valencia de Alcántara. Ell mateix les va posar a la bústia.

Actualment l'Engracia té setanta-cinc anys. Va complir íntegrament la pena de presó a Figueres. El 2017 va quedar en llibertat després de passar quinze anys tancada. Durant tot aquest temps pràcticament no va rebre cap visita. Des que en va sortir se'n fan càrrec els serveis socials.

L'assassinat de l'Amaia Azkue

Ets a la feina i, poc després de les cinc de la tarda, et truquen de l'escola de les teves filles per dir-te que ningú les ha anat a recollir. Havíeu quedat que hi aniria la teva dona, però la persona que et truca diu que ja li han telefonat i que no contesta. Ho proves tu, i tampoc no t'agafa el telèfon. No t'expliques què li pot haver passat.

El Manu Aizpurua i l'Amaia Azkue estan casats des del 1996 i tenen dues nenes de set i nou anys que van decidir adoptar sis anys després de casar-se. Viuen en un *caserío* del municipi de Getaria, a tocar de la carretera que va de Zarautz a Meaga, a quaranta-cinc minuts en cotxe de la vall d'Urola. El Manu ha quedat molt preocupat per la trucada, perquè té molt clar que aquest matí han quedat que les nenes les recollia ella, i mentre va cap a l'escola intenta recordar què havia de fer avui l'Amaia després de deixar les filles a la parada de l'autocar escolar al matí. Li ha comentat que havia quedat amb una amiga. El Manu truca a l'amiga, que li confirma que han pres cafè juntes cap a les onze del matí. Se li deu haver complicat el dia. Però per què no agafa el telèfon? Alguna cosa li deu haver passat, perquè l'Amaia no s'oblidaria mai de recollir les seves filles.

El Manu té tan clar que no pot ser un descuit i que a l'Amaia li ha passat alguna cosa que a dos quarts de sis, abans de tornar-se'n cap a casa amb les nenes, presenta una denúncia per la desaparició de la seva dona a la comissaria de l'Ertzaintza de Zarautz. És el 16 de març de 2011. Un dimecres que no oblidarà mai.

Reculem dues hores. Cap a les tres de la tarda, a tres quarts d'hora en cotxe de casa del Manu i l'Amaia, dues jubilades passegen pel costat del pantà d'Ibai Eder. És un embassament construït el 1991 per abastir d'aigua els municipis de la vall d'Urola, uns 68.000 habitants repartits en *caseríos* i poblets. La revista *National Geographic* la descriu com la vall «més fascinant i completa del País Basc» i diu que «quasi val més pel que amaga que pel que mostra». És un entorn idíl·lic que, segons els mateixos bascos, té una bellesa natural i alhora domada. Comença a treure el cap la primavera i dues amigues jubilades aprofiten el bon temps per passejar pel camí que voreja el pantà. Està ben condicionat, és molt pla, hi ha trams de sol i molts trossos que transcorren sota l'ombra dels arbres. En total, vuit quilòmetres de caminada que l'Ajuntament considera aptes per a criatures.

Vorejar el pantà per dalt, com fan elles, és fàcil. Una altra cosa seria si volguessin arribar a l'aigua. Tot i que els bombers han habilitat una pista forestal perquè els aficionats a la pesca i els piragüistes puguin accedir-hi amb la barca, el camí és complicat.

Just quan passen pel punt on comença la pista que baixa cap a l'aigua, les dues amigues veuen que hi ha roba llençada a terra i taques de sang que, pel color, han de ser recents. Una de les dues comenta que s'ha de ser valent, per banyar-se amb aquella fresca. «Ni els de Bilbao», diu. Com que no veuen ningú pel voltant, suposen que deu ser d'algun pescador que s'ha fet mal i continuen caminant.

Una mica més tard, no gaire lluny d'aquest punt, un noi que ha sortit a córrer troba una pistola a la vora del camí, l'agafa i veu que és de balins. Apunta a un arbre i dispara, però l'arma no funciona i la torna a deixar on l'ha trobat.

Cap a les cinc de la tarda, les dues amigues arriben a casa i comenten el que han vist. Als marits els fa mala espina i, per quedar-se més tranquils, decideixen acostar-s'hi, no fos cas que hi hagués algú ferit.

Quan hi arriben, comencen a baixar per la pista que porta a l'aigua i veuen una cosa surant al pantà. Semblen el cap i les espatlles d'una persona. S'hi apropen una mica més i llavors ho veuen clar: és un cap de dona; d'una dona jove, assegura un dels homes. Té la cara totalment deformada, però no hi ha dubte que estan davant d'un cadàver. A les 17.15 h arriba l'avís a la central d'emergències de l'Ertzaintza. Pocs minuts després, una patrulla de seguretat ciutadana i els bombers arriben al pantà.

Des de la vora, els bombers confirmen que el que està surant a l'aigua és un cadàver, però abans de treure'l avisen la unitat d'homicidis i la policia científica.

Quan la comitiva policial arriba a peu d'embassament gairebé és fosc i comença a plovisquejar. Els investigadors demanen als bombers que il·luminin la zona perquè no se'ls escapi cap prova. El subcomissari Hugo Prieto, cap de la Unitat d'Homicidis de l'Ertzaintza, i l'Iñaki Irusta, cap de la Policia Científica, descriuran així la sensació que tenen aquell dia mentre observen com treuen el cadàver de l'aigua: «Semblava una mare de Déu, una estàtua vertical». Ha quedat en aquesta posició perquè qui l'ha llançat a l'aigua no s'hi ha endinsat gaire. Està clar que no ha fet servir una barca. Els peus del cadàver han quedat entortolligats amb la vegetació del fons, que li fa d'àncora. Els bombers han de bussejar per tallar aquestes plantes amb cura sense alterar cap prova.

Es tracta d'una dona. És tan menuda que gairebé sembla una nena. La primera impressió que s'endú el subcomissari Prieto és que podria tractar-se d'una dona asiàtica, però fa de mal dir, perquè té la cara molt deformada. A simple vista ja es veu que l'han colpejat de mala manera. Té les mans lligades a l'esquena, un cordó que li immobilitza els peus i una corda al voltant del coll. El cos està surant en posició vertical. Sembla que qui l'ha llançat al pantà s'ha oblidat de posar un contrapès per enfonsar-lo. Per això l'han trobat tan aviat, perquè és evident que ha mort fa poques hores.

De seguida comproven les denúncies per desaparició i al cap de poca estona ja saben que a Zarautz se n'ha presentat una a les 17.30 h. Un home ha denunciat que la seva dona, Amaia Azkue, de trenta-nou anys, ha desaparegut. La descripció encaixa perfectament amb la dona que acaben de trobar al pantà, però s'han d'assegurar que es tracta de la mateixa persona.

L'endemà a primera hora, el Manu Aizpurua, que ha passat tota la nit pendent del telèfon, rep la visita de l'Ertzaintza. La mort d'un familiar no és una notícia que es pugui donar per telèfon. Ja a les dependències policials, li ensenyen la roba que han trobat a la pista i unes joies que portava el cadàver. El Manu no en té cap dubte: el cos sense vida que han tret de l'embassament d'Ibai Eder és el de l'Amaia, però l'únic que pot pensar és que està vivint un malson tan real que sembla veritat, perquè és impossible que algú hagi volgut matar la seva dona.

Qui ha deixat orfes per segona vegada dues criatures de set i nou anys? Com solen fer sempre quan la víctima és una dona, els investigadors comencen interrogant el marit, però el Manu té coartada. Va estar a la feina tot el dia i és impossible que hagués coincidit enlloc amb l'Amaia després que ella deixés les nenes a l'autocar a primera hora del matí.

La família viu en un *caserío* als afores de la localitat de Getaria, un poblet costaner de Guipúscoa de només 2.500 habitants, però fa vida a Zarautz, la capital de la comarca. En aquella zona es coneix pràcticament tothom, i els investigadors creuen que no els costarà gaire establir a quina hora es va perdre la pista de l'Amaia.

El subcomissari Prieto i els seus companys posen fil a l'agulla. L'Amaia no es va emportar roba, ni diners, ni objectes de valor, i al seu ordinador tampoc no hi troben cap indici que es pogués tractar d'una desaparició voluntària que després, per les raons que fossin, va acabar en una tragèdia. Els agents de la científica revisen les agendes de l'ordinador per comprovar si havia quedat amb alguna persona que no fos del seu cercle habitual, perquè després de descartar el marit com a sospitós estan convençuts que l'assassí o els assassins no són ningú de l'entorn de la víctima. Mentrestant, la policia judicial parla amb el marit per saber quines eren les rutines diàries de l'Amaia i reconstruir els moviments que va fer durant el dia.

Saben que va deixar les nenes a l'autocar i va tornar a casa. Passades les deu va sortir amb el seu vehicle, un Renault Megane que havien comprat feia poc, per anar al gimnàs. Ho confirmen els testimonis i també la càmera de seguretat que la grava entrant i sortint de les instal·lacions. Els següents moviments els reconstrueixen també gràcies a càmeres de seguretat i als testimonis dels treballadors de les botigues de la zona. Va passar pel supermercat Dia i cap a les 11.30 h va creuar la plaça de l'Ajuntament de Zarautz. Ho saben del cert perquè un amic assegura que la va saludar allà a aquella hora. L'Amaia anava a la cafeteria Errota, on havia quedat amb una amiga i la mare de l'amiga. Les dues dones corroboren que va arribar a la cita, i el tiquet del parquímetre de la zona blava on va estacionar el Megane, que registra les matrícules, també. Va aprofitar per fer unes compres en una fruiteria i en una sabateria, i d'allà va marxar cap al centre comercial Eroski, on va continuar fent compres en una botiga de material elèctric i, en acabat, va entrar al Zara que hi ha al mateix polígon. Les càmeres de seguretat de l'Eroski mostren el Renault Megane sortint de l'aparcament a la una del migdia, però la imatge no és prou nítida i no es veu si qui condueix el vehicle és ella. Aquí li perden la pista fins a les tres de la tarda, l'hora en què les dues jubilades van veure la roba llençada a l'inici de la pista forestal que baixa fins al pantà. Per tant, l'Amaia va ser assassinada entre les 13.00 h i les 15.00 h del 16 de març.

L'autòpsia mostra que té el crani fracturat. Segons l'informe, deu haver rebut primer un seguit de cops a la part dreta del cap que la van deixar inconscient, però no van resultar letals. La mort no es va produir fins al cap de trenta minuts aproximadament, i el que la va provocar va ser un impacte tan fort al nas i la boca que li va partir la mandíbula i li va fer ingerir unes quantes peces dentals. A les ungles no li troben restes d'ADN de cap altra persona i tampoc no hi ha hagut agressió sexual.

La policia científica analitza la corda que porta nuada al coll i també la que li lliga les mans, però la pista fonamental estarà allà on menys s'ho esperen: al cordó que han utilitzat per lligar-li els peus.

Basant-se en els resultats de l'autòpsia, els investigadors estableixen una primera hipòtesi: l'agressor l'hauria interceptat a l'aparcament de l'Eroski, probablement amenaçant-la amb la pistola de balins que va trobar un noi poc després al costat de la pista forestal. Allà mateix, a l'aparcament, li hauria donat els cops que la van deixar inconscient. Llavors, probablement amb el vehicle de la víctima, la va traslladar fins a l'embassament i allà, trenta minuts més tard, la va matar, es va desfer de la roba i va llençar el cos a l'aigua sense lligar-li cap contrapès que el mantingués al fons. Per això el cadàver va trigar tan poc a aparèixer a la superfície.

Els investigadors escorcollen pam a pam l'accés a l'embassament i la pista on hi havia la roba de l'Amaia i hi troben una pedra força grossa tacada de sang. Les anàlisis confirmen que és sang de la víctima i que la pedra és l'instrument que l'homicida hauria utilitzat per colpejar-li la cara fins a matar-la.

La notícia de l'assassinat d'una veïna de Getaria commociona tota la vall. L'Amaia i el Manu són un matrimoni molt estimat. La seva il·lusió era formar una família i per fi ho havien aconseguit adoptant dues nenes xineses que ara tenen set i nou anys. L'Amaia no treballava, es dedicava en cos i ànima a les seves filles.

El subcomissari Prieto sap que a Euskadi no és fàcil treure informació a la gent. Fa anys que s'hi dedica i sap que parlen poc, i menys amb la policia. Però el cas de l'Amaia és una excepció. És una mare de família, una veïna més, i tothom té la sensació que el que li ha passat a ella li hauria pogut passar a qualsevol. Ha estat a plena llum del dia, sortint de fer la compra al súper. Qui han tret de l'aigua lligada de mans i peus i colpejada brutalment és l'Amaia, però podria haver estat qualsevol altre veí. La collaboració ciutadana s'activa com mai, i la central de l'Ertzaintza comença a rebre trucades de gent que vol aportar informació. Els veïns de la vall s'han conjurat a trobar l'assassí.

El 18 de març, dos dies després de l'homicidi, la policia rep la trucada d'una ciutadana que assegura que a les 14.30 h va veure un Renault Megane similar al de l'Amaia circulant a gran velocitat a Aratz-Erreka, un veïnat d'Azpeitia on hi ha una ermita molt petita dedicada a sant Ignasi de Loiola, com el famós santuari amb el qual compareix terme municipal. Diu que el cotxe es va aturar al costat d'uns contenidors, que en va baixar un jove i que es va anar a rentar les mans a la pila que hi ha al davant de l'ermita —«Com Ponç Pilat», pensa el suboficial Irusta—. Un cop va tenir les mans netes, va tornar a pujar al vehicle i va marxar ràpidament.

El subcomissari Prieto demana a les unitats de la Policia Científica que s'apropin a la zona per examinar els contenidors. Al primer que obren ja hi troben, entre altres coses, un dels elevadors infantils que l'Amaia portava al seu cotxe, els dos patinets que havia agafat per anar amb les nenes al parc, unes bosses de llaminadures i uns guants de llana.

A un centenar de metres hi ha estacionat el Renault Megane de l'Amaia.

És una troballa importantíssima, perquè pot aportar molta informació. Se'ls ha girat feina a unes quantes unitats de la policia basca, cadascuna en el seu àmbit. Ja veurem més endavant què en treuen. De moment, el mateix dia que troben el cotxe passa una altra cosa que també serà clau per resoldre el cas.

El banc els informa que el dia del crim a les 15.30 h algú va treure tres-cents euros en efectiu amb la targeta de la víctima en un caixer exterior d'Azpeitia, a un quilòmetre i mig d'on han trobat el cotxe, i que a mitja tarda en va intentar tornar a treure des del caixer d'una oficina bancària de Zarautz. L'assassí es va assegurar d'anar a una sucursal que no tingués càmera exterior, però no va veure que n'hi havia una a l'interior del banc apuntant a la zona dels caixers. A la gravació s'hi veu un noi que duu una gorra amb visera i camina amb el cap cot per no mostrar el rostre. Entra al caixer i al cap d'una estona en torna a sortir mirant a terra i sense haver aconseguit el seu objectiu. Les imatges no són nítides, però dibuixen un home prim, vestit amb roba informal i d'estatura mitjana. Intueixen que es coneix les entitats bancàries de la zona tan bé com les carreteres i els camins. Ha de ser per força algú d'allà, però malgrat els esforços dels agents de la científica per fer més nítides les imatges no hi ha manera. No aconsegueixen veure-li la cara.

Mentrestant, els investigadors intenten treure el màxim d'informació possible del cotxe de la víctima. D'una banda, analitzen les càmeres de les carreteres principals i secundàries per on hauria pogut passar l'homicida per anar des de l'embassament d'Ibai Eder fins a l'ermita de Loiola on han trobat el vehicle. Com que la testimoni només va veure un home jove, suposen que la víctima ja no era dins del vehicle. L'assassí ha hagut de recórrer aquell trajecte entre les dues del migdia i mitja tarda. Però el Megane no apareix a cap de les càmeres que hi ha distribuïdes per les rutes que el Google Maps indica per fer aquesta ruta. Si bé d'entrada pot semblar una mala notícia, al subcomissari Prieto li aporta una informació molt important per traçar un perfil de l'autor. Està convençut que és algú que coneix molt bé la zona, perquè només hi ha una pista forestal que permet fer el trajecte i, òbviament, al bosc no hi ha càmeres. El fet que l'assassí hagi esquivat les carreteres convencionals i hagi triat camins que només coneix la gent de la vall porta els investigadors a pensar que és un home jove que viu o que ha viscut en algun moment a la vall d'Urola. Han arribat a aquesta conclusió basant-se només en indicis, però creuen que no s'equivoquen.

Els objectes trobats al contenidor també aporten informació. De la cadireta infantil, aconsegueixen extreure una empremta que no pertany ni a l'Amaia ni a les nenes ni al marit. Malauradament per als investigadors, el propietari de l'empremta no té antecedents penals i no consta a la base de dades de l'Ertzaintza.

Els agents de la científica han pogut recollir de l'interior dels guants restes de suor de les quals es pot extreure ADN. Ara els serveix de poc, perquè no les poden comparar amb res, però quan tinguin un sospitós pot ser una prova importantíssima per inculpar-lo.

Un altre equip treballa intensament amb el cotxe. L'han traslladat a la central de la científica de l'Ertzaintza, a la localitat d'Erandio, una de les centrals policials de tot l'Estat que més s'assembla a la imatge tòpica que en tenim de sèries com *CSI*. Vestits amb granotes blanques i armats amb tota mena de reactius, intenten revelar empremtes de l'autor tant a l'exterior com a l'interior del Megane. Però, malgrat que rastregen el cotxe centímetre a centímetre, no aconsegueixen extreure'n ni una sola empremta útil. Emprenyat, el subcomissari Prieto ordena trossejar el vehicle. I és aleshores quan, en una de les parts del volant, troben el mateix ADN que hi havia als guants i una empremta coincident amb la de la cadireta. De moment encara no saben a qui pertanyen, perquè és algú que no està fitxat, però estan segurs que és de la zona i que no és del ram.

«No és un professional», afirma el suboficial Irusta, «perquè comet errors molt gruixuts. Per començar, mata la seva víctima sense guants, deixa empremtes al volant i a la cadireta, és a dir, condueix i es desfà d'una part de les proves sense posar-se els guants, però de cop se'n recorda, se'ls posa i els acaba llençant amb tot el seu ADN al mateix lloc on s'ha desfet de les proves que l'incriminen». L'Irusta, que ja està a punt de jubilar-se i n'ha vist de tots colors, somriu i s'atreveix a aventurar que, mentre matava la seva víctima amb aquell acarnissament tan salvatge, de cop i volta li devia venir al cap alguna pel·li i devia pensar: «Calla, que els delictes es cometen amb guants».

Pel que fa a la informació que han obtingut de les càmeres, després de les imatges en què es veu el cotxe sortint de l'Eroski passen vint minuts abans que una altra càmera el capti incorporant-se a l'autopista en direcció a Azpeitia, suposadament per anar cap al pantà. Creuen que durant aquest interval de vint minuts l'homicida va colpejar la víctima amb la pistola de balins fins que li va dir el pin de la targeta de crèdit. Per això a les 15.30 h va poder treure tres-cents euros d'un caixer d'Azpeitia.

Creuen que quan la va ficar al maleter del cotxe es pensava que era morta, però llavors va sentir que començava a gemegar i li devien agafar les presses per desempallegar-se'n. Les càmeres de seguretat de les benzineres i de les empreses que hi ha al tram de carretera que va de l'Eroski a l'autopista, un tram ple de revolts molt tancats, capten el vehicle circulant a gran velocitat i fent avançaments en línia doble contínua. Per la manera de conduir, creuen que ha de ser algú de mitjana edat amb molta experiència al volant. Això no quadraria amb el que va dir la testimoni que el va veure rentant-se les mans a la pila de l'ermita de Loiola, que assegura que era un home jove. Però els investigadors estan convençuts que per conduir d'aquella manera s'han de portar molts quilòmetres de carretera. Els joves solen tenir una conducció més agressiva, solen derrapar més. L'Ertzaintza comença a dubtar que en el primer perfil que van traçar encertessin l'edat del sospitós.

Els policies creuen que quan l'assassí va arribar al pantà i va comprovar que la dona continuava viva va agafar un roc del camí i l'hi va esclafar a la cara per matar-la.

El fet que la matés amb la primera cosa que va trobar a mà fa pensar que tot plegat va ser una acció improvisada. Però hi ha altres indicis que reforcen aquesta hipòtesi: per començar, tot el que va fer servir per lligar-la.

L'Amaia ha aparegut lligada de mans amb trossos de les nanses de les bosses reutilitzables de l'Eroski. Tots els elements que ha utilitzat per lligar-la són de la víctima. Tots menys un: el cordó per lligar-li els peus. És un cordó de sabata que probablement deu ser del sospitós. En aquest cas, i mai millor dit, tenen un fil —força gruixut— per estirar, però no serà fàcil.

Sis dies després de la mort de l'Amaia, el 22 de març, la família celebra el funeral a l'església d'Orio. Centenars d'habitants de la vall s'apleguen a la plaça per acomiadar-se d'aquesta veïna de trenta-nou anys que deixa un vidu i dues filles. Encara no han trobat el culpable i ningú entén com pot ser que algú mati per tres-cents euros. Costa de pair que una vida valgui tan poc, i de moment no sembla que la policia hagi fet gaires progressos.

Però els investigadors no han parat de treballar. Encara no han esgotat totes les vies. Els queda el cordó que lligava els peus de la víctima. La policia científica té bases d'ADN, d'empremtes dactilars, de petjades i de roderes de vehicles, però encara no té introduïdes dades de cordes o cordons, així que, per començar, el disseccionen per determinar de què està fet i d'on pot haver sortit.

Que és un cordó de sabata està clar, però de quina sabata? El subcomissari Prieto destina dos investigadors exclusivament a intentar determinar en quina mena de calçat s'utilitzen aquests cordons. Pregunten fabricant per fabricant i arriben a la conclusió que pertanyen a unes botes de trekking. Això ja acota una mica el ventall de possibilitats, i, a més, l'anàlisi del cordó aportarà unes quantes dades més: són uns cordons nous, d'unes botes noves, comercialitzades no fa gaire.

Els agents visiten tots els distribuïdors de botes de muntanya del País Basc fins que aconsegueixen establir a quina marca i a quin model de bota pertanyen aquells cordons.

Són de la marca Columbia. El cercle s'estreny. Només es posen en un model de bota, un model car. Val més de 250 euros i es va començar a comercialitzar fa un any. I els distribuïdors d'aquest model de bota encara hi afegeixen un detall que aportarà una informació molt valuosa: aquests cordons no es venen a part; cada parell de botes porta els seus cordons. Si en perds un, no te'n pots comprar un altre d'igual. T'has de canviar tots dos cordons. Per tant, l'assassí porta unes botes amb un cordó diferent a cada peu o amb uns cordons iguals però que no són els originals.

Tots els membres dels equips que investiguen la mort de l'Amaia Azkue caminen per Euskadi amb el cap cot. Saben que seria un miracle ensopegar precisament amb les sabates que estan buscant, però no poden evitar mirar els peus de tothom amb qui es creuen.

Si les botes valen gairebé 250 euros, és molt probable que les hagin pagat amb targeta, i per això els investigadors centren els esforços a localitzar totes les botigues on es ven aquest model de bota i a requerir-los les dades dels titulars de les targetes amb què s'hagin pagat un parell de botes d'aquest model des que l'establiment les va posar a la venda. Per ordre judicial, totes les botigues d'esports de Guipúscoa, Àlaba, Biscaia i part de Saragossa han de fer arribar els justificants bancaris dels pagaments a la central de l'Ertzaintza.

Són tan cares que sembla que no se n'hagin de vendre gaires, però déu-n'hi-do la feinada que se'ls gira. Cada dia arriben paquets plens de justificants que s'han d'anar classificant. Com més a prop de la vall d'Urola visqui el comprador, més interès té. Però no poden seleccionar només les compres que hagin fet homes. Les botes les podria haver comprat una dona per fer un regal, pensa el subcomissari Prieto mentre intenta empescar-se la millor manera de justificar el pas següent que vol fer. Vol enviar dos agents a visitar personalment cada comprador per demanar-li amablement —i sense aixecar sospites— que els ensenyi les seves botes de trekking.

Quan es disposen a començar a fer aquestes visites tan curioses ja han passat quatre mesos de la mort de l'Amaia, i la gent demana resultats. Sembla impossible que costi tant de trobar l'autor d'una agressió tan brutal, comesa a plena llum del dia i a l'aparcament d'un centre comercial. A la taula del subcomissari Prieto hi ha centenars de justificants bancaris. Han de decidir com aborden la cerca. Un dels investigadors proposa fer-ho per ordre de compra, començant per les compres més recents. No sembla mala idea, però quan s'ho miren al mapa s'adonen que això els suposaria perdre molt de temps i duplicar molts trajectes, així que decideixen fer-ho per zones. Pentinar poble a poble i ciutat a ciutat fins a trobar la bota a la qual li falta el cordó que tenen a la central de la policia científica.

Comencen pels pobles de la vall d'Urola. A Azpeitia no se n'han venut gaires. Estan a punt de complir-se cinc mesos des del crim quan dos agents truquen a la porta d'una casa d'una zona residencial d'aquesta localitat. «Aquí hi ha pasta», pensa un dels ertzaines, que ja ha fet més de cinquanta visites. «Aquests sí que es poden permetre el luxe de comprar-se aquest coi de botes». La dona que els obre la porta es mira el paperet que li ensenyen amb cara d'estranyada, fa memòria, i respon que sí, que fa uns quants mesos el seu marit li va comprar unes botes de trekking al seu fill, l'Ander, però que ara mateix no és a casa.

—Quina edat té el nen? —pregunta l'agent.

—Disset —diu la mare.

L'agent creu que és molt improbable que un xaval de disset anys pugui cometre una salvatjada com aquesta, però pensa que amb el jovent d'avui dia no se sap mai i que no poden descartar ningú sense haver vist les botes, així que li demana a la senyora que, tan aviat com arribi el seu fill, agafin les botes i es personin, amb les botes i el nen, a la comissaria d'Hernani. S'acomiaden i continuen amb la ruta de la Ventafocs, com l'han batejat entre ells.

Agafen la llista llarguíssima que els queda encara, posen un interrogant al costat de la visita que acabaven de fer i al costat apunten amb lletra petita: «Pendent de compareixença a la comissaria d'Hernani».

L'endemà, l'Ander i el seu pare fiquen les botes de trekking en una bossa i se'n van cap a comissaria, però no hi arriben sols. El pare és el gerent d'una important empresa de la zona i es fa acompanyar per un advocat.

Al subcomissari Prieto li puja la mosca al nas. És el primer comprador que citen que es presenta acompanyat d'un advocat. No l'han citat com a testimoni, ni tan sols li han explicat per què busquen aquestes botes, i tot i així pare i fill han considerat que havien de venir amb un lletrat.

Quan entren al despatx i treuen les dues botes de la bossa, als investigadors se'ls obre el cel. A una bota li falta el cordó. Encara s'ha de confirmar, però estan gairebé segurs que és el que tenen guardat en una bossa de plàstic al laboratori de la científica. Encara té un nus, perquè, amb les presses, l'assassí, en lloc de descordar-se'l, el va tallar i el va arrencar de qualsevol manera. Només amb l'evidència del cordó ja en tindrien prou per detenir-lo, però és que a més se n'hi afegeixen d'altres.

Mentre l'Ander i el seu pare esperen en una sala, dos dels agents que formen part de la investigació s'han fixat en la fisonomia del noi i han revisat ràpidament les imatges captades per la càmera del caixer on l'assassí va intentar treure diners la mateixa tarda del crim. Ara sí que ho veuen clar.

—No li veiem la cara —explica un dels agents al subcomissari Prieto—, però l'estructura, la fisonomia, la manera de caminar mig encorbat, l'estatura... Massa coincidències.

—Però esteu segurs que és ell?

—Sí. I és menor d'edat.

No saben si és l'autor del crim —pot ser que no el cometés tot sol—, però no tenen cap dubte que és el propietari del cordó i la persona que va intentar treure diners d'un caixer amb la targeta de la víctima.

Quan l'Ander, el pare i l'advocat surten de la comissaria d'Hernani, l'Ertzaintza ja té clar que tenen la identitat, si no de l'assassí, almenys d'un dels col·laboradors en la mort de l'Amaia.

Ara han de comprovar si l'ADN de l'Ander coincideix amb el que la científica va obtenir de dins dels guants que van trobar a les escombraries i si les empremtes són les mateixes que van revelar a la cadireta infantil del vehicle i al volant.

L'Ander és un jove d'Azpeitia que estudia formació professional a Zarautz. És fill d'una família ben situada i molt coneguda a la zona. Passen molt temps a Zarautz, on hi tenen una segona residència. El jove encaixa en el típic perfil de nen de papà acostumat a tenir tot el que demana. És mal estudiant i el mateix dia de la mort de l'Amaia, a la tarda, va anar a visitar un psiquiatre a Donosti perquè els pares estaven preocupats. L'Ander és un adolescent conflictiu i volien veure si s'hi podia fer alguna cosa abans no fos massa tard. Ha participat en algun robatori sense importància i ha tingut alguna topada amb algun company.

Amb les proves que tenen contra ell és qüestió d'hores que l'Ertzaintza el detingui, però el mateix 18 d'agost a la tarda, quan ja estan preparant l'operatiu per detenir-lo, reben una trucada del jutjat de menors. L'Ander s'ha entregat per voluntat pròpia. Demà fa divuit anys.

Es veu que el noi s'ha ensorrat, quan han arribat a casa. El seu pare no havia entès què caram passava amb aquelles botes de trekking, però el noi és prou espavilat per lligar caps i sap per què li han demanat que les portés. Sap perfectament on va deixar el cordó que hi falta. Quan explica als seus pares i a l'advocat el que va fer, el lletrat aconsella a la família que el noi s'entregui. És menor, se'l tractarà com a menor, no haurà de passar pels calabossos de la comissaria. Si s'entrega avui es pot estalviar una part molt lletja i dura de tot el que l'espera. La mare es nega a creure-s'ho, està convençuda que l'Ander s'ha begut l'enteniment. És impossible que hagi matat aquella noia que veia de tant en tant per Zarautz amb les dues nenes.

Tant la família de la víctima com la de l'autor del crim són força conegudes a la vall. Viuen a vint-i-dos quilòmetres els uns dels altres, però coincideixen sovint a Zarautz. El pare del noi és conegut perquè ha donat feina a força gent. La mateixa Amaia era clienta d'un dels negocis de la família. L'Ander viu en una urbanització amb piscina i pista de tenis, és fill únic i té tot el que vol. El seu perfil no encaixa amb el tipus de persona que esperaven trobar els investigadors. Pensaven en un home desesperat per aconseguir diners, i no en un minyó de bona família. La manera de conduir que els havien mostrat les diferents càmeres de seguretat també els havia despistat. Buscaven un conductor experimentat, i no un xaval que encara no s'havia tret el carnet de conduir.

La declaració de l'Ander davant del jutge i el fiscal de menors és ben curta. El jove es limita a reconèixer que va colpejar la dona i la va matar, però no explica per què.

Pocs dies després, els agents de l'Ertzaintza l'acompanyen al seu domicili per practicar l'entrada i escorcoll. Busquen la roba que portava posada quan va anar a treure diners d'un caixer de Zarautz el mateix dia que va posar fi a la vida de l'Amaia. El subcomissari Hugo Prieto recorda molt bé aquell dia. «Quan vam entrar, la mare estava completament en xoc. Recordo que a ell l'havien operat feia poc de la boca i no podia menjar els entrepans que et donen a la cel·la. Necessitava una dieta especial, i jo li vaig oferir si volia que la seva mare li preparés un caldo o alguna cosa, perquè el noi portava un parell de dies sense menjar. Ella li va fer un comentari afectuós i ell li va contestar de tan mala manera que vam haver-li de cridar l'atenció. No se li veia ni un bri de penediment, a la mirada; ni de penediment ni de compassió pel patiment que estava causant a la seva família».

L'Ander no vol respondre cap de les preguntes dels investigadors. Durant l'entrada i escorcoll localitzen la caçadora i els texans que portava el dia dels fets. En acabat, abandona casa seva gairebé sense acomiadar-se de la seva mare per tornar al centre de menors de Zumarraga, on està internat des de la seva confessió.

Quan ja fa una setmana que està detingut, l'Ander diu als pares que no va ser ell, qui va matar l'Amaia. Té un nou advocat. El primer que el va assistir no era penalista, i el que té ara li ha aconsellat que no reconegui els fets. El mes de gener, quatre mesos després d'entregar-se, davant del jutge que instrueix el cas, l'Ander canvia la seva versió dels fets. Ara explica una història rocambolesca d'un home que el va agafar quan feia autoestop, el va obligar a participar en el crim i el va amenaçar, si ho explicava. Però el relat del noi no encaixa amb les proves que tenen els investigadors. Ni tan sols és capaç de fer una descripció acurada del suposat assassí. El seu advocat demana que se'n faci un retrat robot per poder continuar amb la investigació, però tres setmanes més tard la fiscalia tanca la instrucció.

Al jove se li imputen els delictes d'assassinat, robatori amb intimidació, sostracció de vehicle a motor i un delicte contra la seguretat viària per haver conduït el cotxe de la víctima sense tenir carnet. Tant la fiscalia com l'acusació particular demanen la pena màxima prevista per a un menor, deu anys d'internament tancat i cinc de llibertat vigilada.

Si l'assassinat de l'Amaia Azkue va commocionar profundament la societat basca, ara la detenció d'un noi de disset anys de bona família causa consternació. Ningú entén que hagi pogut matar una dona d'una manera tan salvatge per tres-cents miserables euros. Fins i tot a la policia li costa de creure que el mòbil fos econòmic, però el comportament de l'Ander durant els mesos que van transcórrer entre el crim i la detenció avalen aquesta tesi. Primer va participar en el robatori d'una bicicleta, i després li va robar un anell a la seva mare per vendre'l a una casa d'empenyorament.

El 12 de març de 2012, un any després del crim, comença a Donosti el judici contra l'Ander. El jove arriba tranquil a la sala de vistes. És el primer a declarar. Porta el discurs estudiat i aquesta vegada hi incorpora més detalls que l'últim cop que es va asseure davant d'un jutge. Insisteix en la història de l'autoestop. Diu que el va parar un desconegut d'uns quaranta anys, que el va amenaçar i el va portar fins a l'embassament d'Ibai-Eder. Allà va treure l'Amaia del maleter, la va colpejar amb una pedra i la va llençar al llac. Segons l'Ander, després d'això, l'home el va deixar en una benzinera d'Azpeitia i el va tornar a amenaçar perquè no digués res. Ell, espantat, se'n va anar a prendre una copa a un local i després va tornar a casa a dinar perquè aquella tarda havia d'anar al psiquiatre a Donosti. Però l'Ander no té cap coartada sòlida i ningú el va veure durant les hores en què es va produir l'assalt a la víctima al polígon del supermercat Eroski.

La sentència dona per provat que el 16 de març de 2011 l'acusat va abordar la víctima cap a les 13.00 h a l'aparcament del centre comercial Eroski. Allà la va colpejar i la va amenaçar amb la pistola de balins fins que ella li va donar el pin de la targeta. Després la va tornar a colpejar amb molta violència i la va introduir al maleter del vehicle. Es pensava que era morta i pretenia desfer-se del cos al pantà, però quan va obrir el maleter i va veure que encara era viva, va agafar una pedra de grans dimensions que hi havia a la pista forestal i l'hi va estavellar a la cara fins a matar-la. La va lligar amb les bosses que hi havia al cotxe i, com que li faltava alguna cosa per assegurar les cames, va fer servir el cordó de la bota de trekking que duia. Per no perdre més temps, es va desfer del cos llençant-lo a l'aigua sense posar-li cap contrapès, i per això no es va enfonsar. Cap a les 14.30 h va arribar a l'ermita de Loiola, allà es va desfer de la cadireta infantil. En algun moment s'havia posat els guants, però la cadireta la va llençar sense guants i la seva empremta va quedar fixada. En el mateix contenidor hi va llençar també els guants, de manera que, segurament en el trajecte de cent metres que va fer des del contenidor fins al lloc on va aparcar el cotxe, va deixar la petja del seu ADN al volant. A les 15.30 h va treure tres-cents euros amb la targeta de la víctima d'un caixer d'Azpeitia. Ho havia de fer tot molt ràpid perquè a primera hora de la tarda tenia hora al psiquiatre. No li va explicar res, esclar. Ni a ell ni a ningú.

La sentència condemna l'Ander a la pena màxima prevista a Espanya per a un menor, deu anys d'internament en règim tancat i cinc de llibertat vigilada. A més haurà d'indemnitzar la família de la víctima amb 922.000 euros.

L'Ander va ser detingut el dia abans de fer divuit anys i el temps que ha estat internat ja li compta com a compliment de pena. Fins als vint-i-un pot estar-se al centre de menors d'Ibaiondo. A partir d'aleshores, el jutge revisarà el cas cada any per decidir si ha de continuar la condemna al centre o se l'ha de traslladar a una presó d'adults. La diferència és substancial i l'Ander ho sap. Els investigadors que van portar el cas creuen que és per això que el 16 de juliol de 2014, amb els vint-i-un anys acabats de fer, quan es presenta a la primera revisió, torna a canviar de versió. Aquest cop, igual com el dia que es va entregar, admet que va matar l'Amaia Azkue sense l'ajuda de ningú més, tal com havia conclòs la investigació policial.

Davant del tribunal que ha de revisar el seu cas, assegura que, gràcies a les teràpies del centre on està intern des de fa tres anys, s'ha adonat que abans no tenia ni empatia ni autocontrol, que l'Amaia «no mereixia morir» i que «podia haver estat ella o qualsevol altra, però que li va tocar a ella». Es mostra profundament penedit i assegura que gràcies al treball que fa al centre s'ha adonat que la seva història, el seu passat, no té per què ser el seu destí. Els informes dels funcionaris també avalen la seva bona conducta. El jutge permet que l'Ander continuï al centre. Reconeix que el seu penediment potser és instrumental, però prefereix apostar per la seva rehabilitació al centre que l'està tractant.

Quatre anys després, quan en fa set de la mort de l'Amaia, el jutjat de menors de Donosti concedeix el règim d'internament semiobert a l'Ander tot i l'oposició de la fiscal delegada de menors. Els educadors estan contents amb la seva evolució i consideren que la millor manera de reinserir-lo a la societat és que s'hi vagi incorporant de mica en mica. La concessió de la semillibertat aixeca una forta controvèrsia a la societat basca. A molta gent li sembla una pena massa lleu per un assassinat tan brutal.

El 2021 es van complir els deu anys d'internament a què havia estat condemnat l'Ander. Té vint-i-set anys i només n'hi queden cinc de llibertat vigilada.

El robatori dels germans Òrrit

Sona el timbre a casa dels Òrrit Pires. És a l'última planta de la Fàbrica Vermella, a Manresa, en un edifici d'aquells que es construïen per allotjar els treballadors de les indústries. Són les vuit del matí i estem a 5 de setembre de 1988. Els Òrrit Pires són una família de quinze germans. Només tenen mare, perquè el pare s'ha mort fa dos mesos de malaltia. A aquesta hora a casa tot són crits i corredisses per no fer tard a escola. Les vuit del matí no són hores de trucar a casa de ningú. La Maria, la mare, va cap a la porta amb neguit i quan veu qui hi ha a l'altra banda se li encongeix el cor. Són dos agents de la Policia Local. Obre la porta, es diuen bon dia i, sense més preàmbuls, li pregunten si l'Isidre i la Dolors són a casa.

L'Isidre i la Dolors són dos dels seus fills. El nen té només cinc anys. És el petit dels quinze germans i fa tres dies que el van ingressar a l'Hospital Sant Joan de Déu de Manresa per una reacció al·lèrgica a la penicil·lina. La Dolors en té disset i no estudia ni treballa. Sempre li ha costat molt l'escola, però és la més responsable i la que més ajuda en les feines de casa. La mare li havia demanat si podia passar la nit amb l'Isidre a l'hospital. Ella no pot ser a tot arreu i a casa n'hi queden tretze més.

Ara, però, parlant amb els policies, no pot evitar que l'envaeixi el sentiment de culpa. Si la policia pregunta per ells vol dir que no són a l'hospital, i a casa no hi són. On coi s'han ficat aquells dos marrecs? No els hauria hagut de deixar sols. Però qui s'havia de pensar que poguessin córrer algun risc en una planta de pediatria?

Efectivament, segons els agents, a l'hospital fa estona que els busquen. No apareixen per enlloc. Les filles grans acompanyen la mare cap allà. Quan hi arriba, la Maria Òrrit se'n va de dret a la recepció i demana parlar amb el metge que va ingressar l'Isidre, però li diuen que no pot ser perquè ha començat vacances i ja no és a l'hospital. Davant la insistència de la Maria, que està cada cop més enfadada i angoixada, la telefonista es posa en contacte amb el metge, però l'home diu que té un viatge planejat a Turquia i que no pensa canviar de plans per una malifeta de dues criatures.

La mare està molt indignada. El seu fill ha desaparegut mentre estava ingressat a l'hospital i allà ningú dona explicacions. Exigeix parlar directament amb el gerent del centre, un capellà que es diu Moisès Val Cacho. Mossèn Val tampoc no accedeix a parlar amb ella, però sí que li envia aquest missatge a través d'una infermera: li diu que l'hospital no és una presó i que allà la gent pot entrar i sortir quan vulgui. Ells ja fan prou vigilant l'entrada perquè no s'acumulin les visites de familiars a les habitacions. Si algú vol marxar, no li poden pas dir que no.

La mare no aconsegueix parlar directament amb cap responsable de l'hospital. Les infermeres li diuen que l'únic que poden fer és deixar-la passar; que vagi a l'habitació on eren els nens, la 229 —primer eren a la 126—, i que s'esperi allà a veure si apareixen. A l'hospital no hi ha cap registre d'entrades i sortides. Som l'any 1988 i, evidentment, tampoc no hi ha càmeres de seguretat.

La Maria puja fins a l'habitació 229, a la segona planta. És una habitació individual, i estar allà dins sense els seus fills li fa venir més sensació de buidor. No s'hi veu res estrany, però ella dedueix que han marxat de pressa. A l'armari hi han quedat les mudes de l'Isidre, i a la tauleta, les ulleres de la Dolors. Això vol dir que l'Isidre ha marxat amb el pijama de l'hospital; i la Dolors, sense veure-hi gaire, perquè és miop.

La Maria no pot quedar-se de braços plegats. Esperant a l'habitació se la mengen els nervis, així que decideix anar-se'n a l'Ajuntament a explicar el que ha passat. De l'hospital a l'Ajuntament hi ha poc més d'un quilòmetre, un trajecte d'uns dotze minuts a peu. Quan hi arriba ho explica tot al policia local que guarda la porta i l'agent li recomana que se'n vagi a la Guàrdia Civil a posar una denúncia. Primer la Guàrdia Civil, i després la Policia Nacional, li diuen que ha d'esperar que passin quaranta-vuit hores, perquè encara pot ser que els nens tornin. Ella sap que això no passarà: coneix bé els seus fills i té molt clar que no se n'han anat perquè han volgut, sinó perquè se'ls han endut. De tots els germans, l'Isidre i la Dolors són els més vulnerables, i està segura que són incapaços d'escapar-se.

L'Isidre té només cinc anys, és molt obedient i està molt emmarat. La Dolors en té disset, però és una nena molt més infantil del que li correspondria per edat. No van detectar que no hi veia bé fins molt tard, i per culpa d'això va estar molts anys que a escola no aprenia. S'ha quedat molt enrere respecte a les noies de la seva edat. No té amics ni relacions fora de la família. De fet, no surt pràcticament mai sola de casa. El seu dia a dia és ajudar la mare a fer les feines de casa. Els últims dies de l'Alfredo, el pare, quan el càncer ja estava tan avançat que li havien de donar el menjar amb una xeringa per un forat a l'esòfag, era la Dolors qui ho feia.

Després que se l'hagin tret de sobre a l'hospital, a l'Ajuntament, a la Guàrdia Civil i a la Policia Nacional, la Maria se'n torna a casa. Al llarg del matí s'hi ha anat congregant tota la família. Tiets i cosins són allà per ajudar en el que calgui. Si la policia no comença a investigar la desaparició, s'hi hauran d'arromangar ells. Entre tots comencen a remenar àlbums de fotos per buscar-ne alguna en què es vegi bé l'Isidre i la Dolors i en fan una ampliació per començar a preparar els cartells.

Entre una cosa i l'altra, se'ls ha fet de nit. La Maria no se'n pot anar a dormir com si no hagués passat res i se'n torna cap a la comissaria de la Policia Nacional de Manresa, a veure si ja li permeten posar la denúncia. Encara no, però, a un quart d'onze de la nit, almenys li prenen declaració.

No té ni idea d'on poden ser, perquè ha parlat amb tothom amb qui ha pogut i ningú en sap res. L'Isidre fa un metre deu d'alçada, és de complexió molt prima, té els cabells foscos, curts i llisos i els ulls castanys. La Dolors fa un metre cinquanta, té els cabells castanys, llargs i llisos, i porta un jersei de ratlles blau, uns pantalons vermells i unes vambes blaves.

Mentrestant, la resta de la família ha preparat cartells i ha començat a escampar-los. Una part els han enganxat per Manresa, i els altres els han anat a portar fins i tot a les fronteres de la Jonquera i Andorra.

Amb la llum de l'endemà, en cotxe, en moto i a peu, la família comença a fer batudes pel seu compte per les zones boscoses properes a l'hospital. Busquen pam a pam, però no troben els nens ni cap pista que indiqui que han passat per allà.

A Manresa ja corre la notícia de la desaparició. El *Regió7* ha començat a difondre les fotografies dels nens, i qui no se n'ha assabentat pel diari ho ha sabut pel boca-orella. Amb tot, la gent no s'ha mobilitzat en massa per ajudar la família. Els Òrrit són tanta colla que no es relacionen gaire amb els altres nens de Manresa. Tenen els companys d'escola, esclar, però a casa sempre hi ha algú amb qui jugar i els nanos no han estat mai gaire de sortir a jugar al carrer amb els veïns. Tampoc no és que n'hi hagi gaire, de canalla. No viuen al centre de Manresa. La Fàbrica Vermella queda en una zona enclotada, a la banda dreta de la carretera que baixa de Manresa a Barcelona. Al costat hi tenen la Fàbrica Blanca. És una mica més gran i hi viu força més gent que a la Vermella, però tampoc no hi ha gaires nens amb qui jugar. Al principi els Òrrit Pires vivien en un sol pis, però amb el temps la família havia anat creixent i el pare se les havia anat empescant per ampliar la casa ajuntant-hi els pisos del costat. Els nens han estat sempre feliços, en aquest pis, perquè és gran, tenen hort i animals i espai per jugar a fora.

Quan passen les quaranta-vuit hores protocol·làries, els cossos de seguretat s'hi posen de ple: Guàrdia Civil, Policia Nacional, Policia Local i, al cap de pocs dies, també Mossos d'Esquadra. El primer que fan és difondre la imatge dels dos nens desapareguts. No queda ni un sol cotxe patrulla a tot Catalunya on no arribi la foto dels dos germans. Els investigadors parlen amb els familiars dels nens i amb el personal de l'hospital que estava de torn la nit que van desaparèixer i fan batudes per la zona, però no troben cap rastre de la Dolors ni de l'Isidre.

Ara sí que la família descarta definitivament la hipòtesi de la fuga. No és que hi hagin cregut mai, però a la mare li costa treure's del cap les paraules que li va dir l'Isidre la tarda abans de desaparèixer: que no volia estar-se més a l'hospital i que volia tornar a casa. No pot evitar dir-se que potser sí que han volgut tornar a casa i s'han perdut pel bosc que hi ha a prop de l'hospital, però la policia li assegura que al bosc no hi són.

Incapaç de trobar una explicació a la desaparició dels seus fills, la Maria planteja a la policia que es pugui tractar d'un segrest. Sap que és molt improbable, perquè no tenen diners —de fet van molt justos, i encara no ha aconseguit cobrar la pensió de viduïtat—. Fins ara vivien dels ingressos del pare, que no tenia un mal sou. Treballava a l'empresa Casals Cardona, on tocava moltes coses de fibra de vidre i amiant —precisament és això el que creuen que li va causar el càncer—. Des que va morir que l'únic que entra a casa és algun subsidi, perquè la mare ha començat a treballar tot just ara. L'Alfredo, el marit, no volia que treballés, però a la pràctica tampoc no hauria pogut, perquè durant els últims quinze anys la dona no ha parat d'encadenar embarassos, i amb la casa i les criatures ja anava prou de bòlit.

A mesura que vagin passant els dies sense que arribi cap trucada demanant rescat, la hipòtesi del segrest s'anirà esvaint del tot.

L'Alfredo i la Maria van tenir tants fills perquè els feia feliços tenir-los, i encara que no els sobrava ni un duro no van buscar mai la manera d'impedir els embarassos. Els avis de les criatures no ho van trobar mai bé. Sobretot els pares de l'Alfredo. D'entrada ja no els havia fet cap gràcia que es casessin, perquè ella era quatre anys més gran que ell i a més ja tenia una filla d'un altre home, l'Angelina. A l'Alfredo tot això li era igual. De fet, no només li va fer de pare a l'Angelina, sinó que fins i tot li va donar el seu cognom.

L'Alfredo treballava moltes hores per tirar endavant la família i li agradava fer coses amb els seus fills. El que més els unia eren els llibres. Sempre els en deixava. Això sí: amb la condició que els hi tornessin impecables, sense ni un guixot ni una pàgina arrugada. Potser era un pare estricte, i entre setmana gairebé no el veien, però els diumenges, l'únic dia que ell tenia festa, els feia carregar a tots la motxilla a l'esquena i se'ls enduia a la muntanya. Així la mare es quedava a casa sola una estona, descansant de tanta criatura. Això no vol dir que la convivència a casa fos difícil: tots estan d'acord que, encara que des de fora pugui semblar complicat viure amb tanta canalla a casa, per a ells va ser sempre el més normal. A més, déu-n'hi-do com s'organitzen entre tots. Els grans sempre han cuidat dels més petits. A cals Òrrit tothom s'ha hagut d'espavilar. Tenen hort i animals per anar tirant i sempre hi ha algú que els dona la roba que ja no vol. Potser les sabates els van grosses o els estrenyen i porten vestits una mica estrafolaris, però sempre han tingut roba neta per posar-se.

Ara, dos mesos després de la mort del pare, la mare acabava de començar a treballar netejant cases i fregant escales per poder tirar la família endavant. A les botigues de Manresa coneixien el seu pare de sempre i si cal els fien. Li deien «el Portuguès», perquè, tot i que va arribar a Catalunya quan tenia tan sols un any, era d'origen lusità. Els botiguers sabien que era un home de paraula i que sempre pagava els seus deutes. Precisament la nacionalitat del pare explica per què els fills tenen cognoms diferents. Dels quinze, els deu primers porten de primer cognom el de la Maria, Òrrit, i els cinc últims el de l'Alfredo, Pires. És a dir, que els uns es diuen Òrrit Pires i els altres Pires Òrrit. Es veu que quan el pare anava a inscriure els fills al registre l'hi feien fer tal com marcava la legislació de la seva primera nacionalitat, en aquest cas, portuguesa, en què el cognom de la mare se situa en primer lloc. En el cas dels cinc últims fills, nascuts després de la mort de Franco l'any 1975, quan l'Alfredo els anava a inscriure al registre l'hi feien fer d'acord amb la legislació espanyola de llavors, amb el cognom del pare primer.

Quan es considera oficial la desaparició, quaranta-vuit hores després, agafa les regnes del cas el Jutjat d'Instrucció número 1 de Manresa. El primer que fa el jutge és ordenar que es prengui declaració a la mare i al Moisès Val, el capellà que fa de gerent de l'hospital. Però abans que el jutge tingui temps d'escoltar què diu el mossèn, arriba al jutjat un escrit firmat per ell, en què diu que vol deixar constància de la desaparició dels nens a l'hospital. Hi relata quan va ingressar l'Isidre, quan es van adonar de la seva desaparició i què van fer a partir de llavors. Aquesta és la seqüència dels fets, segons el que explica el gerent de l'hospital: a les set de matí, com cada dia, les auxiliars de clínica de la planta de pediatria de l'Hospital Sant Joan de Déu de Manresa van passar per les habitacions amb el termòmetre per prendre la temperatura als nens i donar-los la medicació. Quan l'auxiliar va entrar a l'habitació 229, la de l'Isidre, se la va trobar buida.

Va avisar la infermera, i mentrestant va comprovar que el nen no hagués estat donat d'alta. Però no. L'Isidre, teòricament, seguia ingressat. Després de mirar si havia anat a jugar a la saleta i de buscar-lo per tota la planta, van avisar la supervisora de l'hospital, que al seu torn va avisar el metge de guàrdia. Van recórrer tot el centre buscant els nens: habitacions, sales d'espera, consultes... Ni rastre.

El primer que van pensar és que potser havien marxat a casa pel seu compte, però com que no tenien cap telèfon de la família, només l'adreça, van avisar la Policia Local perquè es desplacés fins allà. Primer, per veure si els nens s'havien escapat i eren a casa. I, si no hi eren, per comunicar-ne la desaparició.

Després de llegir aquest escrit del gerent de l'hospital, el jutge es dona per satisfet i no el crida a declarar.

Fins a vint-i-un dies després de la desaparició els investigadors no presenten al jutge un primer informe. Diuen que a tres quarts de set del matí la telefonista va veure sortir unes persones amb un nen a coll amb unes característiques físiques semblants a les de l'Isidre i la Dolors, però tenia feina i no s'hi va fixar gaire.

L'única cosa de la Dolors que van trobar a l'habitació van ser les seves ulleres. Havia anat tant de temps sense correcció a la vista que sense les ulleres podia fer gairebé de tot, però des que les hi havien fet que no se les treia mai, perquè hi veia molt millor.

Amb tot això, i que la mare ha declarat que la tarda abans l'Isidre li va dir que volia tornar a casa, la policia conclou que els nanos han marxat pel seu compte.

La mare es desespera i decideix buscar-se una advocada. No li entra al cap que a l'hospital els desaparegui un nen de cinc anys que tenen ingressat allà i que li diguin que ho senten molt i es quedin tan amples. Entén que no es facin responsables de la Dolors, perquè no tenen per què saber qui s'està amb la persona ingressada i si és menor o no ho és, però bé han de respondre del que li hagi pogut passar a l'Isidre!

Tampoc no està contenta de com estan fent les coses els cossos de seguretat. Quan va saber que investigaven el cas tant la Guàrdia Civil com la Policia Nacional i els Mossos d'Esquadra, se'n va alegrar. Va pensar que era positiu que tots hi estiguessin implicats. Però a mesura que han anat passant els dies ha vist que això només serveix per embolicar més la troca, perquè es passen la pilota els uns als altres i els procediments s'eternitzen. Amb la Policia Nacional i la Guàrdia Civil hi parla de tant en tant, però dels Mossos d'Esquadra no en sap res. És per això que la seva advocada fa arribar un escrit al jutge en què reclama que els Mossos emetin un informe detallant amb quines hipòtesis treballen i els resultats de les indagacions que han fet fins ara. A més demana al jutge que prengui declaració al personal que treballava a l'hospital la nit de la desaparició i al gerent Moisès Val.

El jutge accepta aquest escrit, demana l'informe als Mossos, cita a declarar el Moisès Val i reclama al Sant Joan de Déu una llista del personal que hi havia de guàrdia a la segona planta la nit del 4 al 5 de setembre. Al cap d'una setmana, rep la informació que ha demanat. Hi apareixen les dades d'una infermera, dues auxiliars de clínica, una telefonista i la supervisora.

El 18 de novembre, gairebé dos mesos i mig després de la desaparició, el gerent de l'hospital parla per primera vegada davant del jutge, però diu ben poca cosa: després de ratificar-se en tot el que va dir a l'escrit que va presentar al jutjat dos dies després de la desaparició, només afegeix que no els havia passat mai una cosa així i que vol que quedi constància que la mare dels nens no va avisar el personal que els dos menors es quedarien sols. I, dit això, tot seguit aclareix que quan un menor es queda sol l'hospital no té prevista cap mesura de seguretat especial.

És la gota que fa vessar el got. La Maria no entén la posició de l'hospital. Encara és hora que el gerent parli amb ella. Ara, després de tots aquests dies donant-hi voltes i dubtant de tot, s'adona que el primer que no li encaixa de tot plegat és l'ingrés de l'Isidre.

En aquell moment no hi va pensar: el metge va decidir que s'havia d'ingressar el nen i ella va dir que endavant. Però ara, vist amb perspectiva, no entén per què van ingressar l'Isidre a l'hospital, si l'únic que li feien era curar-li les llagues de la boca amb un bastonet i iode. Aquella cura l'hi podien fer a casa! Però això no és l'únic que li grinyola.

Ha sabut que la nit que els seus fills van desaparèixer, el Jaime, pare del nen que hi havia ingressat a l'habitació del costat va prémer el timbre per avisar les infermeres perquè al seu fill se li havia acabat la medicació i, després d'insistir-hi unes quantes vegades sense que aparegués ningú, l'home va sortir al passadís a avisar personalment, però no hi havia ni una ànima. Al cap d'una estona d'anar amunt i avall es va trobar tots els metges i les infermeres en una saleta. Devien celebrar alguna cosa, perquè hi havia una ampolla de cava. En qualsevol cas, a la planta de pediatria no hi havia ningú vigilant. De fet, després que els localitzés en aquella saleta encara van trigar una bona estona a aparèixer a l'habitació amb la medicació que faltava.

Un altre detall que ha posat la Maria en guàrdia és que ha sabut que onze anys abans, el 1977, el gerent de l'Hospital Sant Joan de Déu de Manresa i prior de l'orde, Moisès Val Cacho, el mateix que els va dir que allò no era una presó i que la gent era lliure de marxar quan volgués, va anar a judici acusat d'haver deixat embarassada una infermera i haver-la obligat a avortar. El van condemnar a sis mesos i un dia de presó i a sis anys i un dia d'inhabilitació. La noia tenia disset anys, la mateixa edat que la Dolors. La família és conscient que això no el converteix en sospitós, però creu que tot plegat no deixa en gaire bon lloc ni l'hospital ni la credibilitat de l'home que el dirigeix.

Amb tot, per als Òrrit, el més sospitós és el que va passar el matí anterior a la desaparició. Les dues primeres nits l'Isidre no va dormir a l'habitació 229, a la planta de pediatria, sinó que va compartir habitació amb un nadó de quatre mesos que tenia el bracet trencat. No va ser fins al dia 4 que el van pujar a l'habitació 229, a la segona planta. Segons els va explicar una infermera, no l'havien pujat a la planta de pediatria fins a la tercera nit perquè estaven pintant, però la família no pot evitar recelar d'aquest canvi.

Per tot plegat, la mare demanda l'hospital, però la reacció del centre és demandar-la a ella per calúmnies. Al final la demanda quedarà en no res perquè el jutge considerarà que es tracta d'una mare fent tots els possibles per trobar els seus fills.

Al cap d'un temps arriba al jutjat l'informe que s'ha demanat als Mossos sobre les seves hipòtesis. En presenten sis de diferents: tres parteixen del supòsit que són vius i tres del supòsit que són morts. Si els nens són vius, els Mossos d'Esquadra es plantegen tres escenaris: que estiguin amagats i els estigui ajudant algú, ja sigui un familiar, un veí o un desconegut; que els hagin segrestat amb un mòbil sexual o per donar-los en adopció, o que hagin marxat voluntàriament de Manresa per problemes familiars i estiguin subsistint a base d'almoines.

Si els nens són morts, els Mossos d'Esquadra tenen dues hipòtesis: la primera, que hagi estat a causa d'un accident —podrien haver caigut per un barranc i no els han sabut trobar, o els podria haver atropellat algú a la carretera que després hagués amagat els cadàvers—. La segona hipòtesi és la de l'homicidi. Podria ser que els nens haguessin estat víctimes d'una agressió sexual i després els haguessin matat per ocultar l'agressió, o fins i tot que els haguessin assassinat per al tràfic d'òrgans.

Finalment, els Mossos fins i tot contemplen la hipòtesi del suïcidi.

La mare repassa una vegada i una altra el motiu que va fer que l'Isidre ingressés a l'hospital. El 27 d'agost, la Maria hi va portar l'Isidre perquè tenia mal de gola. El metge li va receptar aquicilina en ampolletes i li va dir que se'n prengués una al dia. Però la infecció no només no cedia. Ara, a més, li havien sortit tot de llagues a la boca i li feien molt de mal. Al cap de tres dies, el 30 d'agost, van haver de tornar a l'hospital. Els va visitar un altre metge, que li va receptar Violeta de Genciana i Becozyme. Les angines li van començar a marxar, però cada vegada tenia més malament la boca i li costava beure i menjar. El 2 de setembre van haver de tornar a urgències. Tenia una estomatitis aftosa per l'allèrgia a la penicil·lina que duia el primer medicament que li van receptar, l'aquicilina. La meitat de la família és al·lèrgica a la penicil·lina, l'altra meitat no. Ara ja ho sabien: l'Isidre era dels que sí. El metge el va veure deshidratat i va decidir ingressar-lo. A quarts de sis de la tarda pujaven l'Isidre a l'habitació 126, que compartiria amb un altre nen durant dos dies.

Els investigadors dels Mossos informen el jutge que no han obtingut res definitiu per acotar una única hipòtesi, però sí que han descobert coses prou rellevants.

Per començar, es van posar en contacte amb la Comissaria de la Policia Nacional de Manresa, on els van dir que ells ja havien fet totes les gestions possibles i que creien que l'Isidre i la Dolors havien marxat voluntàriament de l'hospital. Després els van buscar per tota la zona, per desnivells i barrancs, i no en van trobar ni rastre. També van investigar a Barcelona, que és on acostumen a fer cap els menors que s'escapen de casa, però no hi van trobar res. Mentre feien aquestes investigacions, el caporal de la Policia Local de Sant Pol de Mar va avisar que havia vist els menors el 23 de setembre, és a dir, divuit dies després que desapareguessin. Havia trigat tant a dir-ho perquè no sabia que els estaven buscant.

Els Mossos l'han anat a trobar i li han ensenyat fotografies dels nens. El caporal hi ha reconegut la Dolors, però l'Isidre no. Després de parlar amb ell han rastrejat tota la zona de Sant Pol de Mar, i no hi han trobat res.

De les entrevistes amb familiars dels nens per conèixer bé la seva situació personal i familiar tampoc n'han obtingut res, només la confirmació que la Dolors no tenia amistats ni relacions fora de la família. Han parlat fins i tot amb un parell de religiosos que coneixen bé els Òrrit i amb l'equip d'assistents socials de Manresa, però ningú ha pogut aportar cap informació útil.

On sembla que han tingut una mica més de sort és amb el personal de l'hospital. L'auxiliar de torn els ha explicat que la nit del 3 al 4 de setembre, la nit abans de la desaparició, a les dotze, quan va entrar a l'habitació 126, hi havia la Dolors fent companyia al seu germà, i que li va fer tot de preguntes: que si no dormien mai, que si sempre estaven darrere del taulell, que quantes hores... Al cap de mitja hora, a dos quarts d'una de la matinada, la telefonista que hi havia a la recepció de l'hospital la va veure entrar per la porta principal. Ningú l'havia vist sortir, però era evident que havia sortit perquè venia del carrer. La telefonista es va estranyar de veure-la sola a aquelles hores i li va preguntar d'on venia. La Dolors li va respondre que de casa la seva àvia. Segons els Mossos d'Esquadra, però, és impossible que vingués de casa l'àvia, perquè la Dolors no té cap àvia a Manresa. L'única àvia que té viu a Sabadell, i en mitja hora no havia tingut temps d'anar i tornar tota sola.

Pel que fa a la nit de la desaparició, la del 4 al 5 de setembre, les treballadores de la planta on estava l'Isidre diuen que no recorden cap incidència, més enllà que quan van entrar a l'habitació de l'Isidre el nen estava sol. La telefonista que hi ha a l'entrada del centre recorda que cap a les sis del matí va veure sortir una senyora amb un nen, però no s'hi va fixar gaire i no sap dir si eren l'Isidre i la Dolors.

Els Mossos han continuat parlant amb l'entorn familiar, i d'una d'aquestes converses n'ha sortit un primer sospitós. Es diu Marcel·lí i és la parella de la Maria Carme, una de les germanes grans dels nens. Després d'entrevistar-se amb ell, els Mossos d'Esquadra han conclòs literalment que «té una personalitat desestructurada». Resulta que el Marcel·lí té antecedents. Fa quatre anys el van detenir per haver agredit un agent de l'autoritat i per haver intentat abusar de la seva filla. Durant un temps el tindran al punt de mira, però no detectaran mai cap moviment estrany i finalment el descartaran.

Els investigadors dels Mossos tanquen l'informe assegurant que continuaran les investigacions, però que de moment no poden aventurar cap hipòtesi sobre el parador de l'Isidre i la Dolors.

Malgrat aquesta declaració d'intencions, la implicació dels cossos de seguretat en general, no només dels Mossos, es va reduint cada dia que passa. Els mitjans se segueixen interessant pel cas, però els investigadors els diuen que els indicis que tenien s'han anat descartant i que ja no tenen més fils per estirar.

La família està especialment decebuda amb la Policia Nacional. Al principi la relació amb el cap de la investigació, l'inspector Enrique, era força fluida, però ara poden passar setmanes sense que els diguin ni ase ni bèstia. La Maria va sovint a la comissaria de Manresa a preguntar, però la fan esperar una eternitat i, quan per fi aconsegueix que l'inspector la rebi, és ell qui li pregunta si hi ha alguna novetat. La Maria es desespera. L'inspector li diu cada vegada que no cal que torni, que si hi ha res de nou ja li trucaran.

A la família li cau el món a sobre. Se senten abandonats per tothom. La mare no es desenganxa del telèfon, amb l'esperança que en algun moment arribi una trucada i a l'altra banda hi hagi els seus fills o algú que sàpiga del cert on són, perquè de trucades de gent que diu que els ha vist i que acaben en res se'n reben moltes. La policia de vegades les comprova i de vegades no, depenent de la credibilitat que donen a la trucada, i de la feina que tenen.

La família fa el que pot per no tenir la sensació que està de braços plegats. Estan tan desesperats que, tot i que no hi creuen gaire, fins i tot consulten vidents. En visiten uns quants i cap els convenç. Cadascú els diu una cosa diferent: que si els nens segueixen a l'hospital, que si estan a Barcelona... Fins que un mateix dia una vident els assegura que els nens estan en una casa a prop d'aigua i d'un pont i un taxidermista que també fa d'endevinaire els diu que són a Berga, en una casa de pagès on hi ha armes i un nen que no està bé.

Tots dos han coincidit a parlar d'una casa. És poca cosa, però tenen la sensació que aquesta vegada podria ser la bona. Alguna cosa els diu que han d'anar a Berga, així que es planten allà i se'n van a la caserna de la Guàrdia Civil.

A la porta hi ha un agent jove molt amable que els atén molt bé. Li expliquen la seva situació i el noi els ofereix uns mapes quadriculats dels que fa servir l'Exèrcit per a les localitzacions. Els diu que se'ls estudiïn bé, que triïn la casa que els sembli que s'ajusta més al que han vist els vidents i que demà tornin i ell mateix els acompanyarà a parlar amb la gent de la casa. L'endemà, però, ETA posa una bomba a la delegació d'Hisenda de Berga i tots els efectius estan ocupats. L'agent que hi ha a la porta no és el mateix d'ahir, i quan els seus superiors s'assabenten de les intencions d'aquell guàrdia civil tan amable que es va oferir a ajudar-los, al pobre noi li cau una esbroncada dels seus superiors: són policies, i els policies no fan cas de les coses que diuen vidents ni taxidermistes.

Però al noi li sap tan greu per la família que s'ofereix a acompanyar-los personalment a la casa quan plegui. L'únic que pot fer és preguntar al pagès si els nens són allà.

Al vespre, se'n van tots cap a la casa que han triat, la que han trobat més a prop d'aigua i d'un pont. El pagès els diu que allà no hi són, els nens, però, mentre l'home parla amb la Maria, la filla, la Maria Carme, es fixa que a dins, en una finestra, hi ha un nen mirant-la. Diu que és un nen «amb cara de vellet». I si és el nen que el taxidermista va dir que no estava bé? S'haurà de quedar per sempre més amb aquest dubte, perquè, si el pagès els diu que els seus germans no són allà, no els queda més remei que creure-s'ho.

Tornen cap a casa amb les mans buides, però almenys ho han intentat. Continuen passant els dies sense que es bellugui res fins que la mare rep una trucada. És un senyor molt conegut i molt ben considerat a Manresa que diu que fa de detectiu privat. L'home assegura que sap com trobar els nens, però que la seva feina val cinquanta mil pessetes. Per a la Maria Òrrit són molts diners i ha de demanar un préstec, però, quan explica per a què els necessita, a la Caixa de Pensions els hi deixen sense cap problema. Els entrega a aquest detectiu de Manresa i queden que quan tingui notícies ja li trucarà. Però van passant els dies i el telèfon no sona. La família intenta posar-se en contacte amb ell, però no hi ha manera. Sembla que se l'hagi empassat la terra.

Quan s'adonen que els han pres el pèl van a la policia a denunciar-ho, però el primer que els demanen és el rebut, i no en tenen cap. No tenen res. Ni aquell home va fer el gest de donar-los cap paperet, ni ells van pensar a demanar-l'hi.

Entre una cosa i l'altra, ja som al gener, fa més de quatre mesos que no saben res dels nens. El dia 27 comencen les declaracions dels treballadors de l'hospital davant del jutge. Abans, es decreta el secret de les actuacions per a totes les parts durant un mes.

La primera a declarar és l'auxiliar de clínica que es va trobar el llit de l'Isidre buit. Diu que la nit de la desaparició a les deu va passar per totes les habitacions a donar un vas de llet als nens. No recorda ben bé què li va donar a l'Isidre, perquè com que tenia llagues a la boca no devia prendre llet, però està segura que li va donar alguna cosa. Tenen per norma anar passant durant la nit per les habitacions encara que els nens estiguin bé, però aquella nit hi va haver uns quants ingressos d'urgències i potser no hi van passar tan sovint com haurien volgut. A les set del matí va començar la ronda per les habitacions per posar el termòmetre i quan va arribar a la de l'Isidre va veure que no hi havia ningú. De seguida va anar a preguntar a la infermera si és que li havien donat l'alta, però la infermera ho va consultar i li va dir que el nen continuava ingressat. El van buscar totes dues per tota la planta, no fos cas que se n'hagués anat a jugar a la saleta o a algun altre lloc, i quan van veure que no hi era van avisar la supervisora. Després d'això ja no sap què va passar, perquè a les vuit del matí va acabar el torn i se'n va anar cap a casa.

La següent a declarar és la infermera, que era la responsable de la segona planta de l'hospital el dia de la desaparició. Diu que va començar el torn el dia 4 a tres quarts de nou i que a les onze de la nit va entrar a l'habitació de l'Isidre per aplicar-li un tractament a la boca i se'l va trobar dormint tan a gust que va decidir no despertar-lo. Ja l'hi posaria l'endemà al matí. Però l'endemà no l'hi va poder posar perquè de seguida va venir l'auxiliar a dir-li que el nen no era a l'habitació. Quan van avisar la supervisora, la dona va anar a dir-ho al metge de guàrdia, que va ser qui va trucar a la policia. La infermera diu que no sabia que l'Isidre estava sol amb una menor. Va pensar que devia estar amb una germana seva més gran, major d'edat, la mateixa amb qui l'havia vist la nit anterior quan encara estava a la primera planta, a l'habitació 126. Quan va entrar a administrar-li el tractament i el va veure sol dormint, va pensar que la noia devia haver sortit un moment a parlar amb algú o a fumar un cigarret. Si ho hagués sabut ho hauria posat en coneixement de la supervisora, perquè no està permès que els malalts estiguin sols. Si no hi ha cap familiar que els pugui fer companyia, s'avisa un assistent social.

La supervisora ratifica el que han dit l'auxiliar i la infermera i explica que la segona planta s'acabava de reobrir perquè tot l'agost havia estat tancada per reformes. No totes les habitacions estaven plenes, però hi havia força feina perquè alguns menors ingressats requerien vigilància constant. Diu que gairebé no han hagut d'avisar mai un assistent social, perquè és molt estrany que els nens no estiguin acompanyats per un adult, i que és normal que si el nen està descansant i el tractament que se li ha de fer no és urgent el deixin dormir. La supervisora diu que la telefonista li va dir que cap a tres quarts de set havia vist sortir de l'hospital una mare i un nen i que potser eren la Dolors i l'Isidre. De seguida van avisar el metge de guàrdia, i a tres quarts de vuit el doctor va trucar a la Policia

Local perquè anessin a casa dels Òrrit a veure si els nanos eren allà.

El mateix 27 de gener, mentre el jutge continua prenent declaració a la resta del personal que hi havia a la planta segona el dia de la desaparició, la Policia Nacional demana intervenir el telèfon de casa dels Òrrit. El jutge autoritza les escoltes durant un mes, és a dir, fins al 27 de febrer, tot i que no reclama que li facin arribar els resultats fins al 8 de juny, gairebé sis mesos després. Però llavors la Policia Nacional li diu que no li pot enviar res perquè no ha trobat res. Les converses que van gravar no tenien cap interès i les van esborrar.

L'11 de juliol de 1989, deu mesos després de la desaparició, el jutge decreta el sobreseïment de la causa i el conseqüent arxivament del cas. Això sí: deixa escrit que darrere dels fets investigats hi ha un delicte.

La vigília de la revetlla de Sant Joan del 1993, quan ja fa cinc anys que la terra es va empassar l'Isidre i la Dolors, al Jutjat d'Instrucció número 1 de Manresa reben un escrit de la Policia Nacional que diu que els ha arribat un informe d'un detectiu privat suposadament contractat per la família.

La família no ha abaixat els braços i, per recomanació d'un advocat, s'ha posat en contacte amb el Josep Maria Oliver, un jove detectiu privat que ha vist la família tan desvalguda i desesperada que fins i tot s'ha ofert a fer la feina sense cobrar.

Segons l'Oliver, els menors podrien estar amagats amb dos familiars seus. Tenint en compte l'informe i que la mare ha de sortir aviat al programa de Televisión Española *Quién sabe dónde* de Paco Lobatón —un programa de molta audiència que es dedica a buscar persones desaparegudes—, la Policia Nacional demana al jutge que es punxin els telèfons d'aquests familiars, no fos cas que es truquessin entre ells per comentar el programa i en poguessin treure alguna cosa de profit. En total són tres números, perquè un d'ells té dues línies al seu nom.

Segons el detectiu, ha parlat amb tots els membres de la família Òrrit Pires, tant de la part materna com de la paterna, i no ha detectat res sospitós, excepte en tres persones: l'àvia paterna dels nens, la Delfina; l'Antonio, el seu fill i tiet dels nens, i la seva dona i tieta política de les criatures, la Maria Lluïsa.

Comencem per l'àvia. El detectiu diu que l'ha anat a veure sovint a casa seva a Sabadell i que aquella dona no es comporta com una àvia a qui li han desaparegut dos nets. El primer cop que la va anar a veure el va fer passar molt amablement i va voler ensenyar-li tant sí com no totes les habitacions perquè veiés que els nens no eren allà. En una de les habitacions hi tenia la foto del seu fill mort, l'Alfredo, el pare dels nens, amb dues espelmes elèctriques que sempre estaven enceses i un rosari. Un cop al menjador, el detectiu es va fixar que la Delfina tenia en un prestatge més de trenta fotografies dels membres de la seva extensa família. Ell no els coneixia a tots, però li va semblar que allà no hi faltava ningú. Hi havia gent gran, nens petits... de tot. Els únics que no hi eren eren els dos que ell buscava, l'Isidre i la Dolors. Segons la dona, no els tenia allà perquè no en tenia cap foto. Al detectiu li va semblar molt estrany, sobretot tenint en compte que eren precisament els únics nets que només podia recordar en una foto, però encara li va fer més mala espina quan hi va tornar al cap d'un temps i va veure que ara sí que hi havia les fotos de l'Isidre i la Dolors.

L'àvia Delfina ha insistit molt al detectiu que a qui ha d'investigar és a l'hospital i als metges, i li ha assegurat que una vident li ha dit que els nens són al Marroc i que hauria de buscar per allà.

La sensació que s'ha emportat el detectiu de les converses amb la Delfina és que la seva jove no li fa el pes. Diu que és curteta, que no té els fills en condicions i que porta faldilles massa extremades per provocar els homes.

L'àvia només va vessar una llagrimeta, i encara gràcies, el dia que ell li va insinuar que podria haver estat algú de la família qui s'hagués emportat els nens.

El detectiu no l'ha anat a veure mai per sorpresa. Sempre li ha trucat abans per preguntar-li si li anava bé. La Delfina li ha assegurat cada vegada que podia anar-hi tranquil perquè no havia d'anar enlloc ni havia de fer res. Però en acabat, cada vegada, així que ell sortia per la porta, la dona corria cap a casa del seu fill Antonio per parlar amb la jove, la Maria Lluïsa. L'Antonio i la seva dona viuen a 220 metres de la Delfina.

Segons li han assegurat per separat diferents membres de la família, quan l'Alfredo era viu la relació amb l'àvia Delfina era molt més estreta. Es trucaven i es veien cada dos per tres, però ara pràcticament no tenen relació. Al detectiu això li sembla estrany. Ell pensa que, després de dues sotragades tan fortes i seguides com la mort de l'Alfredo i la desaparició de l'Isidre i la Dolors, la família hauria d'estar més unida que mai.

L'àvia Delfina i la Maria parlen poques vegades per telèfon, però en una d'aquestes ocasions comptades l'àvia s'ha mostrat molesta per les visites del detectiu. En canvi a ell sempre li ha dit que estava encantada d'atendre'l, i fins i tot es permet criticar-li la jove. En una conversa telefònica l'àvia Delfina ha dit a la Maria que quan els nens apareguin ja seran grans i que no es recordaran de qui se'ls va emportar, mentre que a ell li va dir que els nens segurament ja devien ser morts.

El detectiu Oliver ha parlat amb la telefonista que hi havia de guàrdia a la recepció la nit anterior a la desaparició, la del 3 al 4 de setembre. Aquella que va declarar davant del jutge que a dos quarts d'una de la matinada del dia 4 havia vist entrar la Dolors per la porta principal de l'hospital i li havia preguntat d'on venia. La recepcionista li ha tornat a explicar el mateix, i el detectiu dedueix que la nena només es podia referir a l'àvia Delfina de Sabadell, perquè l'altra àvia, la de Sallent, ja era morta. Però és impossible que la Dolors hagués anat sola a Sabadell amb transport públic, i un taxi no se l'hauria pogut pagar. Per tant, la persona o les persones que l'havien recollit i l'havien tornat a l'hospital podrien ser les mateixes que se la van emportar l'endemà. En l'informe que fa arribar al jutge, el detectiu fa notar que, a banda d'alguns dels germans, l'única persona que sabia que els nens estaven ingressats era l'àvia Delfina, que, per cert, havia preguntat dues vegades en quina habitació estava l'Isidre i després no l'havia anat a veure.

El detectiu Oliver sosté que l'àvia té massa interès a demostrar que ella no té res a veure amb la desaparició dels nens i massa poc per ajudar a trobar algun element que ajudi a obrir noves línies d'investigació.

Creu que l'Antonio, el tiet, i la Maria Lluïsa, la tieta política, tampoc no són aigua clara. Quan parlen amb ell es posen massa nerviosos, i com més coses esbrina ell, més inquiets es mostren. Els descriu com «avaluatius i atents» i troba que se'ls nota massa que intenten controlar les seves reaccions. En una de les múltiples entrevistes que ha mantingut amb ells, els va avançar que sospitava de l'àvia i els va demanar que li truquessin davant seu per descartar que poguessin tenir alguna relació amb la desaparició dels nens ells també, però el matrimoni s'hi va negar rotundament. Li van dir que, si era un bon professional, ja ensopegaria amb la manera de trobar els nens.

A banda del fet que l'àvia Delfina sempre surt escopetejada cap a casa de la jove cada cop que el detectiu la ve a veure, hi ha detalls que la família no acaba de veure clars, com per exemple el que va passar el 28 de setembre de 1991, tres anys després de la desaparició dels nens, en un casament. La Maria Lluïsa va aprofitar la celebració per preguntar a l'Engràcia, tieta dels nens per la banda materna, si encara estaven buscant l'Isidre i la Dolors. L'Engràcia se la va mirar molt seriosa i li va assegurar que no pararien de buscar-los mai de la vida, i diu que aleshores la Maria Lluïsa se'n va anar molt nerviosa cap allà on era el seu marit Antonio i li va fer un comentari a cau d'orella.

El mateix dia que rep l'escrit de la Policia Nacional amb aquest informe del detectiu Oliver, el titular del Jutjat d'Instrucció número 1 de Manresa reobre la causa, segons diu, literalment, perquè «de les actuacions que ha rebut se'n desprenen indicis lògics pels quals es podria atribuir a persones determinades la participació en el fet punible que hi ha darrere d'aquest procediment». En aquest moment ja fa cinc anys que no se'n sap res, de l'Isidre i la Dolors.

L'any 1989, quan la investigació va posar el focus sobretot en l'hospital, la causa es va arxivar perquè no es podia atribuir a ningú la responsabilitat sobre el que havia passat, tot i que el jutge reconeixia que hi havia hagut un delicte.

Ara, amb aquest nou enfocament centrat en la família paterna, s'obre la possibilitat d'atribuir el robatori dels nens a algú en concret i decideix reobrir la causa.

Les primeres actuacions que ordena són les que li ha sol·licitat la Policia Nacional: que es punxin els telèfons de l'àvia Delfina i de casa dels tiets Antonio i Maria Lluïsa durant un mes.

El jutge no reclama els resultats de les escoltes telefòniques fins al cap d'uns cinc mesos, i la resposta de la policia és que ja els l'havia presentat el 27 de juliol, que era quan vencia el termini que havia decretat inicialment el jutge. És a dir, la intervenció telefònica s'havia desactivat automàticament al cap d'un mes i la Policia Nacional n'havia presentat els resultats quatre dies després. No se sap per què, aquests resultats no van arribar mai a mans del jutge. La conclusió a la qual van arribar els investigadors va ser que no se'n podia extreure cap prova que ajudés a esclarir els fets.

Agafant-se a això, el 27 de gener de 1994, poc de sis mesos després de la reobertura del cas, el jutge arxiva la causa per segona vegada, però aquest cop no hi estarà gaire temps, arxivada. Al cap d'un mes, el 14 de febrer, el David Martínez Madero, el nou fiscal del Jutjat d'Instrucció número 1 de Manresa, un jove de trenta-quatre anys que recorda perfectament quan van passar els fets i no entén com pot ser que el cas hagi quedat sense resoldre, demana que el treguin del calaix i que, si s'accepta el seu recurs de reforma, la Policia Nacional notifiqui si ha deixat d'investigar o no. Si ha deixat de fer-ho, vol que reprengui les investigacions per trobar l'Isidre i la Dolors. Al mateix temps demana que els Mossos d'Esquadra presentin un informe amb les actuacions dutes a terme i, en cas que hi continuïn treballant, es coordinin amb els altres cossos policials per evitar interferències o duplicitat d'actuacions. A més de tot això, sol·licita que es prengui declaració a l'àvia Delfina, als tiets Antonio i Maria Lluïsa i al detectiu Oliver.

Al cap de tres setmanes, el 7 de març, el jutge estima el recurs de reforma presentat pel fiscal i accepta totes les actuacions sol·licitades. De nou es reobre la causa, i sembla que aquesta vegada amb força empenta.

Al cap de pocs dies arriba al jutjat un escrit presentat per l'advocada de la família exposant que hi ha nous indicis i sospites fonamentades sobre persones que podrien haver intervingut directament o indirectament en el robatori dels nens. Basen aquesta afirmació en l'informe del detectiu Oliver que adjunten a l'escrit. A primer cop d'ull sembla el mateix informe de fa nou mesos, en què el detectiu explicava els motius que l'havien dut a sospitar de tres familiars de la banda paterna —l'àvia Delfina i els tiets Antonio i Maria Lluïsa—, però el contingut és una mica diferent. Ara incorpora unes quantes coses noves. Hi surten per primer cop les ulleres de la Dolors, que van quedar a la tauleta de l'habitació 229 quan va desaparèixer amb el seu germà.

Per a l'Oliver aquest és un detall molt significatiu, perquè indica que la Dolors va marxar de manera forçada. Assegura que, si no, hauria procurat endur-se les ulleres, perquè no hi veia prou, i encara menys de nit. Fins i tot qualifica les ulleres de «testimoni mut» i assegura que els nens se'n van anar amb algú amb qui tenien molta confiança. En l'informe adjunta un document emès pel servei d'oftalmologia del CAP Bages que data del 26 de novembre de 1987 on s'indica que la Dolors no hi veia de lluny, que tenia més de dues diòptries de miopia a l'ull dret i una i mitja a l'ull esquerre. També explica que els dos nens que van desaparèixer eren els més dèbils de tots els germans: l'Isidre perquè era el més petit, i la Dolors pels problemes de socialització i pel retard escolar que patia. Està convençut que se'ls van endur familiars seus i que ho van fer pensant-se que era pel bé de les criatures i per deslliurar una mica la Maria de la càrrega que li suposava tenir tants fills en tots els sentits, també en l'econòmic.

L'informe aporta una altra informació nova: la tieta Maria Lluïsa havia comentat en més d'una ocasió que els nanos estarien millor internats en un col·legi i ella mateixa s'havia ofert a contribuir a pagar les despeses. El detectiu fins i tot hi adjunta un seguit de transferències bancàries fetes, teòricament, per la Maria Lluïsa. Diu «teòricament» perquè se suposa que les feien ella i el seu marit, el tiet Antonio, però el compte d'on sortien estava a nom de la mare de la Maria Lluïsa, la Margarita. Eren transferències mensuals de cinc mil i disset mil pessetes i anaven a parar a un compte del Banc Sabadell a nom de la Maria Òrrit i del difunt Alfredo Pires. Es van començar a fer l'any 1986, dos anys abans de la desaparició dels nens, quan l'Alfredo ja estava malalt, i es van aturar el desembre del 1988, quan ja feia tres mesos que havien desaparegut els nens.

Els moviments bancaris, doncs, fan entrar en escena

un nou personatge: la mare de la tieta Maria Lluïsa, la Margarita.

El detectiu explica que el 9 de febrer d'aquell mateix any, un dimecres, se'n va anar fins a Sant Llorenç Savall a trobar la senyora Margarita. Passaven deu minuts de les dotze quan va trucar al timbre. La porta estava tancada a consciència, amb dues voltes al pany. Quan finalment es va obrir, va aparèixer la Margarita amb el carretó d'anar a comprar, preparada per sortir al carrer. Al darrere hi havia la seva filla Maria Lluïsa, que es va quedar al rebedor. La senyora Margarita tenia més de setanta anys, feia un dia rúfol i un fred que pelava, i al detectiu se li va fer estrany que sortís a comprar tota sola mentre la filla es quedava a casa. Si haguessin viscut juntes, encara; però, tenint en compte que la filla hi estava de visita, no li va encaixar que no anessin juntes a comprar. La Maria Lluïsa de seguida es va amagar cap dins i la senyora Margarita va sortir, va tancar la porta de cop i se'n va anar a comprar sense voler parlar amb el detectiu. Just en aquell moment, als voltants de la casa va arrencar un Peugeot 205 amb matrícula de Barcelona. El conduïa un home d'uns quaranta anys, moreno, amb bigoti i ulleres. El cotxe va començar a avançar molt lentament seguint-lo a ell, que s'havia posat a caminar per veure on anava la senyora Margarita. De cop, el Peugeot es va aturar al costat del detectiu i el conductor se'l va mirar fixament. Després va tornar a arrencar, va anar fins al final del carrer, va fer la volta i va tornar a aturar-se al seu costat, aquesta vegada a la banda contrària de carrer. I un altre cop la mateixa maniobra. Va tornar al final del carrer, va girar un altre cop i es va tornar a plantar al costat del detectiu encarat en la mateixa direcció que ell. Al cap d'uns quants segons, va avançar uns metres i es va situar al costat de la senyora Margarita, com donant a entendre que era allà per protegir-la. Per al detectiu aquest comportament denota un estat de nerviosisme molt sospitós.

L'Oliver també ha esbrinat que el telèfon de casa de la senyora Margarita està a nom del gendre, el tiet dels nens, l'Antonio. És un dels tres telèfons que la policia va intervenir durant un mes. Tampoc no li quadra que un dimecres de febrer la Maria Lluïsa, tenint com tenia els fills petits, hagués dormit a casa de la seva mare, que aparentment no tenia cap problema de salut i se n'anava a comprar més eixerida que un pèsol.

El detectiu acaba dient que parlant amb familiars d'una banda i de l'altra ha arribat a la conclusió que la Dolors i l'Isidre eren els fills preferits de la Maria perquè li semblaven més vulnerables que els altres, i remarca un comentari que li va fer l'àvia en l'última entrevista que van tenir: que el març de l'any anterior havia rebut una trucada d'un home que li deia que si seguia buscant els seus nets se n'hi emportarien més, perquè en tenia molts.

Segons el detectiu, la credibilitat d'aquesta versió és més aviat nul·la. No té cap sentit que, sabent que tothom estava buscant els nens, l'àvia rebés una trucada així i no en digués res a ningú. A més, tenint en compte que és precisament la persona que menys interès mostra per localitzar-los, no té ni cap ni peus que fos ella qui rebés aquesta trucada. El més normal hauria estat que l'hagués rebut la mare, que surt a tot arreu buscant-los. El detectiu creu que s'ha inventat la trucada per desviar les sospites que sent que recauen sobre ella.

Posteriorment arriba un document dels Mossos d'Esquadra. Diuen que es troben en contacte permanent amb la Policia Nacional i que els faran arribar l'informe que els han demanat a través seu. El 13 d'abril de 1994 comencen les declaracions davant del jutge.

El primer de seure davant del magistrat és el detectiu Oliver. Té trenta-set anys i en fa tres que es dedica a l'ofici. Està convençut que els nens són vius i que els tiets Antonio i Maria Lluïsa i l'àvia Delfina en saben alguna cosa. Després de repetir tot el que ja va explicar fa un any en l'informe que va presentar a la Policia Nacional i que va provocar la reobertura del cas, puntualitza que en un principi no sospitava de la família paterna, però a còpia d'anar parlant amb ells ha notat que hi ha alguna cosa que grinyola. Assegura que tots els membres de la família han col·laborat sempre amb ell en tot, excepte aquests tres. L'únic que li interessa a l'àvia Delfina és saber com pensa descobrir ell on són els nens. Dos anys abans, quan la Maria va sortir al programa *Quién sabe dónde* del Paco Lobatón, l'àvia Delfina va trucar unes quantes vegades a casa de la Maria per parlar amb els seus nets i fins i tot en va convidar dos dels més grans a sopar per preguntar-los coses sobre la investigació. Ell creu que els nens podrien ser a Portugal o a França, perquè la família Pires és d'origen portuguès, però molts s'han traslladat a França. A més, el tiet Antonio té una empresa d'instal·lacions elèctriques que té molta relació comercial amb tots dos països, precisament.

La següent a asseure's davant del jutge és l'àvia Delfina, que explica que sabia que l'Isidre estava ingressat perquè l'hi havia dit la seva neta Maria Rosa. Si no va anar a visitar el nano a l'hospital va ser perquè en aquella època el seu marit estava molt malalt. De fet, va morir al cap de quatre mesos. A la Delfina li consta que durant el dia li feia companyia la Isabel, i a la nit s'hi quedava la Dolors. En algun moment li va passar pel cap que la Dolors se'n podria haver anat amb algun nòvio, però es veu que no en tenia. Després va pensar que se'ls podria haver endut algú que treballava a l'hospital i que es coneixia les instal·lacions i sabia en quina habitació estaven els nens. Ella no creu que se'ls hagi endut ningú de la família, ni per la banda materna ni per la paterna, i confirma que li va trucar un home que tenia una veu molt profunda i li va dir que s'estigués quieta o se li emportarien més nets. Diu que sovint truquen, despenja i no contesta ningú. Només sent que respiren i després pengen.

El tiet Antonio diu que no li consta que a la família hi hagués cap problema ni que la Dolors pogués tenir cap motiu per voler marxar de casa. Era una noia una mica infantil i aturadeta. Al principi de tot sí que va pensar que s'havien escapat, però a mesura que va anar passant el temps es va adonar que no podia ser. Creu que se'ls podria haver endut algú de l'hospital que sabia que el seu pare faltava des de feia poc i que pensés: tenen fills per donar i per vendre, no els ve de dos. Explica que des que el seu germà Alfredo es va posar malalt, i després, quan ja era mort, va haver d'ajudar la família, però nega que digués mai que els nens estarien més bé internats.

L'última de declarar és la tieta Maria Lluïsa. Ella tampoc no creu que hagin marxat voluntàriament, perquè n'estaven molt, de la família. Igual com el seu marit, diu que amb la malaltia i la mort de l'Alfredo van haver d'ajudar la família. Assegura que ella ni tan sols sabia que el nen estava ingressat i diu que no recorda que l'àvia Delfina li hagi comentat res de cap trucada estranya.

Pocs dies després, basant-se en els informes del detectiu Oliver, la Maria torna a presentar un escrit al jutge demanant que el servei d'Interpol espanyol a Madrid faciliti les dades de l'Isidre i la Dolors a Interpol França i Interpol Portugal, perquè està convençuda que els nens estan en un d'aquests dos països. També demana que s'examinin els registres d'escolarització, els permisos de residència, l'expedició de nacionalitats i documents d'identitat, els ingressos hospitalaris, les altes i baixes de l'atur o de la seguretat social, tributs nacionals i estrangers i en general qualsevol document que hagi sortit d'un registre oficial i que pugui revelar la presència dels dos germans Òrrit al país.

El 31 de juliol, el fiscal David Martínez Madero, el mateix que va aconseguir que el jutge reobrís per segona vegada la causa, presenta un altre escrit en què recorda que la tasca d'una administració de justícia no ha de ser només jutjar, sinó també investigar els fets que puguin constituir un delicte. Demana que tant l'Hospital Sant Joan de Déu de Manresa com la resta de centres mèdics de la ciutat i de la comarca aportin tot el que tinguin de la història clínica dels dos menors.

Qui s'encarrega d'aplegar tota aquesta informació és la Guàrdia Civil. Sobre l'Isidre no apareix res rellevant, però amb la Dolors hi ha un detall que crida l'atenció: quan tenia deu anys i nou mesos li van fer una exploració al servei de psicologia de l'Hospital Sant Joan de Déu de Manresa perquè anava molt endarrerida a l'escola. En un dels apartats, en què es descriu l'embaràs, la lactància, quan va començar a caminar i quan va començar a parlar, hi ha una pregunta sobre quins «temors» tenia la Dolors, i la resposta que hi consta és «al pare».

Segons el psicòleg que signa l'informe, la capacitat intel·lectual de la Dolors és la d'una nena de set anys, és a dir, que presenta un retard de gairebé quatre anys.

Al setembre, la Maria presenta un altre escrit al jutge demanant que s'admeti a tràmit un nou informe del seu detectiu privat. Aquesta vegada, no és només una ampliació de l'anterior, sinó que aporta coses noves.

Un gendre de la Maria, el marit de l'Angelina, la filla gran, ha sabut que hi ha una treballadora de l'hospital que diu que coneix una persona que podria tenir relació amb la desaparició de l'Isidre i la Dolors. Es tracta d'una dona que treballa a la cafeteria de l'hospital i que un dia, segons ha explicat ella mateixa al detectiu, va sentir tres o quatre persones que parlaven dels nens en una taula. Va ser abans que desapareguessin, però se'n recorda perfectament. Un home deia que la mare no podia atendre els nens com Déu mana i que havien d'aconseguir que firmés un document conforme «els donava» perquè els poguessin ingressar en un internat. La cambrera ho va sentir perquè l'home parlava amb molta vehemència, gesticulant molt amb les mans. Es notava molt que no podia veure la Maria ni en pintura, i fins i tot l'acusava de ser la responsable de la desgràcia de la mort del seu marit. La cambrera explica al detectiu que el pare també va passar els últims dies ingressat a l'Hospital Sant Joan de Déu, i que aleshores ella ja va veure coses estranyes, en aquella família. Diu que més d'una vegada, quan la Maria anava a veure l'Alfredo, els familiars que hi havia a la cafeteria no la deixaven passar a l'habitació.

Quan el detectiu li ensenya unes fotos d'homes de la

família que s'ajusten a la descripció que ha fet ella, la dona l'identifica sense dubtar: és l'Américo, el germà de l'Antonio i l'Alfredo, l'altre fill de l'àvia Delfina.

El jutge admet l'escrit a tràmit i cita a declarar l'empleada de la cafeteria, però la Guàrdia Civil se li avança amb un informe que, entre altres coses, inclou una entrevista amb ella.

La dona treballa a la cafeteria de l'hospital des de fa molts anys i coneix la família i els nens desapareguts d'haver-los servit un entrepà alguna vegada. El dia que els nens van desaparèixer, ella feia el torn de tarda. No recorda a quina hora va entrar, però sí que va plegar a dos quarts de deu del vespre i que aquella nit, entre dos quarts de nou i les nou, va baixar a la cafeteria la Maria Òrrit amb una de les seves filles, baixeta, morena i amb ulleres. La Maria li va explicar que aquella nit s'hi quedava la seva filla, a fer companyia al nen, i li va comprar un entrepà de pernil. I llavors repeteix la història que ja va explicar al detectiu: que abans que desapareguessin els nens havia sentit un dia quatre persones que parlaven en una taula i que un dels homes va dir que, ara que faltava el pare, el que havien de fer era endur-se les criatures. Encara eren petites i així podrien fer alguna cosa a la vida, perquè amb aquella dona —deia referint-se a la Maria Òrrit— no farien mai res de bo.

Diu que sap del cert que eren familiars dels nens perquè alguna vegada els havia vist amb la nena. Quan la policia li pregunta si sap si el pare dels nens havia estat mai ingressat a l'Hospital Sant Joan de Déu de Manresa, respon que no el coneixia i que no en té ni idea. Això es contradiu amb el que afirma el detectiu al seu últim informe, on assegura que de vegades els familiars de l'Alfredo no deixaven entrar la Maria a l'habitació. La dona també explica que per l'hospital corria el rumor que algú havia vist sortir els nens amb un adult cap a les sis del matí, però li van dir que no en digués res i a l'hospital no se'n parlava mai, d'aquest tema.

La Guàrdia Civil fa notar en el seu informe que la cambrera és incongruent en els seus comentaris, per exemple quan diu que li consta que les persones que va sentir parlar a la cafeteria eren familiars dels nens però no aporta cap element per demostrar-ho, o quan es recorda de la conversa i de què era l'entrepà però no és capaç de dir res que tingui a veure amb l'hospital, com ara el nom de la persona que li va dir que no parlés de la qüestió. A més, quan els agents li van ensenyar fotografies d'uns delinqüents que tenien fitxats i que no tenien res a veure amb el cas, la dona en va assenyalar un que li va semblar que s'assemblava a l'home que havia fet els comentaris i dos més que li sonaven d'haver-los atès a la cafeteria de l'hospital. Cap dels tres eren residents a la comarca, i per tot plegat la Guàrdia Civil no dona gaire credibilitat al nou testimoni aportat pel detectiu.

Han tingut una conversa també amb el Jaime, el pare del nen amb qui l'Isidre va compartir les dues primeres nits l'habitació 126, que repeteix el que ja va explicar a la família fa temps. La nit que van desaparèixer els dos germans, la planta de pediatria va estar sense vigilància durant una bona estona. Li consta perquè, després de buscar molt, va trobar tot el personal en una saleta celebrant un aniversari, segons li va explicar després la infermera.

Després que desapareguessin els nens, el Jaime només

recorda haver parlat amb la família i, en una ocasió, amb uns mossos d'esquadra que se li van presentar a casa.

La Guàrdia Civil torna a prendre declaració a uns quants treballadors de l'hospital, com ara la telefonista que en el seu moment va declarar que la nit anterior a la desaparició va veure que la Dolors arribava sola del carrer a dos quarts d'una de la matinada. La dona repeteix el mateix que ja va explicar aleshores als Mossos i al detectiu, però afegeix un detall: diu que quan la nena va arribar i ella li va preguntar d'on venia, la Dolors li va dir que de casa de l'àvia —això ja se sabia de les altres declaracions—, que vivia a la Balconada. Però la Balconada és el barri on està ubicat l'Hospital Sant Joan de Déu de Manresa, i allà la Dolors no hi tenia cap àvia. La recepcionista diu que va avisar per telèfon la supervisora de l'hospital, que li va dir que ja passaria ella a donar un toc d'atenció a la noia. També explica que abans de l'ingrés no coneixia els dos germans, però que de membres de la família Òrrit Pires n'hi passaven cada dos per tres, per allà.

També parlen amb una de les auxiliars que estava de guàrdia aquella nit, que no recorda que celebressin res, però assegura que si feien alguna celebració ella sempre estava pendent del timbre, que se sentia perfectament des de la saleta on eren, i que la pausa per al sopar era entre les dotze i la una de la matinada. Al contrari del que va declarar una infermera en el seu moment, ella assegura que tenen per norma despertar els nens quan toca donar-los alguna medicació o fer-los alguna cura.

Pel que fa a la telefonista que hi havia de guàrdia, a diferència del que va declarar en el moment de la desaparició, diu que no va veure sortir ningú i que, si hagués sortit algú, l'hauria vist, perquè de les deu del vespre a les vuit del matí hi ha molt poc moviment. Quan va plegar, a les vuit, va marxar cap a casa i fins passats dos o tres dies no va saber que els menors havien desaparegut.

Una altra de les auxiliars que hi havia a la planta, la que es va adonar que els nens no hi eren quan va anar a posar el termòmetre a l'Isidre, torna a explicar el mateix que ja va declarar en el moment dels fets.

Se li pren declaració també a aquella auxiliar que havia atès el nen quan era a la primera planta, abans que el canviessin d'habitació. La dona recorda que l'última nit que el nen va dormir a la seva planta, quan a tres quarts de deu del vespre va entrar a l'habitació a donar-li la medicació, la germana que li feia companyia li va preguntar si el llit de l'acompanyant l'havia de pagar l'usuari o anava a càrrec de l'hospital. Ella li va respondre que no havia de pagar res, que anava a càrrec de l'hospital, i se'n va anar, però així que va arribar un altre cop al taulell va sonar el timbre i hi va tornar. Era la Dolors per demanar-li que li obrissin el llit, que ella no se'n sortia. L'hi van obrir, l'hi van preparar per dormir i se'n van anar, però al cap d'un moment les va tornar a cridar. Ara volia que li tornessin a plegar el llit. Més enllà d'aquest comportament una mica estrany, no recorda res digne de menció ni que els nens rebessin cap visita, i assegura que als pacients se'ls subministra la medicació encara que estiguin dormint i que sempre hi ha algú al taulell per atendre els timbres de les habitacions.

El detectiu ha investigat totes les treballadores de l'hospital, que han declarat unes quantes vegades, ja sigui davant dels Mossos, de la Policia Nacional o de la Guàrdia

Civil o del jutge. Però, com més vegades els pregunten, més explicacions contradictòries donen totes plegades.

I llavors, el 5 d'octubre de 1994, arriba la resposta de la Interpol. A Portugal diuen que han buscat els quatre familiars dels nens pels quals se'ls va preguntar, que ja no viuen a la localitat de Silvares, a Fundão, d'on prové la família Gaspar Pires, i que no tenen ni idea d'on poden ser en aquest moment. Interpol França, en canvi, sí que ha localitzat les tres germanes de l'àvia paterna dels nens, la Delfina. Tant elles com els seus familiars han estat informats de la cerca dels nens i han assegurat que tenen constància de la desaparició però que no en saben res.

Un altre cop torna a desfilar tota la família per davant de la Guàrdia Civil. De la declaració de la mare destaca que el dia que van desaparèixer els dos nens la Dolors només tenia mil pessetes que li havien donat perquè poguessin mirar la tele i comprar-se un entrepà. Amb això, si haguessin marxat pel seu compte, no haurien arribat gaire lluny. Confirma que tant la sogra, l'àvia Delfina, com els cunyats, l'Antonio i l'Américo, s'havien ofert alguna vegada a quedar-se algun dels nens per alleugerir-li una mica la càrrega, però ella s'hi havia negat sempre. Com els hi havia de deixar, si eren els seus fills? Abans que morís l'Alfredo, l'àvia Delfina solia enviar-li entre cinc mil i deu mil pessetes mensuals per ajudar-la una mica, però després ja no li va enviar mai més ni un duro. Pel que fa a l'hospital, es lamenta que en tots aquests anys no hagi volgut assumir mai cap responsabilitat i que encara és hora que el director parli en persona amb ella.

El Josep Maria, el marit de l'Angelina, la filla més gran de la Maria, explica que quan van fer batudes pel bosc buscant els nens, als familiars de Sabadell «els preocupava més que no se'ls ratllés el cotxe que no pas trobar els nens». Ell era l'encarregat de portar i recollir les germanes que feien companyia a l'Isidre a l'hospital: la Iolanda o la Isabel durant el dia, i la Dolors de nit.

L'Engràcia, la germana número cinc, explica que la seva mare i l'àvia Delfina no tenien bona relació i que sabia que l'àvia i el tiet Antonio els volien internar en un col·legi de Barcelona. No té cap dubte que l'Isidre i la Dolors no haurien pogut marxar sols i sospita dels tiets de Sabadell.

La Maria Rosa, la segona germana més gran, explica que el dia 4 de setembre de 1988 ella i el seu marit van ser a l'Hospital Sant Joan de Déu de Manresa visitant l'Isidre fins a un quart de deu de la nit.

Aquell mateix dia al matí hi havia anat també l'Alfred, un altre germà. Va ser ell qui va deixar a la Dolors mil pessetes en monedes de cent perquè poguessin mirar la televisió. Recorda que un dia, abans de la desaparició dels seus germans, els Mossos d'Esquadra es van presentar al pis de la Fàbrica Vermella per ordre dels assistents socials de Manresa per veure si internaven els nens en un col·legi de Barcelona. Segons l'Alfred, el seu pare no va estar mai ingressat a Sant Joan de Déu a Manresa, sinó al Clínic de Barcelona. Ell no creu que els familiars de Sabadell s'enduguessin els seus germans.

La declaració de l'Alfred reforça encara més la impressió de la Guàrdia Civil que el testimoni de la cambrera de la cafeteria de l'hospital té molt poca credibilitat.

El Jordi, el germà número vuit, no creu que la Dolors i l'Isidre marxessin pel seu compte. El nen era massa petit i ella massa poruga, i a més no anava mai sola enlloc. Era la que més ajudava la mare amb les feines de casa. El Jordi també explica que un dia els Mossos d'Esquadra es van presentar a casa seva i es van endur els pares i els vuit fills més petits a una reunió per parlar sobre si els portaven a un internat. La iniciativa havia sortit dels assistents socials de Manresa, però els pares no en van voler ni sentir a parlar. Ell no sospita dels tiets ni de l'àvia de Sabadell.

La Isabel, la germana número nou, declara que la primera nit que l'Isidre va estar ingressat, la del 2 al 3 de setembre, va ser ella qui es va quedar a passar la nit amb ell. L'endemà a les onze del matí el seu cunyat Josep Maria la va anar a buscar i va deixar a l'hospital la Dolors. La Isabel hi va tornar el dia 4 i s'hi va estar des de quarts de deu del matí fins a les quatre de la tarda. Mentre ella hi va ser no els va anar a veure ningú, ni de la família ni de fora de la família. Els únics que entraven a l'habitació eren els metges i les infermeres. També comenta que al principi el detectiu Oliver els va dir que sospitava del seu germà Alfred, després del seu tiet Antonio i de l'àvia Delfina i després del seu tiet Américo. Ella posaria la mà al foc pel seu germà Alfred, però pels altres ja li costaria més.

L'Engràcia, la tieta materna dels nens, explica aquella anècdota d'un casament en què la tieta política per la banda paterna li va preguntar si encara buscaven els nens. Diu que quan ella va respondre que no es cansarien mai de buscar-los es va posar molt nerviosa i que li va faltar temps per anar a buscar el seu marit per dir-li alguna cosa a cau d'orella. Segons l'Engràcia, a més, durant un sopar de Nadal, quan va sortir la qüestió dels nens, l'àvia Delfina va dir que ja els veurien quan tinguessin vint anys.

L'àvia Delfina declara que, d'amagat del marit, enviava

diners al seu fill Alfredo per ajudar-lo en la manutenció dels nens. Els altres dos fills, l'Antonio i l'Américo, també l'ajudaven econòmicament. Ella li va enviar diners fins que va morir. Li consta que en una ocasió els nens i els pares van haver d'anar a Barcelona amb els Mossos per parlar de si internaven la canalla, però que quan van veure que els nens estaven bé van tornar tots junts a casa. Ella no creu que ningú de la família s'endugués els nens. Més aviat pensa que no van sortir de l'hospital.

Després de constatar que l'equip d'assistents socials de Manresa surt esmentat unes quantes vegades, la Guàrdia Civil crida la cap de Gestió d'Ensenyament de l'Ajuntament de Manresa, que els explica que part de la seva feina és procurar que tots els nens de la ciutat estiguin escolaritzats. Pel que fa a la seva relació amb la família Òrrit Pires, relata una visita que els va fer a casa seva, a la Fàbrica Vermella, l'any 1987, un any abans de la desaparició dels nens. Diu que aquell dia tant ella com la infermera que l'acompanyava van veure que un dels nens estava tancat dins una gàbia que penjava del sostre i que, pel que van poder deduir d'aquella entrevista, era un mètode de càstig habitual. La casa estava tan bruta i desordenada que, a través del departament d'Assistència Social de l'Ajuntament, ho van posar en coneixement del Tribunal Tutelar de Menors. Va ser arran d'això que els Mossos d'Esquadra es van personar al domicili de la Fàbrica Vermella i se'ls van endur per estudiar la possibilitat de retirar als pares la custòdia dels nens.

Una de les treballadores del departament d'Assistència Social de Manresa descriu els Òrrit Pires com una família desestructurada que presentava importants problemes d'higiene personal. Per això els va assignar una treballadora social que es cuidés de dutxar-los, una tasca que, per les condicions de l'habitatge, s'havia de fer a l'escola. Explica que els pares no van permetre la intervenció de cap organisme social extern, més enllà dels assistents socials. Pel que fa als nens, però, declara que, tot i que sempre tenia la sensació que estaven atemorits, estaven molt units entre ells.

La treballadora social encarregada de dutxar-los a l'escola explica que només ho va fer durant un període de tres mesos. Destaca que eren nens molt submisos, però que no els va veure mai cap senyal de cops ni cap ferida. Ella també diu que s'ajudaven molt entre ells i que no li van suggerir mai que no estiguessin bé a casa.

La Guàrdia Civil també parla amb un dels professors dels nens, que també destaca que els germans feien moltíssima pinya. Tots eren molt formals, excepte els bessons, el Manel i la Dolors. Diu que el Manel era el més entremaliat i que la Dolors no seguia les classes com la resta de companys perquè li costava. Que tots presentaven mancances d'higiene i dinaven a l'escola amb beques de menjador. Recorda que alguna vegada que no havien pogut pagar algun deute amb l'escola se n'havien acabat fent càrrec companys de feina del pare.

Com que a la declaració del mestre han sortit els companys de feina del pare, la Guàrdia Civil interroga el cap de personal de l'empresa on treballava l'Alfredo Pires, Casals Cardona. L'home explica que la relació de l'Alfredo amb els companys era normal, però escassa més enllà de la jornada laboral. Quan plegava, se'n tornava cap a casa. De vegades els companys li donaven roba usada per als seus fills i ell semblava un pare protector, però li havien hagut d'obrir un expedient perquè solia beure a la feina. Recorda també que un dia, abans de tenir l'Isidre, l'Alfredo va arribar a treballar molt enfadat perquè creia que el metge havia esterilitzat la seva dona sense el seu consentiment i que va assegurar que el denunciaria.

A continuació, per contrastar el testimoni dubtós de la treballadora de la cafeteria de l'hospital que assenyalava l'Américo, tiet carnal dels nens, la Guàrdia Civil decideix prendre declaració a tres treballadores més de la cafeteria.

La primera, que tenia festa aquells dies, es va assabentar de la desaparició dels nens dies després per comentaris de treballadors de l'hospital, i assegura que la seva companya té tendència a parlar molt i a explicar deu versions diferents de cada cosa. Es veu que va tenir un accident de trànsit i que no acaba d'estar del tot bé. Les altres dues diuen que no coneixien els nens ni la família, i que, amb la gentada que passa per allà cada dia, és impossible recordar-se de tothom.

I aleshores, mentre la Guàrdia Civil continua recopilant informació, la desgràcia es torna a abatre sobre la família Òrrit Pires. El 6 de setembre de 1995, set anys després de la desaparició de l'Isidre i la Dolors, torna a sonar el telèfon. El Manel, el germà bessó de la Dolors, ha mort atropellat per un tren a Vilafranca del Penedès. Tenia vint-i-quatre anys.

Alguns dels testimonis de l'atropellament diuen que algú li ha clavat una empenta i altres que ha caigut, però la versió que li arriba a la família per part de la policia és que el Manel caminava per la via d'esquena al tren amb els cascos posats, escoltant música, i no l'ha sentit arribar. El diari *Re-*

gió7 parla d'un suïcidi i afirma que s'ha matat perquè no podia viure sense la seva germana Dolors. La família no té manera de saber si ha estat o no un suïcidi, però al cap d'uns anys, durant una mudança, troben una carta escrita per ell el febrer de l'any 1990, gairebé un any i mig després de la desaparició dels seus germans i cinc anys abans de morir.

22-02-1990

Espero que salgan por dos sencillas razones: una, porque son mis hermanos y la otra, para que la gente, tanto los hermanos, la familia y la policía, descubra que no tengo nada que ver con la desaparición de Dolores e Isidro.

Pero aún así, no creo que salgan porque ha pasado muchísimo tiempo. Exactamente un año y cinco meses, para ser exactos.

Ahora, yo, Manuel Òrrit Pires, nacido en Sallent el 30 de marzo, con DNI 39359415, doy palabra de honor que cuando salgan mis hermanos Dolores e Isidro, voy a vengarme de toda la gente que se ha puesto en contra mía y me ha acusado de la desaparición de mis hermanos.

Esto no es una amenaza, solo una aclaración. Claro que lo que yo estoy pasando no lo sabe nadie más que yo. En este escrito doy por finalizada mi opinión de si saldrán Dolores e Isidro.

Otra cosa. Si, pongamos que yo supiera algo, y fuera la policía, me daría vergüenza que un chico de dieciocho años fuera capaz de tomarme el pelo.

Perdonen las faltas, tanto de ortografía como gramaticales.

Solo deseo tener suerte en qué salgan mis hermanos.

MANUEL ÒRRIT PIRES

Encara que alguns criminòlegs han dit a la família que aquesta carta es podria interpretar com una nota de suïcidi, ningú sap explicar per què han passat tants anys des de la data de la carta fins a la data de la mort.

A què es refereix el Manel Òrrit quan diu això de «tot el que estic passant»? Quan van desaparèixer l'Isidre i la Dolors, la policia va parlar amb la família sencera, però amb el Manel van ser especialment insistents. Estaven convençuts que, com que era germà bessó de la Dolors, hi havia de tenir una mena de connexió especial i, per tant, alguna intuïció sobre on podia ser. Tot i que aquesta teoria no s'aguantava per enlloc, n'estaven tan convençuts que, segons explica la seva germana Maria Carme, des de la sala d'espera de la comissaria sentia com els investigadors li insistien a crits i com el pobre noi repetia una vegada i una altra que no en tenia ni idea.

El Manel és mort i no hi ha manera de saber si va ser un suïcidi o un accident, però fa temps que la família intenta que la policia li faciliti l'atestat del succés, perquè alguns criminòlegs han dit a la Maria Carme que si poguessin veure fotos o saber com va quedar el cadàver tindrien alguna pista per intuir què va passar. Fins a data d'avui, no hi ha hagut manera que la policia faciliti aquesta informació a la família.

Al cap d'un mes de la mort del Manel, el jutge torna a decretar el sobreseïment de les actuacions i el conseqüent arxivament del cas de la desaparició de la Dolors i l'Isidre amb el mateix argument que les altres vegades: malgrat que hi ha uns fets darrere de la desaparició dels nens que són constitutius de delicte, no es poden atribuir a cap persona concreta.

Però la família no es rendeix. Al cap de vuit dies, l'advocada de la Maria Òrrit presenta un recurs de reforma en què es fa palesa la seva desesperació. Una resolució de sobreseïment equival a donar els nens per morts, per això demanen que la resolució es deixi sense efecte i que es prengui declaració al detectiu Oliver amb l'argument que pot aportar noves informacions, per tal que es pugui sol·licitar un informe a la Interpol a partir del resultat d'aquestes investigacions.

Aquest recurs de reforma no té resposta fins al març del 1997, setze mesos després, en què un nou informe del detectiu obliga a reobrir la causa.

El detectiu Oliver està convençut que la nit abans de la desaparició, quan la Dolors va dir a la telefonista que venia de veure la seva àvia, efectivament venia de Sabadell, de casa l'àvia Delfina. Segons ell, si l'hi hagués portat algú amb cotxe, hauria tingut temps d'anar i tornar. Era l'única persona fora del nucli familiar que sabia que l'Isidre estava ingressat, i, tot i que no el va anar a veure mai, va preguntar més d'una vegada pel número d'habitació. L'Oliver creu que durant aquesta trobada l'àvia va convèncer la Dolors que ella i l'Isidre estarien millor amb uns familiars seus. L'endemà a la nit, els dos germans van sortir de l'hospital sols. A fora els esperava la mateixa persona, segurament algun parent, que havia portat la Dolors en cotxe fins a Sabadell la nit anterior. Per això la noia havia preguntat aquell dia a les infermeres si estaven tota la nit al taulell i si no dormien. Segons ell, la família paterna ho va fer perquè considerava que la Maria no podia pujar tanta canalla tota sola, i per justificar aquesta afirmació es basa en el testimoni de la treballadora de la cafeteria de l'hospital. L'Oliver diu que la família paterna sabia que els pares castigaven els seus fills tancant-los a les gàbies de les gallines i els conills i que no pensaven consentir-ho més. Com a detectiu privat no pot avançar més, i per això sol·licita l'autorització del jutge per aconseguir el registre de trucades de l'àvia i dels tiets des de l'any de la desaparició fins ara, així com els seus moviments bancaris i diferents documents expedits a França i Portugal, com ara registres d'escolarització o permisos de residència.

La família confia tant en el detectiu Oliver que s'ha fet seva la teoria que la família paterna no és aigua clara. Els de Sabadell en són conscients i la relació s'ha tornat molt difícil.

Però les gestions de la Interpol a França i a Portugal no donen cap resultat. Localitzen uns familiars portuguesos que ara viuen a França, però ningú té ni idea d'on poden ser els nens. Finalment, davant de la manca de progressos i després que el fiscal faci un escrit en què assegura que l'informe del detectiu és poc fonamentat i que s'excedeix en les seves conclusions, el jutge ordena per quarta vegada el sobreseïment de la causa i l'arxivament del cas. Som al setembre del 1997. A partir d'aquí el cas queda aturat durant molt de temps.

Passen els anys i ningú fa res. La família cada vegada té menys esperances, i alguns dels germans ja pensen que és millor deixar-ho estar i seguir amb la seva vida, que prou difícil que és ja. Però la Maria es lleva cada dia amb l'esperança que soni el telèfon o que truquin al timbre i a l'altre costat hi hagi els nens. No passa ni un sol dia que no pensi en ells. Si no és una cosa és l'altra, però sempre n'hi ha alguna que li recorda els seus fills. Com per exemple el dia que li arriben a casa les targetes censals de les eleccions a nom de l'Isidre i de la Dolors o una carta de l'Exèrcit espanyol reclamant l'Isidre per fer la mili i avisant-lo que si no s'hi presenta l'aniran a buscar personalment. «Tant de bo fos veritat», pensa la mare.

L'any 2013, el Comitè de Desaparicions Forçoses de l'ONU estableix que les desaparicions amb indicis criminals, com és aquest cas, s'han de seguir investigant fins que es trobi la persona desapareguda viva o morta. Aquell mateix any el senador Rafael Bruguera impulsa la constitució de la Comissió Especial del Senat per a l'estudi de la problemàtica de les persones desaparegudes sense causa aparent, i més endavant, ja com a diputat al Parlament de Catalunya, aconsegueix que la cambra aprovi una moció per millorar la gestió dels casos de persones desaparegudes i l'acompanyament dels familiars. Bruguera no té cap familiar desaparegut, però el seu millor amic sí. La seva mare, de vuitanta anys, va desaparèixer a l'Escala mentre feia un trajecte molt curt que repetia cada dia i mai més se n'ha sabut res. Això el va sensibilitzar amb la causa i ha aconseguit coses tan importants com ara que no calgui esperar vint-i-quatre hores per denunciar una desaparició o que qui ho faci no hagi de ser necessàriament un familiar de la persona desapareguda. També s'ha establert el dia 9 de març com el dia de les persones desaparegudes, un gest important per mantenir la causa viva socialment.

El novembre del 2016, l'advocat de la Maria presenta un escrit al jutjat demanant que es reobri la causa per seguir investigant la desaparició dels seus fills. Acompanya l'escrit amb un nou informe del detectiu Oliver, que continua insistint que els nens van marxar de l'hospital per voluntat pròpia perquè algú de l'entorn els havia convençut, i aporta una dada nova.

El detectiu diu que l'agost d'aquell mateix any va viatjar a Fundão amb la Maria Carme, al poble de Silvares, d'on era originari el pare, a preguntar pels dos nens. Va parlar amb tothom i va deixar targetes per si algú s'hi volia posar en contacte i, al cap d'uns mesos, el 4 d'octubre, quan ja havia tornat a Barcelona, va rebre una trucada de Portugal. Un home que no va voler donar el seu nom li va explicar en castellà, amb accent portuguès, que la Dolors i l'Isidre viuen a Portugal des que van marxar d'Espanya. Primer els van acollir en una casa rural de Fundão, i després els van adoptar i els van canviar el nom i el cognom. L'home li va assegurar que valia més que no els busquessin, que estaven bé i havien refet la seva vida. No sabia on vivien ara, però, pel nom i el cognom, no els trobarien pas. Potser al departament de la Seguretat Social de Portugal, que és qui porta els tràmits de les adopcions, els podrien donar la resposta. El detectiu va rastrejar la trucada. L'hi havien fet des d'un cafè de Matosinhos, una localitat del districte de Porto.

Però el jutge no en vol ni sentir a parlar, de reobrir la causa. Diu que això només tindria sentit si s'hagués de perseguir un delicte, però aquest no és el cas, perquè si llavors se'n va cometre algun, de delicte, ara, dinou anys després de l'últim arxivament, ja estaria prescrit. I com se sap si un delicte està prescrit si no se sap quin és el delicte?, es pregunta la família.

Quan van desaparèixer els nens estava vigent el Codi penal de l'any 1973. D'acord amb aquesta llei, els tipus aplicables als delictes que s'entén que es podrien haver comès són dos. En el cas de l'Isidre, sostracció d'un menor de set anys —un delicte castigat amb pena de presó—, i en el cas de la Dolors, un delicte d'inducció a l'abandonament del domicili a un menor d'edat major de set anys, regulat a l'article 486 i castigat amb una pena d'arrest major.

D'acord amb l'article 113 del mateix Codi penal, però, tots dos delictes estarien prescrits, perquè el més greu, la sostracció d'un menor, prescrivia al cap de deu anys. Així doncs, malgrat que el jutge reconeix que les informacions del detectiu apuntarien que els dos germans són vius, ell ja no hi pot fer res, perquè estan prescrits. A més, si fossin vius, haurien arribat a la maduresa, i, si no s'han posat en contacte amb els seus familiars, és perquè no ho han volgut fer. Pel que fa als delictes que es poguessin haver comès a Portugal, és allà on s'han de perseguir. Per tant, diu, no hi ha motius per reobrir la causa.

El detectiu creu que si l'Isidre i la Dolors estan en una situació de falsedat documental, fer el pas de posar-se en contacte amb la família els podria portar un problema molt gros, tant a ells com a les persones que se'ls van endur.

Tot i que els informes del detectiu serveixen una vegada i una altra perquè els jutges reobrin la causa, la policia no arriba a comprovar mai res del que s'hi diu, més enllà de preses de declaracions que el detectiu recomana.

Quan veu que per la via judicial no hi ha res a fer, la Maria Carme decideix començar un podcast casolà per oferir a altres familiars de persones desaparegudes el suport que ella ha trobat a faltar. Es tracta d'un espai de conversa on poden explicar el seu cas sense límit de temps. L'ha anomenat «Desaparecidos. Nunca olvidados». Truca als familiars per telèfon amb l'altaveu posat i els fa una entrevista mentre ho grava amb un altre telèfon. Ha enregistrat més de quaranta episodis. A banda de les converses amb familiars de persones desaparegudes, també parla amb jutges, policies i psicòlegs. Ha anat penjant els programes a internet, a la plataforma iVoox, i de mica en mica ha anat guanyant oients, fins al punt que a Ràdio Súria li han deixat un estudi per poder fer les gravacions en un lloc insonoritzat i han acabat emetent el programa en antena.

Com que vol dedicar un dels capítols al cas dels seus germans, se'n va fins a la comissaria de la Policia Nacional de Manresa per veure si pot parlar amb l'inspector Enrique, el que va ser el cap de la investigació aleshores. Li diuen que això és impossible perquè és mort, però aleshores li venen al cap les ulleres de la Dolors, que es van quedar a l'habitació de l'hospital el dia de la desaparició i la família no va recuperar mai. Demana que les hi tornin i al cap d'uns dies l'avisen que ja les pot passar a recollir. Estan precintades i tenen el nom de la seva germana escrit en una etiqueta: DOLORS ÒRRIT PIRES. És l'únic record que li queda de la seva germana.

Llavors, l'any 2019, coneix l'advocada i criminòloga Iciar Iriondo, que s'acabarà personant com la seva lletrada. Intenten reobrir la causa. El primer que fa la Iciar és presentar-li el criminòleg Lluís Duque. Quan sent el relat de les ulleres, s'ofereix a analitzar-les per veure si, encara que hagi passat tant de temps, poden aportar alguna informació.

El resultat de les anàlisis ho canvia tot. Segons el criminòleg, les ulleres no són de la Dolors, com havien pensat des del primer moment. El fet que les ulleres s'haguessin quedat a l'habitació els havia semblat sempre una prova que la seva germana no havia marxat per voluntat pròpia. Llavors, si no són de la Dolors, podrien ser de la persona que va entrar i es va endur els nens? De moment, l'únic que saben de les ulleres és això: són unes ulleres de color caramel, fabricades als anys vuitanta o a finals dels setanta. La muntura està feta de baquelita i era un model molt comú a l'època. Té una forma peculiar i l'acostumaven a portar dones més grans de quaranta anys. Amb llums ultraviolats i un microscopi digital s'hi poden observar unes marques que indiquen que s'han fet servir durant molt temps, i amb l'aplicació d'un reactiu detecten que hi ha sediments d'oli. Amb totes aquestes dades, el criminòleg fa un perfil de la propietària de les ulleres: seria una dona de quaranta anys o més, amb un pont nassal prominent i que passava moltes hores en un ambient saturat amb vapors oliosos, com podria ser una cuina. A més, les ulleres són per veure-hi de prop, i la Dolors necessitava correcció per veure-hi de lluny.

Si no són de la Dolors, vol dir que la Dolors va marxar amb les seves ulleres posades, i per tant ja no hi ha cap prova que indiqui que va marxar contra la seva voluntat o precipitadament.

Quan la Carme li explica el resultat d'aquestes anàlisis al detectiu Oliver, té la sensació que l'home fa com si sentís ploure. Segons ell això no canvia res ni fa trontollar la seva teoria. No només això, sinó que continua explicant la seva versió com si les ulleres fossin de la Dolors.

La Maria Carme no entén l'actitud del detectiu. Sempre ha confiat cegament en ell. L'Oliver ha estat al seu costat durant anys treballant només per solidaritat amb la família i fins i tot es va fer càrrec de les despeses del viatge a Portugal, però comença a tenir dubtes. I llavors un dia, fent una mudança, troba unes llibretes que tenia guardades la seva mare. Es tracta d'una mena de dietari on la dona anotava tot el que tenia a veure amb la feina del detectiu. S'apuntava quan la venia a veure, quan li trucava... La Maria Carme no tenia ni idea de l'existència d'aquestes llibretes. Mentre les fulleja no pot evitar pensar amb recança que si haguessin tingut més recursos haurien pogut fer alguna cosa més per trobar els seus germans. A mesura que va passant les pàgines s'adona que era la seva mare, la que anava darrere del detectiu, i que ell més aviat li anava donat allargues. A més, de tant en tant hi apareixen sumes de quantitats de quatre xifres, que, pel que interpreta ella, deuen ser pessetes. En canvi, el detectiu sempre li ha dit que la Maria no li ha pagat mai ni un duro. La Maria Carme no dubta a demanar explicacions a la seva mare, però la dona ja és molt gran i no se'n recorda.

Tot i que la Maria Carme sempre havia cregut en la bona fe del detectiu, ara, de sobte, no pot evitar preguntar-se per què un detectiu privat hauria d'oferir-se a pagar de la seva butxaca una investigació que s'allarga més de trenta anys. I només se li acuden dues respostes: o no estava investigant com deia, o no ho estava pagant de la seva butxaca.

La Maria Carme no pot deixar de donar-hi voltes, i arriba un punt que fins i tot comença a pensar que potser va ser l'hospital qui va contractar el detectiu per desviar l'atenció cap a la família portuguesa. Des que ell va començar a portar la iniciativa, no es va investigar mai més l'hospital. De cop i volta li fa mala espina que el detectiu no hagi sospitat en cap moment dels responsables del centre on van desaparèixer els seus germans.

Al cap d'un temps, al gener de l'any 2021, passa una cosa que, per a la família, centra encara més el focus de les sospites en l'hospital. El programa *Viva la vida* de Telecinco parla breument del cas i posa a disposició de l'audiència un telèfon perquè si algú té alguna informació útil la pugui aportar. Com sol passar, la majoria de trucades no van enlloc, però n'hi ha una que fa saltar totes les alarmes. Un home que en el moment dels fets tenia tretze anys i estava a la mateixa planta de l'hospital cuidant també el seu germà ingressat diu que va veure com s'enduien els nens. La trucada no entra en directe. L'home només parla amb un dels redactors del programa i li explica el que va veure. *Viva la vida* ho troba prou interessant i el redactor en qüestió i un càmera viatgen fins a Barcelona per entrevistar el testimoni. Aquesta és la transcripció del seu relat:

> Yo estaba aburrido en la habitación, me fui a fumar y entonces escuché llorar. Estaba llorando el niño. ¡Venga a llorar, venga a llorar…! Pasó un médico para dentro de la habitación con una silla de ruedas y le dijo a la niña: «¡Súbete a la silla de ruedas y coge a tu hermano!». Y la chica dijo: «¿Y mi madre? ¿Y mi madre?». Y cogió el médico y se los llevó para fuera. Y pasó por el lado mío, se me quedó mirando… Con una mirada… que me… Una mirada rara… Y entonces yo cogí y, al ver que el niño lloraba y que no estaban los padres, pues seguí al médico. Había un ascensor que bajaba y subía. Pero que bajaba hasta el sótano. Bajó el médico y yo bajé detrás. Le seguí y le seguí hasta abajo, detrás, pues fui detrás de él. Cuando fui al sótano, al final había unas puertas de estas como las piscinas… De estas de plástico. Fue con la silla de ruedas hasta allí, que le estaba esperando otro médico que iba de blanco y con una «jeringa».

Y el niño venga a llorar, le cogió en brazos al niño, le «metió» la inyección y le metió en la camilla y lo tapó con una sábana blanca. Y luego a la niña le hizo lo mismo. Le «petó» la inyección, la subió a la camilla y la tapó igual, con una sábana blanca. Y desde allí miró así y me vio. Salí corriendo rápidamente para el ascensor, y suerte que estaba abierto, si no, estaba muerto como los niños.

El periodista creu que és un testimoni prou rellevant per desencallar el cas i un cop a Madrid ho explica al programa, però el seu cap li diu que a Telecinco no es tornarà a parlar mai més dels germans Òrrit. El periodista se'n fa creus. El testimoni li ha dit que ja havia explicat tot el que havia d'explicar i que no vol parlar amb ningú més perquè té por de complicar-se massa la vida.

L'advocada Iriondo s'afanya a posar la declaració del testimoni en coneixement dels Mossos d'Esquadra i del Jutjat d'Instrucció número 1 de Manresa.

De tots els germans, la que més empenta té encara per buscar la Dolors i l'Isidre és la Maria Carme. Remou cel i terra fins que aconsegueix parlar amb el testimoni cara a cara. La Maria Carme diu que ell li torna a explicar mirant-la als ulls el mateix que va explicar aleshores al periodista i que ella se'l creu. Creu que aquest home no té cap necessitat d'inventar-se res de tot això i que hi ha uns quants detalls que donen versemblança al seu relat, com per exemple quan explica que a la sala on van posar la injecció als nens hi havia més lliteres amb cossos tapats amb llençols de color verd i que en una llitera al fons de tot hi havia un home vestit de color verd quiròfan, amb gorra i mascareta, que estava obrint un cos amb una serra petita. Aquell soroll, diu, li ha quedat gravat al cap per sempre. Si no ho ha dit abans és perquè li va agafar tanta por que va sortir per cames d'allà. Ni tan sols es va veure capaç de tornar a l'habitació del seu germà. Va fugir de l'hospital com un esperitat i se'n va anar a casa seva. No va voler explicar de cap manera als seus pares el que havia passat, però va fer tots els possibles per no haver-hi de tornar mai més.

Ara s'adona que l'únic que intentava fer era oblidar-se d'allò, però el record sempre havia estat allà, com una espina que li havia quedat clavada.

En aquests anys que han passat no n'havia tornat a sentir parlar. Fins que va sortir el cas a Telecinco. Llavors va pensar que era el moment d'explicar-ho. Ara fins i tot està disposat a declarar davant de qui calgui. Però de moment no l'han cridat i probablement no el cridaran mai, perquè el jutge manté que el cas està prescrit.

Fa trenta-tres anys que la mare dels nens sap que al seu voltant molta gent pensa que encara li van fer un favor enduent-se-li dos fills. Que amb tanta canalla no li venia de dos. Però no passa ni un sol dia que no es pregunti si deuen ser vius i si estan bé. Amb vuitanta-dos anys, té molt clara una cosa: no es vol morir sense saber què va passar amb l'Isidre i la Dolors.

Fargo, apartament número 5

Una veïna pica al timbre de casa de la Savanna i li demana si li pot fer un favor. Ha de fer els últims retocs a un vestit que ha cosit ella mateixa i necessita algú que li faci de model. Són dos quarts de dues del migdia del dissabte 19 d'agost de 2017 i la Savanna encara té la pizza que ha demanat per dinar a les mans. L'hi acaben de portar ara mateix. La deixa al marbre de la cuina, agafa de la bossa les claus de casa i puja amb la veïna cap a dalt.

Viuen en un edifici de tres plantes a Fargo, una ciutat de 125.000 habitants de Dakota del Nord, als Estats Units, que es va fer famosa perquè els germans Cohen en van fer una pel·lícula sensacional que després inspiraria unes quantes temporades d'una sèrie de televisió. A l'inici tant de la pel·lícula com de la sèrie surten unes lletres avisant que tots els fets que s'hi expliquen són reals, però és un joc dels Cohen. La història de la pel·lícula és una invenció dels dos genials cineastes.

Tornem a casa de la Savanna. Es tracta d'un edifici de tres plantes amb dos apartaments per planta, numerats de l'1 al 6. La Savanna viu amb la seva família a l'1, a la planta baixa.

La veïna, que es diu Brooke, viu amb el William, la seva parella, al 5. Són tan pocs veïns que es coneixen tots. La majoria viuen allà des de fa molt de temps, però la Brooke i el William només fa unes quantes setmanes que s'hi han instal·lat. Tot i que encara no es tenen gaire confiança, la Savanna no dubta ni un moment a fer-li aquest favor sense importància a la noia. Mentre puja les escales, envia un missatge a la seva mare avisant-la que ja és a casa, però que ha pujat un moment al pis dels veïns de l'apartament número 5.

La Savanna té vint-i-dos anys i encara viu a casa dels seus pares, amb un germà i una germana més petits, però serà per poc temps. Està embarassada de vuit mesos i el mes que ve, quan neixi la criatura, se n'anirà a viure amb la seva parella en un altre apartament, també a Fargo. Els fa molta il·lusió ser pares, i si no han anat a viure junts fins ara és perquè ell treballa a Minneapolis, la capital de l'estat veí de Minnesota. Quan neixi la seva filla, deixarà la feina i se'n buscarà una altra a Fargo o pels voltants. De moment, estira la que té al màxim.

La Brooke li ha ofert vint dòlars per la seva ajuda, però no hauria calgut. A la Savanna li agrada ajudar els altres. De fet en vol fer la seva professió. Està estudiant per ser infermera de geriatria, i mentrestant treballa d'auxiliar d'infermeria.

Però es fa tard. La mare de la Savanna arriba a casa i la seva filla encara no ha tornat. La pizza que ha demanat per dinar ja és freda. Són dos quarts de tres de la tarda, i la Savanna s'havia compromès a portar el germà de setze anys a la feina a aquesta hora. Li envien missatges per preguntar-li si en té per gaire, però no respon. Comencen a estar preocupats. La Savanna no ho faria mai, de deixar plantat el seu germà.

Són una família indígena, d'americans natius. La mare, la Norberta, pertany a la tribu Turtle Mountain, i el pare, en Joe, a la tribu Spirit Lake. Tant la Savanna com els seus germans han estat educats en les tradicions indígenes, basades en el respecte als avantpassats i l'amor als animals i a la natura. Això no treu, però, que no estigui igual d'enganxada al mòbil com la majoria de noies de la seva edat. Cada pas que fa el penja a les xarxes socials, sobretot a Facebook, Snapchat i Instagram, i des que ha enviat aquell missatge a la seva mare que no ha fet sevir el mòbil per a res.

El germà és el primer que decideix pujar a buscar-la a casa de la veïna. Sembla mentida que necessiti una hora per emprovar-se un vestit. Però truca al timbre i no respon ningú. Com que no pot esperar més, perquè ara sí que ja està fent tard a la feina, no hi insisteixen més: ja l'hi portarà la seva mare.

A casa hi queda en Joe, el pare. És tan estrany que la seva filla no hagi tornat ni hagi dit res que puja ell també a l'apartament número 5 a veure què caram estan fent. Aquesta vegada sí que li obren, però només un pam. La Brooke treu el cap i li diu que encara no han acabat. L'home se'n torna a casa més neguitós encara que abans. No entén per què no ha sortit la seva filla a dir-l'hi. Quan al cap de poc la mare torna a casa de portar el fill a la feina, el seu marit li explica que ve del pis de dalt de preguntar per la Savanna i que la dona que hi viu li ha dit que encara tenien feina per estona. La mare no està per misteris i decideix pujar a buscar la Savanna, i aleshores la Brooke li diu que la seva filla acaba de marxar.

La mare baixa les escales rumiant. Allà hi ha alguna cosa que no encaixa. Primer puja el noi i no li obren la porta; al cap d'un moment hi puja el pare i la Brooke li diu que encara en tenen per estona, i ara a ella li diu que la Savanna se n'acaba d'anar.

No és només que tot plegat no tingui ni cap ni peus. És que, a més a més, és impossible que la Savanna hagi marxat. Com pot haver marxat, si té el cotxe aparcat al lloc de sempre? Està a punt de parir, fot una calor que no s'aguanta i ja fa dies que es queixa que se li inflen els peus. On ha d'anar, caminant? A més, té la bossa a casa, i la Savanna no marxaria sense la bossa ni que s'hagués declarat un incendi. El nòvio diu que tampoc no en sap res. Ha estat parlant amb ella a través de missatges de text més o menys cap a la mateixa hora que la noia ha enviat el missatge a la mare dient-li que pujava a casa de la veïna, i la conversa ha quedat interrompuda.

Els pares de la Savanna decideixen denunciar la desaparició de la filla a la policia, que es presenta a casa seva al cap de mitja hora. El primer que els pregunten, esclar, és quins han estat els últims passos de la Savanna. Evidentment, de seguida surt l'apartament número 5.

La família de la Savanna no ha tingut mai cap problema de convivència amb els veïns del número 5, i sempre que es troben se saluden cordialment, però a la mare no li acaben de fer el pes, aquella parella. Es fumen uns crits que se senten per tot l'edifici, i ara fa poques setmanes van preguntar a la Savanna si volia pujar a fumar marihuana amb ells. A qui se li acut proposar una cosa així a una embarassada?

La policia de Fargo truca al timbre de l'apartament número 5 i pregunten a la Brooke i al William si els deixen donar-hi un cop d'ull. No tenen cap ordre judicial, així que han d'apel·lar a la bona voluntat de la parella, però estan de sort. No els posen cap problema, poden entrar-hi i mirar per allà on vulguin. Els agents treuen el nas a totes les habitacions del pis. En una, hi troben una màquina de cosir i teles, i pensen que això encaixaria amb el missatge que ha enviat la Savanna a la seva mare dient-li que anava a fer de model per emprovar-se un vestit que estava cosint la Brooke. A ningú se li ha acudit encara que és ben estrany triar una embarassada de vuit mesos perquè faci de maniquí.

Després de recórrer tot el pis, com que no han detectat res sospitós i els inquilins els han obert les portes sense cap precaució, els agents donen la inspecció per acabada i marxen de l'apartament.

«Allà no hi és, la Savanna», diuen a la família. «Deu haver marxat per voluntat pròpia. Ja ho fan, les noies de la seva edat. És molt jove, per tenir fills. Potser se n'ha anat a algun lloc a avortar».

Aquest comentari de la policia fa enfadar molt la família, que no té cap dubte que s'equivoquen. No poden evitar la sensació que els agents no s'han pres prou seriosament la desaparició de la seva filla. De fet, no s'estaran de lamentar-se de com els han tractat, quan d'aquí a uns dies els mitjans es congreguin davant l'edifici:

«Van ser molt mal educats amb mi, no van tenir gens d'empatia. Els vaig haver de trucar jo unes quantes vegades perquè veia que no es preocupaven prou. Diuen que fan la seva feina, que segueixen el protocol i que no poden fer res més, però si es tractés d'una americana blanca, segur que actuarien amb més celeritat!», declararà la mare.

La policia assegura que de moment no hi poden fer res més. No hi ha cap indici que s'hagi produït cap crim, segons ells. I com que la Savanna és una dona adulta, pot marxar quan vulgui.

La insistència de la Norberta fa que l'endemà s'hi desplaci una altra patrulla per intentar tranquil·litzar-la. La Brooke i en William són els únics sospitosos, li asseguren, però de moment no poden fer més del que estan fent. El nyic-nyic de la mare serveix almenys perquè la policia torni a donar un cop d'ull a l'apartament número 5, però tampoc no hi troben res estrany. Els que se suposa que són els sospitosos es mostren tan simpàtics i col·laboradors que, per a desesperació de la Norberta, la visita només serveix perquè aquell parell s'acabin de posar la policia a la butxaca.

Mentrestant, veïns de la zona i membres de la comunitat Spirit Lake a la qual pertany la Savanna s'organitzen per buscar-la per tot arreu: per la ciutat, pels parcs, per zones boscoses, per urbanitzacions residencials dels afores... En poques hores, centenars de persones omplen de cartells els carrers.

Savanna LaFontain-Greywind. Vista per última vegada el 19 d'agost de 2017. Si us plau, si la veieu, contacteu amb la Norberta Greywind o el Joe LaFontain. Vista per última vegada a la novena avinguda del nord de Fargo. Portava una samarreta de color rosa, uns pantalons curts i unes sandàlies Nike. Està embarassada de vuit mesos.

166

La policia de Fargo acusa cada cop més la pressió social. La Brooke i el William els han obert les portes de casa seva cada cop que els ho han demanat. No es comporten com algú que té alguna cosa per amagar, però com que no hi ha cap altre fil per estirar hauran de començar per l'entorn de la parella.

El cap de la policia emet un comunicat on fa públic que s'estan revisant desenes d'hores de gravació de càmeres de seguretat i que l'estan buscant amb dos gossos policia. També demanen a la ciutadania que revisi les seves propietats i els seus contenidors per si hi hagués alguna cosa que pogués aportar alguna pista sobre el parador de la Savanna. A part d'això, conviden tots els habitants de Fargo a fer memòria: si algú recorda haver detectat el 19 d'agost algun moviment estrany d'un Jeep Grand Cherokee marró del 96, el cotxe de la parella de l'apartament número 5 —fins i tot difonen una fotografia del vehicle—, que es posi en contacte amb les autoritats.

S'ha activat la policia de fronteres, que té tres helicòpters volant per buscar la desapareguda. Fargo pertany a l'estat de Dakota del Nord, però està just a la frontera amb l'estat de Minnesota, i la ràtio de policies per habitant és molt més alta que a qualsevol altra ciutat que no sigui fronterera.

Els bombers la busquen pel riu Vermell, el riu que separa tots dos estats. El tiet, que té una barca per sortir a pescar, també s'ha afegit a la recerca.

Mentrestant els investigadors han començat a recollir informació entre els amics i familiars de la Brooke i el William, però de moment no n'han tret res que els hagi cridat gaire l'atenció. Tothom diu que la parella discuteixen molt, però això ja ho sabien per la mare de la Savanna.

No és fins que amplien el radi cap als companys de feina que apareix algun detall revelador.

Els companys del William el descriuen com una persona impulsiva i irascible. Diuen que fa tres anys que està amb la Brooke i que han tingut sempre una relació molt tempestuosa. A la mínima arriben a les mans. Fins i tot tenen una ordre d'allunyament l'un de l'altra des que en una de les últimes baralles ella li va clavar un cop de martell al cap i ell la va empènyer a dins de la banyera. És evident que no la compleixen, perquè viuen junts a l'apartament número 5. Tot plegat fa saltar les alarmes. Ara sí, la policia revisa l'expedient del William i s'adona que té antecedents.

L'any 2008, mentre estava casat amb una altra dona amb qui tenia dos fills, va portar el més petit, d'un any i mig, a l'hospital amb una fractura al crani. Segons ell, el nano havia caigut escales avall. Just abans de començar a intervenir la criatura d'urgència, els metges es van adonar que la fractura no podia ser d'una caiguda per les escales. Les lesions només les podien haver causat cops repetits amb algun objecte contundent. Aquell dia l'única persona que estava a càrrec del nen era el William, perquè la mare treballava. Va passar immediatament a disposició judicial i el van acabar condemnant per aquelles lesions al seu fill.

El passat de la Brooke tampoc no són flors i violes. Es va passar tota la infantesa en centres de menors o saltant de casa d'acollida en casa d'acollida. Ha tingut problemes amb l'alcohol i amb les drogues. Té set fills d'almenys cinc homes diferents i no se n'ha fet mai càrrec. Dels cinc pares, dos l'han denunciat unes quantes vegades per haver desatès els fills i per no passar-los la pensió econòmica, i un tercer per amenaces de mort.

Però els que realment posen els investigadors sobre la pista són els companys de feina del William. N'hi ha uns quants que asseguren que la parella acaben de ser pares d'una nena, i això fa saltar totes les alarmes. Ara sí que no tenen cap dubte que han de demanar una ordre d'entrada i escorcoll a casa seva. Ja hi han entrat tres vegades, des de la desaparició de la Savanna, però, si el que diuen els companys de feina del William és veritat, és evident que els ha passat per alt algun detall important.

El dijous 24 d'agost al matí, cinc dies després de la desaparició de la Savanna, la policia es disposa a entrar a l'apartament número 5 per quarta vegada. Les tres anteriors només van mirar per sobre. Aquest cop tenen una ordre judicial. Saben què busquen i, ara sí, ho troben. Tot i que costi de creure, al llit de la parella, sota un garbuix de llençols, mantes i coixins, hi troben una nena molt petita, de pocs dies de vida.

Traslladen la criatura immediatament a l'hospital, on queda custodiada pels serveis socials. Després de constatar que està en bon estat de salut li fan una prova d'ADN. Al cap de tres setmanes arribaran els resultats: és la filla de la Savanna LaFontain i de l'Ashton Metany. No serà fins que es confirmi la paternitat que el pare podrà recuperar la seva filla.

Mentre la policia deté la Brooke a casa seva, una altra patrulla arresta el William a la feina. De moment estan acusats de segrest. Sentim què explica cadascú per separat, ja en dependències policials.

La Brooke diu que aquell diumenge 19 d'agost la Savanna va pujar al seu apartament per preguntar-li si sabia alguna manera d'induir-se el part, de trencar aigües. Diu que després va marxar i que al cap de dos dies va tornar i li va entregar la seva filla acabada de néixer. Reconeix que després va tenir moltes oportunitats d'entregar la nena a la policia o a la família, però no s'hi va atrevir perquè aleshores ja s'havia denunciat la desaparició de la Savanna i va pensar que encara la culparien a ella.

La versió del William és ben diferent. L'home explica a la policia que el diumenge 19 d'agost va arribar a casa i es va trobar la Brooke al lavabo netejant sang. Així que el va veure li va ensenyar la nena i li va dir que era la seva filla, que ara sí que ja eren una família. Explica que en un primer moment es va quedar en xoc, però de seguida es va posar a ajudar la Brooke a netejar sang. Van posar unes quantes tovalloles ensangonades en una bossa amb les sabates que portaven, que també estaven tacades, i ho van llençar tot en uns contenidors que hi havia a l'oest de Fargo.

Tres dies després de la detenció, el diumenge 27 a la tarda, una parella que navega en caiac pel riu Vermell troba, entre uns arbres caiguts a la llera, un gran embalum embolicat amb plàstic i cinta.

El riu Vermell del Nord, conegut com «The Red», fa gairebé nou-cents quilòmetres. Ressegueix la frontera entre l'estat de Dakota del Nord i l'estat de Minnesota per anar a desembocar al llac de Winnipeg, al Canadà. A l'estiu la gent de la zona hi va a pescar, a nedar, a fer caiac, o simplement a prendre el sol o a mirar les estrelles.

Els joves del caiac avisen la policia, que es desplaça ràpidament fins allà. Ja fa més d'una setmana que agents de policia, bombers i veïns busquen la Savanna, així que tothom s'espera el pitjor. Desenes de persones que estaven passant el diumenge al riu s'acosten a tafanejar, però quan la policia constata que es tracta d'un cos acordona la zona per impedir que s'hi acosti ningú. Els agents fan l'aixecament del cadàver i se l'enduen perquè el metge forense en faci l'autòpsia. Ara sí que es confirmen els mals presagis: és el cos de la Savanna LaFontain-Greywind.

Ara la Brooke i en William, a més de segrest, estan acusats també d'assassinat i d'haver mentit a la policia. La científica ha analitzat els ordinadors de tots dos i ha descobert que han estat buscant vols a l'estranger, així que el jutge els imposa una fiança de dos milions de dòlars.

Quan els arriba la notícia, els veïns de l'apartament número 3, el que queda entre el de la família de la Savanna, a la planta baixa, i el de la Brooke i el William, a la segona, es posen en contacte amb la policia perquè volen declarar. Es veu que dissabte, el dia de la desaparició, després de dinar, van sentir uns cops al pis de dalt. Van durar uns vint minuts i en acabat van sentir que obrien la dutxa. Diuen que l'aigua va estar rajant molta estona. No han dit res fins ara perquè en aquella casa sempre se sentien sorolls, patacades i discussions i no els va cridar especialment l'atenció. És ara que han sentit el que ha passat que han pensat que hi podria tenir alguna cosa a veure.

El dijous 31 d'agost de 2017 un miler de persones, moltes amb la samarreta vermella de la tribu, s'apleguen per dir adeu a la Savanna. En una cerimònia en què recorden també totes les altres dones indígenes assassinades o desaparegudes, canten cançons i fan els rituals dels Spirit Lake.

L'11 de desembre, gairebé quatre mesos després d'aquell dia que la Savanna va pujar confiada al pis de la seva veïna, comença el judici.

Dels dos acusats, la primera a parlar és la Brooke Crews. Aquesta és la transcripció de les seves paraules.

No hi ha excusa, no hi ha cap explicació, no hi ha res. El que he fet ha destrossat una família sencera i ha destrossat la comunitat que era casa meva. Dissabte 19 d'agost, li vaig demanar a la Savanna que vingués al meu apartament a emprovar-se un vestit que estava fent. Així que vam entrar a casa, ens vam posar a discutir al lavabo... La vaig provocar jo, la discussió. La vaig empènyer, va topar de cap contra la pica i... va caure inconscient. Vaig anar a la cuina, vaig agafar un ganivet i vaig tornar al lavabo. Li vaig fer un tall a la panxa, a l'abdomen, i li vaig treure la nena. Aquí sí que pràcticament ja era morta, la Savanna, estava perdent molta sang. Em vaig posar a netejar el bassal que hi havia al terra del lavabo i de cop en William va arribar a casa. Quan em va veure amb la nena als braços li vaig dir: «És la nostra filla, és la nostra família». Em va preguntar si la Savanna estava morta i li vaig dir que no ho sabia. Li vaig demanar ajuda. Se'n va anar i va tornar al cap de pocs minuts amb una corda a la mà. L'hi va embolicar al coll a la Savanna i va estrènyer fins que va estar segur que ja no respirava. «Si encara no era morta, ara segur que sí», em va dir. Vam col·locar el cadàver de la Savanna en un armari del lavabo i vam seguir netejant el terra de sang.

Quan li arriba el torn al William, explica que el primer cop que van deixar entrar la policia a casa, el cadàver de la

Savanna encara era a dins, i la nena també. La criatura estava amagada sota una manta, i el cos de la seva mare, a l'armari del lavabo. Un cop els agents se'n van haver anat, van ficar el cadàver en un portatrajos, el van carregar al cotxe i van conduir fins a un pont del riu Vermell. Allà el van llençar a l'aigua embolicat amb plàstic i lligat amb cinta.

La sala segueix en un silenci compungit les declaracions dels dos acusats. La Brooke explica que la seva relació amb el William no passava per un bon moment. Li feia por que la deixés i per això li havia dit que estava esperant un fill. Amb el pas dels mesos, però, la mentida s'havia anat fent cada cop més evident. El William estava molt enfadat. «Ja en pots anar fabricant un», diu que li deia. Segons la Brooke, tot plegat va ser idea seva. El William no en sabia res, del seu pla d'assassinar la Savanna per quedar-se amb la nena.

La Brooke i el William van ser sentenciats a cadena perpètua per assassinat, però el William va presentar un recurs i, finalment, va quedar condemnat només per segrest.

Un cop va haver passat el judici es va obrir un debat públic sobre la discutible actuació de la policia, i al cap d'un temps l'assassinat de la Savanna va arribar al Senat nord-americà i a la Cambra de Representants amb un projecte de llei que millorava l'accés de les tribus indígenes a les bases de dades d'informació federal sobre crims i impulsava la creació d'uns protocols que donessin resposta a la gran quantitat de casos de dones natives desaparegudes o assassinades.

Les americanes indígenes tenen el doble de possibilitats que les americanes blanques de morir assassinades. En algunes zones dels Estats Units, aquesta xifra arriba a multiplicar-se per deu. L'agost del 2019 diverses tribus indígenes van recórrer caminant les 550 milles del riu Vermell, gairebé nou-cents quilòmetres, per denunciar la tragèdia que viuen. Les aigües d'aquell riu ja havien escopit cent trenta-quatre cossos de dones indígenes mortes.

La filla de la Savanna, la Haisley, ara ja és una nena sana de quatre anys. Viu amb el seu pare, l'Ashton. Tot i que ell és de Minneapolis, s'han instal·lat a Fargo, perquè així la família de la Savanna pot estar amb la nena. Per més estrany i increïble que sembli el cas de la Savanna, no és el primer d'aquestes característiques als Estats Units.

L'any 2004, la Lisa Montgomery, de trenta-sis anys, fa dos-cents setanta quilòmetres en cotxe per viatjar des de casa seva, a Melvern, a l'estat de Kansas, fins a la localitat de Skidmore, a Missouri. Diu que li fa il·lusió un cadell de rat terrier i allà hi ha un viver de gossos.

Els propietaris de la gossera són la Bobbie Jo Stinnett, una jove de vint-i-tres anys embarassada de vuit mesos de la seva primera filla, i el seu marit i pare de la criatura. Ja es coneixen d'abans, amb la Lisa Montgomery. Van coincidir en una trobada de gossos i fa temps que parlen sobre la raça rat terrier en un xat d'internet anomenat Ratter Chatter. A banda de gossos, la Lisa i la Bobbie Jo també comenten coses de l'embaràs, perquè la Lisa li ha dit que ella també està embarassada. Això sí, per a la jove parella no és la Lisa, és la Darlene Fischer, el pseudònim que fa servir a internet.

El 16 de desembre de 2004, la Lisa arriba al viver de gossos de Missouri. Allà l'espera la Bobbie Jo. Així que li obre la porta, la Lisa l'estrangula i, amb un ganivet de cuina, li talla la panxa i li treu la filla. Agafa la criatura, puja al cotxe i se'n torna cap a casa: dos-cents setanta quilòmetres fins a l'estat de Kansas.

Mentrestant, la mare de la Bobbie Jo arriba al viver de gossos i es troba la seva filla enmig d'un bassal de sang. Diu que la impressió que li fa és que li ha «explotat» la panxa. Els serveis d'emergència la traslladen de seguida a l'hospital més proper, però ja no hi ha res a fer. L'endemà la Lisa Montgomery és detinguda a casa seva i la nena és retornada al seu pare.

Al cap de tres anys, el 2007, la condemnen a la pena màxima: la pena de mort. Després de catorze anys empresonada i de diversos exàmens psiquiàtrics, el 13 de gener de 2021, la Lisa Montgomery és executada a Indiana amb una injecció letal a l'edat de cinquanta-dos anys, i es converteix així en la primera dona executada en els últims seixanta-set anys i en la sisena de tota la història dels Estats Units.

La seva execució estava programada per al 8 de desembre de 2020, però la pandèmia de la Covid-19 li va concedir una pròrroga quan dos dels seus advocats van agafar la malaltia en una de les seves visites a la presó.

La defensa de la Montgomery va assegurar fins a l'últim moment que era una condemna injusta, perquè no tenia en compte els problemes mentals de la seva defensada, que segons ells patia deliris greus i profunds traumes psicològics. El seu padrastre l'havia violat reiteradament quan era petita i la seva mare la feia servir d'esclava sexual. Però per a molts no hi ha cap trauma psicològic que pugui exculpar ningú d'un crim així.

Quan Donald Trump va arribar a la presidència feia disset anys que no es practicava cap execució als Estats Units. A la fi del seu mandat, entre molts altres trofeus, es va endur també el del president que més reus ha executat des de finals del segle XIX.

La desaparició de la Manoli Pulido

El 4 de juny de 2004 a les sis de la tarda, la Manoli va fer un petó a la seva mare, la Josefa, i li va dir que sortia a sopar amb un amic i que no arribaria gaire tard. Aquell divendres no es mouria de Ponts. Com a molt prendria alguna copa prop de casa, però res de discoteca. S'havia posat una samarreta curta rosa i blava per poder lluir el pírcing que portava al melic.

La Manoli tenia dinou anys, era la mitjana de tres germanes i, si tot hagués anat com hauria hagut d'anar, aquell divendres ja no hauria viscut al poble. La germana petita era encara una nena, i la gran, l'Elisabeth, de vint-i-tres anys, havia marxat de casa feia un any. El dia abans, dijous, li haurien hagut de donar les claus d'un pis que havia llogat a Lleida amb el seu nòvio, i havien quedat amb la Manoli que s'hi instal·laria ella també per intentar començar una nova vida allà. Ara treballava algunes hores al bar Avenida de Ponts, però estava buscant feina. Les dues germanes s'avenien molt. Sempre havien fet molta pinya. Sobretot perquè al poble no s'hi havien sentit mai acollides. La família Pulido havia arribat a la Noguera feia dotze anys. La gran en tenia dotze i la petita set. Eren prou joves per integrar-se a aquella nova vida, però sempre havien tingut la sensació que les continuaven veient com unes forasteres. Als pares també els passava, però, esclar, eren adults i ells s'ho tiraven a l'esquena.

El cas és que, per un tràmit burocràtic, l'entrega de les claus s'havia endarrerit. La Manoli encara era a Ponts i tenia coll avall que hauria de viure a casa dels pares uns quants dies més.

La mare se'n va anar a dormir tranquil·la, però a les cinc de la matinada es va llevar per anar al lavabo i va aprofitar per donar un cop d'ull a l'habitació de la filla mitjana i fer-li un petó. Hi va entrar a les fosques, es va ajupir, va palpar el llit i va topar amb el coixí buit. Encara no havia arribat. La Josefa no hi va donar gaire importància; no era pas el primer dia que li deia que sortia només una estona i després se li feien les tantes.

A les nou del matí la Josefa es va llevar i va entrar un altre cop a l'habitació de la Manoli, convençuda que ja devia fer estona que la filla dormia, però es va trobar el llit sense desfer. La Manoli no havia passat per casa. Mai no hi havia manera que es fes el llit, així que, si estava fet, és que no l'havia desfet.

El 2004 no hi havia gaire gent que tingués mòbil, però la Manoli tenia un Nokia i no se'n separava mai. Quan la Josefa va intentar posar-se en contacte amb la seva filla, una veu metàl·lica li va dir que el telèfon al qual trucava estava apagat o fora de cobertura. Era estrany, la noia no ho feia mai, de no avisar. Sortia molt, però si havia de tornar més tard o decidia quedar-se a dormir fora, sempre trucava. Amb tot, la Josefa sabia que la nena estava passant una adolescència difícil i va intentar no atabalar-se més del compte.

Va trucar a la filla gran, l'Elisabeth, per veure si en sabia res. Ella també va intentar posar-se en contacte amb la germana, però no hi havia manera que agafés el telèfon. Mare i filla van intentar no posar-se gaire nervioses: ja apareixeria. «Pots comptar que es deu haver quedat a dormir a casa d'algú. Segur que té el mòbil sense bateria i per això no l'agafa», es deien l'una a l'altra.

I així va passar tot dissabte, i després tot diumenge, i la Manoli continuava sense donar senyals de vida. Era molt estrany. Allò sí que no ho havia fet mai. L'amic amb qui se suposava que havia de sortir a sopar tampoc no apareixia per enlloc. I si els havia passat alguna cosa amb el cotxe? Però quan passa una cosa així de seguida se sap, no?

El dilluns 7 de juny, tres dies després que la Manoli marxés de casa dient que no tornaria tard, la Josefa ja no va poder més i va tornar a provar sort a casa de l'amic amb qui suposadament havia de sortir a sopar, que també vivia a Ponts. Era l'Antonio González Porras, el Toni.

De fet eren alguna cosa més que amics, i als Pulido aquell home no els havia fet mai cap gràcia. La Josefa no entenia per què la seva nena s'havia d'enredar amb un home de trenta-cinc anys, separat i, a més a més, amb fills. Quines ganes de complicar-se la vida, amb dinou anys! I no era només la diferència d'edat, el que no li agradava. La mateixa Manoli els havia explicat que aquell home bevia i prenia drogues, i que quan discutien es posava molt agressiu.

Aquest cop l'Antonio —nosaltres li direm Porras, per no confondre'l amb un altre Antonio González que coneixerem més endavant— sí que era a casa, però deia que ell tampoc no tenia ni idea d'on era la Manoli.

Que sí, que divendres havien sopat junts i després havien estat prenent unes copes en un bar, però segons ell va deixar la Manoli al portal de casa seva a dos quarts de quatre de la matinada i des d'aleshores no n'havia sabut res més.

Fins i tot li va dir que dissabte al migdia l'havia estat esperant una bona estona al bar Avenida perquè havien quedat que la portaria a una entrevista de feina que tenia a Solsona i després havien de pujar junts a Andorra a comprar un radiocasset per a la seva filla, però la Manoli l'havia deixat plantat.

L'endemà, 8 de juny, la família decideix denunciar la desaparició als Mossos d'Esquadra. La Manoli ja no és una nena petita i han volgut deixar-li una mica de marge abans de fer el pas, però no havia fet mai una cosa així.

Hi ha desaparicions que les investiguen els mateixos agents de la comissaria on s'ha posat la denúncia, però en aquest cas consideren que és massa estrany que la noia hagi marxat d'aquesta manera. La família insisteix que no ho havia fet mai. Surt molt de nit, sí, i també està passant una època difícil, però sempre truca per no fer-los patir. Els policies consideren que és el que en el seu argot s'anomena una «desaparició inquietant» i de seguida traslladen el cas al grup de desaparicions de la Unitat d'Investigació de Balaguer.

El dia següent, 9 de juny, els encarregats d'investigar el cas desembarquen a Ponts per prendre declaració a la família i a l'entorn de la desapareguda. Volen saber com és la noia que estan buscant —com viu, amb qui es mou— i esbrinar els moviments que va fer divendres a partir del moment en què va sortir de casa.

D'entrada comencen per l'habitació on dorm, una habitació com la de qualsevol altre adolescent: un llit individual, un armari, una taula amb una cadira, un radiocasset i dibuixos seus a les parets. El que els interessa als agents és saber si hi ha alguna pista de què li ha pogut passar, algun indici que faci pensar que tenia intenció de marxar per un temps; si hi falta roba, si va deixar una nota que la família no ha sabut trobar.

Però la mare els assegura que allà no hi falta ni una peça de roba. Només la que duia posada, la bossa i el mòbil, i la Manoli no marxaria mai sense una muda.

Segons la família, la noia fa una vida com la de qualsevol altra de la seva edat. Quan va acabar l'educació obligatòria, amb setze anys —ara en té dinou—, va deixar l'institut perquè deia que s'estimava més buscar feina. Des d'aleshores ha treballat en alguna fàbrica de la zona, ha fet de cambrera en bars i restaurants i també ha netejat cases particulars, però no ha tingut mai una feina estable. Ara està a l'atur, però segons la mare sempre està buscant feina, perquè té moltes ganes de ser independent. Diu que és una noia responsable i amable i que sempre vol ajudar a tothom. Li agrada dibuixar, escoltar música i anar a les discoteques el cap de setmana, com molts joves.

Els investigadors insisteixen molt a la mare que els expliqui tot el que se li acudeixi sobre la seva filla. Qualsevol detall, per insignificant que sembli, pot servir per saber on és la Manoli. El primer que li ve al cap a la mare és aquell home que sempre els ha fet mala espina: el Porras. Els explica que té fama de beure i de consumir drogues, i que la mateixa Manoli diu que quan s'enfada té rampells violents. La noia l'està ajudant a deixar les drogues, s'afa-

181

nya a puntualitzar la Josefa, perquè ella, diu, no en consumeix.

Però els investigadors no triguen a adonar-se que la imatge que té la família de la desapareguda és molt diferent de la que corre per Ponts, un poble que no arriba ni als dos mil cinc-cents habitants i on pràcticament tothom es coneix. La gent diu que a la Manoli no li duren les feines perquè no és ni prou responsable ni prou treballadora. Asseguren que es mou amb gent que no són de fiar, gent que viu més de nit que de dia, i que és una noia més aviat promíscua. Una amiga seva afirma que consumeix drogues de manera habitual i fins i tot diu que no li estranyaria que en vengués. Quan està treballant de cambrera li truquen cada dos per tres, i en acabat de vegades se'n va a un lloc una mica més discret i torna amb diners a la butxaca.

El que diu l'entorn de la noia i el que explica la família és tan diferent que els investigadors consideren dues possibilitats: una és que la Manoli, farta de ser el centre de totes les crítiques i acusacions, hagi volgut tocar el dos sense dir on. L'altra, que sigui veritat que està ficada en el món de les drogues, que hagi tingut problemes amb algú per diners i que la desaparició no sigui voluntària. En aquest cas, serà difícil d'investigar, perquè, com els Mossos saben molt bé, les persones que es mouen en aquests ambients no acostumen a tenir gaires ganes de parlar amb la policia.

La primera possibilitat —que la Manoli, farta que tothom la miri malament, hagi tocat el dos—, la família la descarta d'entrada. No li calia, ja havien quedat que se n'anava a viure amb la seva germana Elisabeth a Lleida. Si el que volia era començar una nova vida, només havia d'esperar uns dies més. Però amics de la noia asseguren que els ha dit moltes vegades que ja n'estava farta, de Ponts. Que pensava buscar feina allà on fos: a Solsona, a Andorra o fins i tot a València. I, pel que fa a anar a viure amb la germana, era una noia tan inestable, asseguren, que podia ser que a l'últim moment hagués canviat d'opinió.

Mentre un equip de mossos intenta conèixer la noia que estan buscant per intentar posar-se a la seva pell, un altre es dedica a fer les gestions habituals en casos de desaparició per esbrinar on pot haver anat: van a estacions d'autobusos i de tren; pregunten a companyies aèries i marítimes per esbrinar si aquests dies s'hi ha registrat alguna passatgera amb el nom de Manoli Pulido López; s'asseguren que no és a cap hospital i que al Servei Català de Trànsit no li consti que s'ha vist implicada en algun accident, i envien la foto i la descripció de la Manoli —remarcant que porta un drac tatuat a l'esquena i un pírcing al melic— a diferents comissaries per si algú l'ha vist. Comproven que no l'hagin donat d'alta a la Seguretat Social i fins i tot truquen a hotels andorrans per si hi ha anat a buscar feina.

El mateix dia que desembarquen a Ponts, els Mossos interroguen ja les primeres persones de qui els sembla que poden obtenir alguna informació valuosa. El primer, esclar, el Porras. Segons el relat de la família, l'home amb qui havia d'anar a sopar la Manoli.

El citen a la comissaria de Ponts i el fan seure en un despatx. L'agent que l'interroga el nota nerviós, però hi ha molta gent que s'hi posa, davant dels uniformats. El Porras diu que té una bona amistat amb la Manoli des de fa més o menys un any, i els repeteix el mateix que li va dir a la mare:

que divendres 4 de juny van sopar junts, que després se'n van anar de copes i a dos quarts de quatre de la matinada va deixar la noia a casa seva. Havien quedat que l'endemà s'havien de trobar al bar Avenida, al passeig de Ponts, per anar junts a Andorra. Però al migdia el Porras va entrar al bar a fer el vermut i l'amo li va explicar que la noia havia estat allà feia una hora, més o menys, i li havia dit que se n'anava a Andorra. L'home no havia sabut dir-li ni com ni amb qui, perquè ella no tenia ni cotxe ni carnet. El Porras diu que quan va sentir això va decidir pujar-hi tot sol, a Andorra, perquè havia de fer unes compres.

El propietari del bar Avenida confirma el que el Porras ha explicat als Mossos: dissabte a les onze del matí la Manoli li va dir que se n'anava cap a Andorra.

Ara sí que els Mossos es decanten més aviat per la hipòtesi que és una desaparició voluntària i inicien els tràmits corresponents per esbrinar si va passar la frontera.

Mentre no arriba la resposta, una dona del poble que coneix bé la Manoli els fa saber que aquell mateix dissabte, cap a la una de la tarda, la va veure de copilot en un cotxe groc, en direcció a Andorra. Diu que fins i tot es van saludar amb la mà.

El Porras té un Renault Clio de color groc, però ha dit als investigadors que va pujar a Andorra tot sol. Agafen fotos d'uns quants cotxes grocs de diferents models —incloent-hi el del Porras— i els ensenyen a la testimoni, però la dona els diu que no n'entén gens, de cotxes, i que no els sap dir quin era.

Així doncs, el primer dia de la investigació, els Mossos ja tenen dos testimonis que asseguren que el dissabte 5 de juny la Manoli va marxar cap a Andorra. De moment sembla que estigui clar per on l'han de buscar. Però l'endemà se'ls presenten dos testimonis més que diuen que l'han vist just en la direcció contrària, a Agramunt. Un veí de Ponts que hi va anar a fer unes gestions diu que va veure la Manoli creuant el carrer, i que està seguríssim que era ella perquè la coneix del poble. Agramunt és a uns vint quilòmetres de Ponts i la Manoli va sovint a una discoteca que hi ha allà, així que no seria tan estrany. Els Mossos se'n van cap a Agramunt i ensenyen la foto de la Manoli als treballadors dels establiments que hi ha a prop d'un bar que es diu Kipps, on el testimoni afirma que la va veure aquell dia.

Un treballador de la benzinera els confirma que la Manoli va entrar a la botiga a comprar alguna cosa, però no va posar benzina. És una bona notícia: dues persones asseguren que la van veure en aquella zona. Si accedeixen a les càmeres que hi ha al voltant, potser podran veure en quina direcció va marxar i seguir-li la pista.

Però la Manoli no apareix en cap gravació: ni a les de la benzinera, ni a les dels bancs que hi ha per allà, ni enlloc.

Als Mossos només se'ls acut una explicació: han passat tants dies des que la Manoli va desaparèixer que la gent no recorda ben bé què va veure, i sobretot quan ho va veure.

Després del fiasco d'Agramunt, tornen a mirar cap a Andorra, i un altre cop van a parar a una via morta. A les companyies de transport de viatgers i als organismes oficials als quals han demanat informació no els consta cap Manoli Pulido enlloc i no hi ha cap càmera que l'hagi gravat travessant la frontera o circulant per cap carretera.

Marxar sense deixar rastre no és tan fàcil, i els investigadors tornen a fixar-se en l'entorn de la noia. Per començar, com sempre, en la parella sentimental, perquè, per més que el Porras digui que eren molt amics i prou, molta gent de l'entorn assegura que eren molt més que això, encara que no fossin parella formal. Es veu que discutien sovint. El Porras és molt gelós, diuen, i no li agrada que la Manoli parli amb altres homes. Segons expliquen, una vegada fins i tot li va fúmer un cubata pel cap en un bar.

Que el Porras té rampells i que quan beu es posa violent ho sap tot el poble, pel que sembla. Almenys és el que comenta tothom. Un rumor no és cap prova de res, però tenen una noia desapareguda i un nòvio gelós, així que, quan ja fa una setmana que la Manoli va dir que sortia a sopar i no tornaria gaire tard, els Mossos interroguen per segona vegada l'únic sospitós que tenen fins ara.

El Porras els torna a explicar un altre cop que va marxar tot sol a Andorra i que hi va estar unes hores comprant. A la tarda va tornar a Ponts, i al vespre va anar a buscar un amic que viu a Artesa de Segre —també a la comarca de la Noguera— i se'n van anar cap a una discoteca de Castelldefels. De matinada va deixar l'amic un altre cop a casa seva i ell se'n va tornar cap a Ponts. A les onze del matí de diumenge es va arreglar i va anar a la comunió d'un nebot a Oliana. En acabat, a la tarda, va passar una estona en un bar d'Agramunt amb el seu amic Amadeu. Diu que van comprar cocaïna, la van consumir allà mateix i després se'n van anar a acabar de passar la tarda en un club de prostitució. Quan van sortir d'allà van tirar cap a Ponts un altre cop, però abans d'anar a dormir encara van tenir temps per prendre unes copes en un pub.

Als investigadors se'ls ha girat feina, si han de comprovar tanta coartada. Aquest home va anar tan amunt i avall que sembla que no s'ho hagi pogut inventar. Però d'altra banda avui ha afegit un detall que a la primera declaració no va esmentar. Ara diu que la nit que va desaparèixer la Manoli resulta que no van sopar sols. Hi havia també un nebot seu de divuit anys que es diu Antonio González Llaudet.

Com que tenen la sensació que el que diu aquell home s'ha d'agafar amb pinces, decideixen que val més comprovar-ho tot, però això demana temps, i la Manoli pot estar en perill.

Mentrestant la família de la noia viu amb l'ai al cor. Cada dia que passa són més pessimistes. Per més que intentin no pensar en el pitjor, no es creuen que la Manoli hagi marxat voluntàriament. La Josefa es passa les nits donant voltes al llit i els dies asseguda davant del telèfon. No se sap mai, podria ser que la tinguessin segrestada. Però en el fons sap que ningú segresta noies de famílies humils que no poden pagar un rescat.

El que més li dol és que mentrestant al poble tothom diu que això és que ha marxat de festa i que ja tornarà. Fa una setmana que no se sap res de la Manoli, i la gent vinga a repetir que si és una drogoaddicta, que si se n'ha anat amb el primer que ha passat. Com si només els poguessin passar coses dolentes a les noies responsables i formals.

Quan la germana i el nòvio organitzen batudes per buscar-la pels pobles del voltant, camps i masies abandonades, només s'hi apunten cinc persones, comptant-los a ells. Totes cinc són de la família. Es passen les hores lliures i el cap de setmana sencer voltant per tot arreu i enganxant cartells per allà on poden. Els Pulido López estan completament sols, a Ponts.

La segona declaració de l'Antonio González Porras ha posat sobre la taula dels investigadors un altre nom, Antonio González Llaudet, el nebot de divuit anys del Porras. La família de la Manoli diu que eren companys d'institut, però d'amics no ho han estat mai. Potser últimament tenien una mica més de tracte, però era només perquè la Manoli sortia amb el tiet.

Els Mossos citen el Llaudet a comissaria. El primer que els sorprèn és que està tan tranquil, com si fos tan normal que la Manoli faci una setmana que no dona senyals de vida. Però encara els sorprèn més el que els explica: segons el noi, el Porras no va ser l'última persona que va veure la Manoli amb vida. Entre les quatre i les cinc de la matinada del dissabte dia 5, quan el Llaudet passava amb la furgoneta per davant del bar restaurant El Xalet, a l'entrada de Ponts, va veure una persona que caminava sola. Com que li va semblar estrany, a aquelles hores, va reduir la velocitat. Quan va veure que era la Manoli, va aturar-se i li va preguntar si volia pujar al cotxe. Diu que la noia va pujar-hi i, en comptes d'anar-se'n cadascú a casa seva, van decidir anar a una zona de pícnic que hi ha a la vora del riu Segre al seu pas pel poble. Van estar fumant una estona i, segons el Llaudet, van mantenir relacions sexuals. Després, la Manoli va rebre una trucada al mòbil i li va demanar que la portés a un bar que es diu el Boncompte. La va deixar allà que ja clarejava, i des d'aleshores ja no l'ha vist més.

La declaració del Llaudet és molt valuosa per a la investigació. D'una banda, si és veritat que la Manoli i ell mantenien relacions sexuals, això hauria pogut provocar la ira del Porras. I de l'altra, el Llaudet diu que la Manoli va tenir una conversa telefònica, i això els podria donar alguna pista.

No els costa gens convèncer el jutge instructor que els autoritzi a consultar el registre de trucades del telèfon de la Manoli; el que ja no serà tan ràpid és la resposta de la companyia telefònica. Al món real, a diferència del que passa a les pel·lícules, les gestions de la policia demanen temps. I l'any 2004 més que ara. Per molt que el telèfon de la Manoli pugui dir-los el que necessiten saber, de moment no els queda més remei que armar-se de paciència i esperar.

Mentre comprova les coartades dels dos vèrtexs masculins del triangle amorós, el grup de desaparicions intenta gratar per veure si pot esbrinar alguna cosa sobre la relació de la Manoli amb les drogues. Tot i que la família ho nega, uns quants amics i coneguts els han assegurat que en consumeix, però amb això no van enlloc. El que necessiten és confirmar una informació que els ha donat el Porras: que la Manoli té deutes amb petits traficants de la zona i que a un li deu dues-centes mil pessetes (uns mil dos-cents euros d'ara).

Saben que hauran de picar molta pedra. Els traficants no acostumen a reconèixer a la poli que es dediquen a vendre drogues. Els costarà trobar algú que vulgui parlar d'això. Al final aconsegueixen que un noi de Lleida els reconegui que temps enrere passava substàncies a la Manoli perquè les hi revengués i que la noia encara li deu calés. Diu que ell li va perdonar el deute, però no sap si ha tingut problemes amb algú altre.

Si encara no han pogut descartar que hagi marxat perquè ha volgut, tampoc no poden descartar que sigui una desaparició forçosa per alguna cosa relacionada amb les drogues.

Han començat a acumular-se els indicis i les sospites, i de moment no poden apostar-ho tot a una sola línia d'investigació.

Mentrestant un altre grup d'investigadors intenta comprovar què hi ha de veritat en la segona declaració del Porras i truquen a l'amic amb qui diu que va anar a una discoteca de Castelldefels. En principi ha de ser una trucada curta: només necessiten saber si l'amic ho confirma i prou. Tenen coll avall que, tractant-se d'un amic, no dirà res que pugui perjudicar el Porras. L'últim que s'esperen és que l'home els digui que ni Castelldefels ni res, que dissabte no va veure el Porras ni de lluny.

De mica en mica, els investigadors comproven que el cap de setmana el Porras no va fer pràcticament res del que els va dir. Els cambrers del restaurant on es va celebrar la comunió del seu nebot, que sí que era real, no el recordaven. Les treballadores i el propietari del club de prostitució de Tàrrega on deia que havia anat amb un amic no l'havien vist mai per allà, i a Adrall, on el Porras els va assegurar que s'havia aturat anant i tornant d'Andorra, no hi ha cap bar on el reconeguin. Totes aquestes mentides el converteixen en el principal sospitós, esclar, però de seguida li surt competència.

A aquestes altures els Mossos de Balaguer ja s'han convertit gairebé en veïns de Ponts. Hi van cada dia i es passen hores i hores trucant a les portes i parlant amb gent de tota mena. És així com van a petar al bar Cadí. Quan hi entren per preguntar per la Manoli, un dels cambrers els diu que la va veure davant del bar la matinada del 5 de juny entre les 4.50 h i les 5.05 h. Estava amb el Pedrín, que és com anomenen l'Antonio González Llaudet, perquè el pare es diu Pedro. Ella era a dins de la cabina telefònica i ell a fora, i al cap d'uns minuts van marxar amb dos homes més en un Renault 21 gris.

Ara qui resulta que ha mentit és el nebot del González Porras. El Llaudet diu que ell la va deixar darrere del bar Boncompte, però no ha dit res del Cadí ni d'aquests dos homes. El relat del cambrer, que no hi té res a perdre ni a guanyar i que, per tant, no té cap necessitat de dir una mentida, afegeix el Llaudet a la llista de sospitosos.

Donen una segona oportunitat al Llaudet i de cop li torna la memòria. Ara que hi pensa, sí que va portar la Manoli al Cadí, perquè ella l'hi va demanar. Fins i tot es recorda que va entrar amb ella a la cabina —el cambrer del Cadí ha dit que no— i que va sentir que parlava amb un tal José d'Agramunt per demanar-li droga. Això sí: nega rotundament que marxessin amb dos homes, com assegura el cambrer.

Diu que en acabat va ser quan van anar a la vora del riu a fumar i van mantenir relacions sexuals, com va dir la primera vegada. Després la Manoli va rebre una trucada —ell creu que de la mateixa persona amb qui havia parlat des de la cabina de davant del bar Cadí—, i li va demanar que la portés al Boncompte.

Si el que diu el Llaudet és cert, aquesta trucada de la Manoli a un tal José per demanar-li droga avalaria la hipòtesi del deute de drogues, però de moment l'únic que tenen molt clar els Mossos és que aquell parell amaguen alguna cosa.

De moment han demanat a la companyia propietària de la cabina de telèfons que els faciliti la llista de trucades del dia 5 de juny de 2004 i, a diferència de la informació relativa al mòbil de la Manoli, aquesta arriba bastant ràpid: el dia 15 de juny, onze dies després de la desaparició i set dies després que la família posés la denúncia, els investigadors ja saben qui va rebre una trucada des de la cabina aquella matinada. Ni es diu José ni viu a Agramunt. La trucada es va fer a les 4.58 h hi va durar dos minuts i vint-i-set segons. És un mòbil d'empresa. Curiosament, de l'empresa del Pedro, pare del Llaudet i germà del Porras. Està assignat a un treballador que es diu Amadeu. No és el primer cop que els investigadors senten aquest nom.

L'Amadeu té trenta-set anys i és company de feina del Porras. Diu que va conèixer la Manoli precisament a través del Porras, i que últimament té bastant de tracte amb la noia. Ella fins i tot li ve a casa a netejar de tant en tant per treure's alguns diners. Quan li pregunten per la trucada de dissabte diu que no la recorda. Els Mossos de seguida arrufen el nas: una trucada a aquelles hores no s'oblida tan fàcilment. Però el que més els escamna és que, després del cap de setmana en què va desaparèixer la Manoli, l'Amadeu va faltar a la feina tres dies, suposadament per un mal d'estómac, i al CAP diuen que no va anar a visitar-se.

192

Ara ja tenen un tercer sospitós. De moment no han trobat cap prova que pugui incriminar ni l'Amadeu ni cap dels dos Antonios, però l'actitud d'aquells tres homes no s'explica si no és perquè amaguen alguna cosa: menteixen, obvien informació i no mostren cap interès per resoldre la desaparició d'una noia que se suposa que és amiga seva.

El que acaba de convèncer-los que han de vigilar de prop aquells tres és una informació que han rebut a través de diversos testimonis. Diumenge 6 de juny, dos dies després que desaparegués la Manoli, l'Amadeu i el Porras van tenir una forta discussió en un bar de Ponts. Quan feia una estona que el Porras era al local prenent-se un copa hi va entrar l'Amadeu i va anar a dir-li alguna cosa. Al cap d'un moment es discutien a crits, i una mica més i s'estomaquen. La cambrera va sentir que el Porras deia: «Què li vas dir a la Manoli de mi?».

Per fi, el dia 17 de juny, tretze dies després de la desaparició, poden intervenir el telèfon mòbil de l'Amadeu i intercepten unes quantes trucades on se'l sent parlant en clau amb diferents interlocutors. És evident que parlen de drogues, però en cap moment esmenta la Manoli. El dia 22 obtenen l'autorització per escoltar les converses del telèfon fix de casa del Porras, perquè no han aconseguit esbrinar quin número de mòbil té. En aquest cas, qui més utilitza l'aparell és la seva mare, i tampoc no en treuen res. Els investigadors pensen que si els sospitosos tenen alguna cosa a dir-se ho deuen fer en persona.

Han anat a parar a un carreró sense sortida. No saben si la Manoli està bé o si li ha passat alguna cosa, però sospiten que el Porras, el Llaudet i l'Amadeu saben on és, i que almenys els dos de més edat es mouen en ambients de drogoaddicció. I llavors fan l'últim pas que poden fer. Si amb això no se'n surten, s'hauran de donar per vençuts.

Quan ja han entrat en la segona setmana de la investigació, demanen al jutge instructor que els permeti inspeccionar el cotxe del Porras. El mateix Porras ha reconegut que la noia va pujar-hi la nit que va desaparèixer, i podria contenir algun rastre.

El jutge ho autoritza i dimecres 23 de juny de 2004, el dia de la revetlla de Sant Joan, els membres de la Unitat d'Investigació de Balaguer es lleven molt d'hora, perquè el Porras està citat a la comissaria a les vuit del matí. Fa quinze dies que la Josefa i l'Elisabeth van denunciar la desaparició de la Manoli. Quinze dies durant els quals l'equip d'investigadors no ha parat de parlar amb gent i de fer comprovacions. Estan esgotats, i tenen la sensació que del cotxe del Porras tampoc no en trauran res, però a l'hora en punt estan tots preparats, amb els de la científica i la secretària judicial, per començar la inspecció.

Però al cap de poca estona s'activen totes les alarmes: el Porras no apareix. Per als investigadors és com una confessió. El Porras és el responsable de la desaparició de la Manoli. Comencen a buscar-lo per tot arreu i al cap de poques hores ja l'han trobat: està treballant tan tranquil en una obra a Algerri, a cinquanta quilòmetres de Ponts.

Quan veu arribar els policies es queda tot parat i assegura que li havia fugit del cap que avui s'havia de presentar a comissaria. Els agents posen els ulls en blanc, el finquen en un cotxe patrulla i criden una grua perquè porti el seu Renault Clio groc fins a comissaria.

Dos agents de la científica es disposen a provar per primer cop un producte que no s'ha utilitzat mai abans a la policia catalana. Serveix per buscar restes biològiques ocultes, sobretot sang. El nom comercial és Bluestar i és un esprai que es ruixa sobre les superfícies que es volen analitzar. Cal que es faci en penombra, perquè si hi ha alguna resta oculta reacciona amb una fosforescència de color blau.

Un cop ja han buscat minuciosament restes visibles, tanquen els llums i comencen a ruixar els seients i la carrosseria. Els altres s'ho miren contenint l'alè, però no apareix res de res. El cotxe del Porras està net com una patena i no s'hi detecta cap resta de sang.

És estrany que algú amb una vida tan desordenada com el Porras tingui el cotxe tan impecable, però, de nou, tot són sospites, i ells necessiten proves.

Llavors, aprofitant que tenen allà l'equip de la científica, un dels agents proposa: «Per què no inspeccionem també la furgoneta del nebot del Porras? Oi que ell mateix va dir que hi va portar la Manoli?».

Al cap de la investigació li sembla una bona idea, però primer s'hi ha d'avenir el jutge instructor. Sa senyoria diu que no hi té cap inconvenient, sempre que el propietari del vehicle hi accedeixi voluntàriament, perquè no hi ha temps per dictar una ordre.

Així doncs, els Mossos truquen al pare del Llaudet, que n'és el titular, i l'home diu que sí.

Cap a les cinc de la tarda, els agents de la científica s'hi tornen a posar, en aquest cas en presència dels Llaudet, pare i fill. A primera vista no hi detecten res estrany, així que hi apliquen el Bluestar. A la part del davant del vehicle no apareix res, però quan el polsim de l'esprai toca la part posterior del seient del copilot hi apareix una mà de color blau fosforescent que arrossega els dits pel respatller

Els investigadors estan d'acord que això no incrimina directament el Llaudet. De moment només han trobat restes de sang; encara no saben de qui és. Podria ser que el noi s'hagués fet mal i hagués tacat el cotxe. Hi ha massa incògnites i encara no poden cantar victòria, però, mentre estan tenint aquesta conversa, s'obre la porta del garatge de la comissaria de Ponts. És un company, i porta una notícia important.

A quarts de sis de la tarda un parell de ciutadans francesos arriben a comissaria per denunciar que, mentre feien una excursió pels voltants del pantà de Rialb, en una zona boscosa a sis quilòmetres de Ponts, han sentit una pudor molt forta i uns metres més enllà, entre uns arbres, han vist una cosa que al principi els ha semblat un animal mort. Llavors s'hi han acostat més i s'han adonat que era un cos humà que estava semienterrat.

Al cap d'un moment, un grup de mossos surt cap allà amb els excursionistes francesos. És un lloc de difícil accés i l'últim tram l'han de fer a peu. En un barranc a tres metres del camí hi ha un cos en estat avançat de descomposició. És juny, fa calor i els insectes no han perdut el temps.

Mentre esperen el jutge, que ha de venir de Lleida, els agents de la policia científica comencen a fer fotografies del cadàver amb molt de compte de no tocar-lo. Té el crani completament destrossat i els braços estirats per damunt del cap, com si l'haguessin arrossegat agafant-lo per les mans. És l'únic que poden veure, perquè la terra i les fulles tapen tota la resta.

Dues hores després ja ho tenen tot a punt i els bombers hi han instal·lat uns focus per a quan es faci fosc. Es passaran la revetlla de Sant Joan desenterrant una persona.

No els cal treure gaire terra per confirmar que és el cos d'una dona. La cara és irreconeixible, té uns sostenidors al coll i les calces una mica abaixades. Als mossos del grup de desaparicions de Balaguer que s'ha passat dues setmanes buscant la Manoli els cau l'ànima als peus. Porta un petit pírcing en forma de boleta a la panxa.

Tants dies sense dormir, tantes hores parlant amb familiars, amics i coneguts de la Manoli, de mirar cintes de videovigilància, i no han pogut fer res per ella. A les onze de la nit els bombers aixequen el cadàver per traslladar-lo a la funerària de Ponts, des d'on el portaran a l'Institut de Medicina Legal de Lleida.

Poc després es comunica a l'Antonio González Llaudet, que encara és a la comissaria de Ponts, que està detingut per un presumpte delicte d'assassinat. Encara no poden provar res, però és molta casualitat que li hagin trobat restes de sang al cotxe i que la Manoli hagi aparegut morta.

A les vuit del vespre d'aquell 23 de juny de 2004, l'Elisabeth Pulido està preparant una ensalada russa per sopar. Fa quinze dies que no es treu del cap aquesta idea: si la immobiliària li hagués entregat les claus quan tocava, segurament tindria la Manoli allà amb ella. Però encara conserva l'esperança que la seva germana tornarà i que aquesta angoixa quedarà enrere. I llavors sent a la tele la sintonia dels avançaments informatius: aquesta tarda han trobat el cadàver d'una noia en un pantà proper a Ponts, i, a l'espera que ho confirmi l'autòpsia, tot apunta que es tracta de la Manoli Pulido, la noia que va desaparèixer fa dues setmanes.

L'Elisabeth s'ha d'asseure. Li fan figa les cames. Això sí que no. No pot ser la seva germana.

A Ponts, la Josefa, que està pentinant la Sara, la seva filla petita, atura el braç a mig gest. «La Manoli no, mama, la Manoli no; ella va a volver», li assegura la nena mentre corre cap al balcó, convençuda que la veurà arribar. Els Mossos no volien que la família se n'assabentés així, però només han tingut temps d'avisar el pare, i han corregut més les notícies que ell.

L'Elisabeth Pulido ha de passar pel tràngol d'anar a comissaria perquè li ensenyin el que han trobat al bosc: és la roba de la seva germana, no en té cap dubte.

Abans que marxi, però, li posen al davant un altre objecte. Un objecte que han requisat al Llaudet. L'Elisabeth hi veu el seu propi rostre. És la targeta d'empresa que utilitzava per fitxar quan treballava a la Lear Corporation de Cervera. A la Manoli li encantava com havia quedat en aquella foto i li havia demanat que l'hi regalés per portar-la sempre a sobre. Molt de temps després, els investigadors encara recordaran la resposta: «Si heu trobat la targeta, heu trobat la meva germana».

Amb la detenció del Llaudet, no s'ha acabat ni de bon tros la feina, però ara l'hauran de fer els agents de la Unitat d'Investigació Territorial (UTI), que s'encarreguen dels homicidis. L'endemà mateix, Sant Joan, escorcollen la casa del Llaudet i un habitatge a mig construir que té la família a Gualter, entre Ponts i el lloc on ha aparegut el cadàver de la Manoli.

No hi troben res. Ni allà ni a casa del Porras ni a la de l'Amadeu. Això sí, es confirma que la sang del cotxe és de la Manoli.

Els Mossos estan molt atents als telèfons per si amb la detenció algun dels dos diu alguna cosa que puguin fer servir, però l'Amadeu gairebé només fa trucades de feina, i al telèfon de casa del Porras s'hi posa pràcticament sempre la mare. Si tenen alguna cosa a veure amb la mort de la Manoli, callen molt bé.

Mentrestant, el Llaudet va en un cotxe dels Mossos cap a Solsona, on passarà a disposició judicial. «Ja heu trobat la Manoli?», pregunta de cop. Quan li diuen que sí, es posa a plorar. Aleshores, aparentment ensorrat, explica la seva primera versió dels fets.

La matinada del 5 de juny la Manoli i ell van anar a fumar uns porros a la vora del riu Segre, a Ponts mateix, i van mantenir relacions sexuals a la furgoneta. En acabat van sortir a fora i, segons diu ell, la Manoli va enfilar-se a un arbre i va caure. Quan va veure que no es movia es va espantar molt. Respirava, però estava inconscient. Va intentar reanimar-la tirant-li aigua a la cara, però no hi havia manera, i llavors es va atabalar i, com que no sabia què fer, va agafar una pedra i l'hi va esclafar al cap. Després va carregar el cos a la furgoneta i el va portar al lloc on l'han trobat, a la vora del pantà de Rialb.

L'agent que va de copilot gira el cap i se'l mira amb incredulitat. Quin sentit té que la Manoli hagués pres mal i ell, en comptes d'ajudar-la, la matés?

El noi es deu haver adonat que aquesta versió no acaba de funcionar, perquè de seguida n'explica una altra. L'escenari és el mateix, però en aquesta la Manoli li demana diners i li agafa la cartera sense el seu permís. Aleshores ell li reclama que l'hi torni i ella l'hi llença a terra. El Llaudet s'enfada i li tira una pedrada al cap, amb tan mala sort que la noia cau a terra inconscient. L'únic que coincideix és el final: ell s'atabala, no sap què fer, i li esclafa el cap amb una pedra.

Quan citen el Porras a comissaria i li expliquen que han trobat la Manoli, l'home arrenca el plor, entre consternat per la mort de la noia i alleujat de saber que ja no és sospitós d'assassinat. Els ha fet anar de corcoll amb les seves mentides i les seves contradiccions, però els investigadors arriben a la conclusió que no en sabia res.

Amb la confessió del Llaudet sembla que el cas està resolt, però quatre mesos després, a l'octubre, ja amb un nou advocat, quan es fa una segona reconstrucció dels fets, el noi es desdiu del que va confessar i explica una tercera versió dels fets. Ara diu que, mentre eren tots dos al riu, van aparèixer uns homes vestits de negre i amb la cara tapada, van matar la noia i el van obligar a ell a traslladar el cadàver, sota amenaça de mort. No sap qui eren ni els pot identificar. És amb aquesta versió que arriba al judici, l'any 2006.

L'Antonio González Llaudet té una actitud desafiant davant del jutge i dels lletrats i es nega a respondre cap pregunta. Incloent-hi les del seu propi advocat, que se'l mira amb cara d'estupefacció.

Els resultats de l'autòpsia confirmen que la Manoli va rebre com a mínim sis cops al cap amb un objecte contundent. Tenia el crani destrossat, però no presentava cap lesió a cap altra part del cos.

El judici dura dos dies. Hi declaren els familiars de la noia i alguns dels testimonis amb qui van parlar els Mossos. Segons el jurat popular, queda acreditat que l'Antonio González Llaudet va assassinar la Manoli Pulido. El jutge el condemna a divuit anys de presó.

Encara no se sap per què aquell noi de divuit anys va matar la seva companya i amiga. Els investigadors sospiten que va ser un crim de violència masclista. Ell volia sortir amb la Manoli i ella li va dir que no. Quinze anys després, quan està a punt de ser un home lliure, encara no ha demanat perdó a la família ni ha ofert cap mena d'explicació.

El crim de Ca n'Amat

Aquesta història comença el 25 de juliol de 2009. Aquella setmana, tot Catalunya estava pendent d'un incendi al parc natural dels Ports, a les Terres de l'Ebre. Malauradament, el foc va acabar cremant més de mil hectàrees, i un canvi brusc en la direcció del vent va provocar la mort de cinc bombers. Temps després es va demostrar que l'incendi havia estat provocat, i no va ser fins al 2021 que els culpables van acceptar penes de presó de fins a quatre anys. Però aquesta és una altra història. Tornem al 2009. I situem-nos a Abrera, al Baix Llobregat.

Era dissabte i l'Hugo i la Xianzhi, que eren parella, havien quedat amb uns amics per sopar. Però ja feia estona que haurien d'haver arribat, i quan els trucaven saltava el contestador automàtic.

L'Hugo tenia trenta anys, i la Xianzhi, vint-i-sis. Feia un mes que vivien a la urbanització Ca n'Amat, a Abrera, en una casa molt gran de la família de l'Hugo. Fins aleshores havien viscut en un pis de lloguer, però com que necessitaven un lloc més gran, perquè la Xianzhi estava embarassada i no anaven gaire sobrats de diners, el pare de l'Hugo els havia ofert la casa de Ca n'Amat. En aquesta casa també hi vivien un germà de l'Hugo, l'Héctor, i la seva parella, la Susana.

L'endemà els amics els van tornar a trucar, pensant que la nit anterior els devia haver sorgit algun imprevist i no tenien el mòbil a mà. Però, de nou, res. No contestaven. Fins i tot van pensar que se'ls havia avançat el part, perquè ella estava de set mesos. Però haurien avisat, no? Amb la mosca darrere l'orella, van esperar fins dilluns, per donar-los una mica de marge. I llavors, quan van veure que continuava el silenci, un silenci molt estrany en els seus amics, van tirar pel dret i es van plantar a Ca n'Amat, a la casa familiar on vivien l'Hugo, la Xianzhi, l'Héctor i la Susana.

Era una casa a quatre vents i hi havia uns quants metres entre la porta d'entrada i la tanca exterior. Els amics van picar al timbre de fora i van esperar uns minuts, però no va contestar ningú. No se sentia res i la tanca no els deixava veure si hi havia algú a casa. Resignats, van marxar i van decidir trucar als familiars de la Xianzhi.

La família de la noia tampoc no en sabia res. En un primer moment més aviat van intentar treure-hi ferro. Hi ha persones que sempre intenten trobar una explicació racional a tot, potser per no tornar-se bojos. Però aquell mateix dia els pares de la Xianzhi van rebre una altra trucada, i aquesta sí que els va posar en alerta. Era de la perfumeria on treballava la seva filla. Deien que aquell dilluns no havia anat a treballar i que no en sabien res. Aquí sí que la mare es va començar a posar nerviosa. La seva filla, tan responsable que era, no havia trucat a la feina per avisar que no hi aniria?

Dimarts van ser la germana i el cunyat de la Xianzhi els que van anar a trucar al timbre de la casa de Ca n'Amat.

A les deu del matí, just abans d'arribar a la casa, però, es van creuar amb el cotxe de la Susana, que anava en direcció contrària. Curiosament, el conduïa l'Héctor, que no tenia carnet, i ella anava al seient del copilot. La germana i el cunyat de la Xianzhi li van demanar que s'aturés, però ell va seguir endavant com si res. Al cap de tres-cents metres, s'ho va repensar i va frenar. L'Héctor els va dir que li sonava que el seu germà i la seva cunyada marxaven de viatge, però no n'estava segur. Quan li van demanar el telèfon de la seva mare, els va dir que en aquell moment no el tenia i va tocar el dos.

Ja que havien fet el viatge, la germana i el cunyat de la Xianzhi van trucar al timbre del xalet, però només els va respondre el silenci. Molt amoïnats, al cap de poques hores se'n van anar cap a Premià de Mar, a seixanta quilòmetres d'allà, on vivia la mare de l'Hugo i de l'Héctor. Però la dona tampoc no tenia ni idea d'on eren el fill i la jove. Tots plegats van començar a posar-se nerviosos.

La mare va trucar al fill gran, l'Héctor. Ell i la seva parella, la Susana, compartien casa amb l'Hugo i la Xianzhi, i segur que en sabien alguna cosa. Però l'Héctor li va dir que no tenia ni idea d'on era el seu germà. L'última vegada que l'havia vist havia estat dissabte. Devia haver marxat de vacances. La mare el va notar nerviós, com si se la volgués treure de sobre, però en aquell moment no hi va donar gaire importància. El que més li preocupava era el seu fill desaparegut.

Va agafar una clau de la casa de Ca n'Amat —en tenia una còpia perquè havia estat la casa familiar, fins que ella i el pare es van divorciar— i va sortir disparada cap a Abrera.

Però quan hi va arribar va notar que la clau no acabava

d'entrar bé al forat del pany. Potser la porta estava tancada per dins. Desesperada, va trucar a la comissaria dels Mossos d'Esquadra de Martorell per comunicar la desaparició de l'Hugo i la Xianzhi.

Una estona després, els Mossos van aconseguir entrar a la casa per una porta lateral. Aparentment no hi havia ningú i tot estava en ordre. Bé, la casa estava molt desendreçada, però, segons els va dir la mare, això era normal. Aparentment, tot estava com sempre. A la planta baixa hi havia una habitació tancada amb cadenat. Era la de l'Hugo i la Xianzhi.

Els Mossos van esbotzar la porta i hi van trobar una cosa interessant. En una bossa que devia ser de la Xianzhi hi havia tota la seva documentació i el passaport de l'Hugo, però a la casa no hi eren ni ells ni els seus cotxes. El germà havia dit que li semblava que devien haver marxat de vacances. Però sense documentació? I sense avisar a la feina, en el cas de la Xianzhi?

La policia va marxar de Ca n'Amat amb les mans buides, però amb la sospita que l'Hugo i la Xianzhi no estaven de vacances. Van considerar l'absència dels dos joves com una «desaparició inquietant».

La mare no gosava abandonar la casa, perquè confiava que tornarien. A més, a Premià de Mar encara la rosegarien més els nervis. Però anaven passant les hores i no apareixia ningú. Ara, a més, l'altre fill tampoc no li agafava el mòbil. La dona no entenia res. El seu germà havia desaparegut, i l'Héctor estava tan ample. Com podia ser que no estigués pendent del telèfon, en una situació així? I on carai s'havia ficat?

La dona sabia que la relació entre els dos germans no era idíl·lica. L'Héctor era un noi solitari, sempre havia tingut molt pocs amics, i des que s'havia ajuntat amb la Susana que no en tenia cap. Ella era una noia molt esquerpa amb tothom. Semblava que s'encomanessin l'un a l'altra aquesta cosa una mica feréstega que tenien. Estaven sempre enfadats amb la humanitat. La mare també sabia que l'Héctor i la Susana no s'havien pres gens bé que l'Hugo i la Xianzhi anessin a viure a la casa familiar. Era molt gran, sí, però no era el mateix viure sols que viure amb una altra parella i haver-hi de compartir espais comuns. Però era el que hi havia, i a més no seria per a sempre. Els fills són tots iguals, i si resulta que tots dos necessiten un sostre, doncs el poden compartir una temporada. Per a això s'havien fet una casa tan gran, entre altres coses.

L'endemà, dimecres, quan ja feia cinc dies que l'Hugo i la Xianzhi no donaven senyals de vida, els amics més íntims de la parella van arribar a Ca n'Amat per dinar amb la mare i mirar què podien fer entre tots.

Quan va arribar el moment de seure a taula, la mare va baixar al garatge a buscar begudes i una mica de gel al congelador. Era un d'aquells horitzontals, de cofre, de cent quaranta centímetres de llarg per vuitanta d'alt.

El que va veure quan va obrir la porta superior del congelador no li marxarà mai més del cap. Entre plàstics i peces de roba congelada, hi sobresortia un braç humà.

A les set del vespre, en presència de la comitiva judicial, es fa l'aixecament del cadàver. El braç que ha vist la mare pertanyia al cadàver esquarterat d'un home. Aquesta és la descripció que en fan els Mossos:

Es tracta d'un individu jove, de complexió normal, pell blanca, cabells de color fosc amb un tatuatge al braç dret, prop de l'espatlla, que representa un dibuix sense identificar. Vesteix una samarreta de tirants de color negre, un pantaló de color negre tipus «pirata» i un cinturó de color gris.

Per la descripció que en va fer la mare quan va posar la denúncia, els policies saben que és l'Hugo. Un dels investigadors encara recorda la imatge que es troba en aquell moment quan aixeca la tapa del congelador i veu el braç: «És una imatge que tinc guardada en un racó. No em condiciona la vida professional, però sí que és veritat que és allà. Sobretot perquè reflexiones, com a investigador, com a policia i com a persona, dient: com algú és capaç de fer aquest acte tan brutal?».

Però encara no han vist el pitjor. Perquè quan treuen del congelador les bosses en què està repartit el cadàver de l'Hugo, veuen que a sota hi ha un altre cos. Està sencer, però de seguida es fixen en un detall colpidor: és una noia i té panxa d'embarassada.

S'observa, envoltat per un llençol de color blau cel i fúcsia, un altre cadàver embolicat amb plàstic transparent. Correspon a una dona jove, de complexió prima, possiblement embarassada, cabells foscos amb metxes i amb un tatuatge a l'avantbraç esquerre que representa una partitura de música. Vesteix una samarreta de màniga curta de color negre i un pantaló del mateix color.

Els Mossos ja no s'enfronten a una desaparició, sinó a un crim. Segons les autòpsies, a l'Hugo l'han matat a ganivetades i a la Xianzhi l'han escanyat.

Si el dia anterior, quan la mare va anar a posar la denúncia, els Mossos van fer una recerca superficial, perquè buscaven l'Hugo i la Xianzhi vius, ara l'equip de la científica es passa hores i hores inspeccionant la casa. És un habitatge molt gran, de dues plantes amb soterrani, i han d'anar centímetre a centímetre.

Mentrestant, els investigadors interroguen amics i familiars de les víctimes. El testimoni més rellevant és el d'un altre germà de l'Hugo, el Mario, que va ser a la casa l'últim dia que es van veure amb vida l'Hugo i la Xianzhi. Retrocedim al dissabte 25 de juliol de 2009.

Eren quarts de dotze de la nit. El Mario va arribar sense avisar a la casa familiar de Ca n'Amat. Com que no portava claus —se les havia oblidat—, va saltar la tanca i va veure al jardí la seva cunyada, la Susana. Així que ella el va veure arribar, es va ficar a dins de casa corrents i va tancar la porta. Ell, estranyat, va començar a trucar. Mentre esperava que l'hi obrissin i la veu de l'Héctor li deia que s'esperés, va sentir que la Susana i el seu germà bellugaven coses.

El van tenir plantat a fora deu minuts llargs. Quan finalment l'Héctor li va obrir la porta, li va donar l'excusa que no volien que veiés el desordre. Al Mario li va semblar una excusa una mica estranya, perquè sempre havien tingut la casa de qualsevol manera i no els havia fet mai res ensenyar aquella olla de grills.

Però no va ser l'únic detall que el va sorprendre. Quan va entrar a l'habitació on dormia sempre que passava la nit a la casa, va veure que el matalàs no tenia posats els llençols ni el protector, i ell l'havia deixat fet, l'últim cop que hi havia estat, feia unes setmanes.

Quan va preguntar a l'Héctor què n'havia fet, el seu

germà li va dir que hi havia unes taques que no marxaven —no li va dir de què— i que els havia llençat. El Mario no va entendre quina mosca li havia picat al seu germà amb l'ordre i la neteja, però, per no discutir, ho va deixar córrer i va seguir el consell que li havia donat l'Héctor: que se n'anés a dormir a una altra habitació. El Mario només volia marxar de festa, no volia problemes, així que va agafar un joc de claus i se'n va anar.

Cap a les tres de la matinada va tornar a casa i, com que estava desvetllat, es va quedar mirant la tele. Tot i que diu que aleshores va sentir a l'habitació de l'Hugo uns sorolls que li van semblar massa forts perquè els pogués fer el gat o el gos, no es va moure del sofà. L'endemà, tampoc no va preguntar al seu germà Héctor si ell també els havia sentit. Al migdia, el Mario va marxar. En tot el temps que va estar a la casa, no va veure ni el seu germà Hugo ni la seva cunyada Xianzhi.

Tornem al dimecres 29 de juliol, quan apareixen els cadàvers de l'Hugo i la Xianzhi. Amb la inspecció ocular, els policies han descobert coses.

En una habitació del soterrani, una mena de magatzem, es localitzen els materials que presumiblement s'han utilitzat per embolcallar els cadàvers: un rotlle de plàstic de bombolles, cinta aïllant i bosses d'escombraries molt grosses. La casa és plena de ganivets. A la cuina n'hi ha més de cinquanta, però també en troben molts per terra i en una bossa que hi ha en una altra habitació.

Però l'indici més rellevant és el que revela el Bluestar, el producte que utilitzen els de la científica per trobar restes de sang. N'hi ha per tot arreu: al menjador, a les escales, al magatzem i en una habitació. Això sí, enlloc hi ha cap taca prou grossa que assenyali el punt on s'ha esquarterat el cadàver de l'Hugo.

Mentre es pregunten com pot ser, els investigadors es fixen que en un prestatge hi ha tots els DVD de la sèrie de televisió *Dexter*. Per si no l'heu vist, va sobre un forense que de nit mata criminals que s'han escapat de les mans de la justícia. Com que l'home és expert precisament en esquitxades de sang, abans d'esquarterar els cadàvers per eliminar-ne el rastre, es pren la molèstia de cobrir totes les parets i el terra de l'habitació amb plàstic d'embalar d'aquell de bombolles. Encara no en poden tenir la certesa, però el rotlle que han trobat a l'habitació del soterrani parla per si sol.

De moment tenen clar que el crim s'ha comès en aquella casa i saben que la porta no estava forçada. A més, gràcies a les declaracions dels amics i dels familiars, descobreixen unes quantes coses que els ajuden a construir una primera hipòtesi.

Per entendre millor el que explicarem a continuació, hem de retrocedir una mica en el temps. La casa on han aparegut els cadàvers de l'Hugo i la Xianzhi havia estat anys enrere la casa familiar. Hi vivien l'Héctor, el Mario, l'Hugo i els seus pares. Però, després que els pares se separessin, el nucli familiar es va anar esmicolant.

Primer en va marxar el pare, l'any 2001 o 2002. Més tard, l'any 2003, se'n va anar l'Hugo. El motiu era que amb l'Héctor, el germà gran, xocaven contínuament, fins al punt que més d'una vegada havien arribat a les mans. Aleshores ja s'hi havia instal·lat la Susana. Al cap de quatre anys, el 2007, marxaven de la casa la mare i el germà mitjà, i l'Héctor i la Susana es quedaven sols, com els amos i senyors del xalet.

Hi van viure al seu aire fins que, el 2009, un mes abans del crim, l'Hugo s'hi va instal·lar acompanyat de la seva parella, la Xianzhi. El seu pare li havia donat permís per fer-ho, perquè la parella no es podia pagar un lloguer. Però a l'Héctor no li va fer gens de gràcia, que hi arribessin aquells dos inquilins que a més estaven esperant una criatura.

Segons expliquen els testimonis als Mossos, els germans no havien reconduït la seva relació en tots aquells anys, i, a jutjar pel que els investigadors acaben de trobar al congelador, tot apunta que les desavinences no devien fer altra cosa que agreujar-se durant aquell mes de convivència.

L'Héctor i la Susana han desaparegut del mapa i no contesten cap trucada. Als ulls dels Mossos es converteixen en els principals sospitosos de la mort de l'Hugo i la Xianzhi. Però una cosa són les suposicions i una altra ben diferent provar un doble crim.

És 31 de juliol. Ja han passat dos dies des que la mare de l'Hugo va trobar al congelador el cadàver del fill i de la jove embarassada. L'Héctor i la Susana, els principals sospitosos, continuen desapareguts. Ahir els Mossos van trobar a prop de Martorell, no gaire lluny de Ca n'Amat, el cotxe de l'Hugo. I avui troben el de la Xianzhi, també a la rodalia de Martorell. No hi troben cap indici rellevant, excepte una empremta que encara no saben de qui és. Mentrestant, el jutge instructor ordena que s'intervinguin els mòbils dels sospitosos per saber on són.

A la casa, entre el desordre, han aparegut dues llibretes que deixen els investigadors de pasta de moniato i refermen les seves sospites. Algú s'ha dedicat a omplir onze pàgines amb una lletra pulcra i ordenada amb tota la informació que ha pogut aplegar després d'haver seguit i vigilat de prop tres persones grans: una tal Pilar, de noranta-set anys, una Carmen de setanta anys i un Pepe de seixanta-vuit. L'objectiu, està escrit molt clar, és matar-los i cobrar una possible herència.

Al costat hi ha apuntats tot de detalls sobre aquestes persones —estat de salut, hàbits...— i sobre les seves cases —valor immobiliari, tipus de veïnat, plànols de l'habitatge i dels carrers propers...—. Però el que és més inquietant és que també hi ha anotades unes quantes maneres de matar els propietaris: asfíxia, cop accidental o intoxicació per gas... L'autor fins i tot es planteja quin moment seria més adequat per reclamar l'herència, i conclou que un bon moment seria el dia de l'enterrament. La Pilar, la Carmen i el Pepe són tots tres parents de qui sembla que és l'autor d'aquest informe macabre: l'Héctor.

En aquesta llibreta no hi ha cap dada que contribueixi a esclarir el crim que els investigadors tenen entre mans, però sí que els ajuda a fer-se una idea de com els funciona el cap als autors.

La que sí que amaga secrets molt importants per al cas és l'altra llibreta, amb una llista que demostra clarament que el crim ha estat premeditat:

- cinta de embalar gruesa
- bridas
- navaja
- mono o ropa desechable
- asfixia: ¿método definitivo?
- deshacerse arma y ropa

Unes quantes pàgines més endavant, fins i tot hi ha uns quants apunts per a quan entrin en escena els investigadors:

- convencer a la poli
- se han equivocado
- yo no sé nada
- no hay pruebas
- no lo sabemos, hay que esperar a la autopsia
- la víctima perfecta: un desafío personal

És evident que estan davant d'una persona metòdica, i per la lletra estan segurs que es tracta de l'Héctor. A més, els resultats del laboratori confirmen les sospites: al plàstic que embolcallava el cos de la Xianzhi hi ha empremtes de l'Héctor.

Ara bé, ho ha fet ell sol? L'autòpsia és rotunda. La trajectòria de les ganivetades que va rebre l'Hugo esvaeix qualsevol dubte. A la part dreta en té més i són més profundes que a la part esquerra, i la trajectòria va de dreta a esquerra. Les de la part esquerra del cos, en canvi, menys nombroses i menys profundes, presenten totes una trajectòria inversa. No hi ha dubte que l'han matat entre dues persones.

La Xianzhi també l'han matat a quatre mans. Mentre un l'escanyava, un altre li tapava el nas i la boca perquè no cridés.

L'empremta de la Susana que han trobat al cotxe de l'Hugo reforça també aquesta hipòtesi.

Segons els resultats de l'autòpsia, abans de matar la Xianzhi la van emborratxar —tots els testimonis diuen que no hauria begut mai estant embarassada— i l'Hugo no tenia marques de defensa. Als investigadors només se'ls acut una explicació: no es va defensar perquè no va poder. Creuen que abans li van disparar amb una de les pistoles elèctriques que han trobat a la casa. No va poder lluitar per la seva vida perquè l'arma produeix un bloqueig muscular i no es podia moure.

Ara han de trobar els autors. De moment, la intervenció dels telèfons no dona fruits. Ni truquen ni reben trucades. Només saben que l'última trucada des del mòbil de la Susana es va fer el dimarts 28, dia de la desaparició, des d'Olesa de Montserrat. Això és en direcció nord des d'Abrera. La conclusió dels Mossos és que estaven fugint del país i que el més probable és que hagin traspassat la frontera. Per això emeten una ordre internacional de crida i cerca.

Passa tot l'agost sense notícies dels dos fugitius. I llavors l'11 de setembre s'activa un dels telèfons punxats i una veu d'home fa una trucada. No fa cap al·lusió a res relacionat amb el cas i a més la veu que parla no és la de l'Héctor. Tot i això, el localitzen i el citen a comissaria perquè declari. Si té el mòbil d'un dels sospitosos, ha de saber on són, no? Doncs no. Segons diu, un dia que passejava per la muntanya a Olesa de Montserrat es va trobar dos mòbils i se'ls va quedar. Als Mossos aquesta declaració els quadra amb el posicionament dels telèfons. Creuen que l'Héctor i la Susana els van llençar per evitar que els poguessin localitzar.

Tot plegat —les llibretes, la precaució de desfer-se dels mòbils o el paper de bombolles per evitar rastres de sang— fa pensar que els autors tenen nocions d'investigació criminal i que han fet tots els possibles per evitar ser descoberts.

Però com s'entén que si van prendre tantes precaucions hagin comès l'error de deixar empremtes tant al cotxe com als plàstics que embolcallaven el cadàver?

I la resposta que els sembla més probable és que la visita sorpresa del germà mitjà, el Mario, els va trastocar els plans i els va obligar a improvisar. I la improvisació juga a favor dels investigadors. Segons la hipòtesi policial, quan el Mario va arribar a Ca n'Amat, l'Hugo i la Xianzhi ja eren morts, però encara no els havien guardat al congelador. Per això van trigar tant a obrir la porta: havien d'amagar els cadàvers.

Com que no tenien temps d'esquarterar-los, els van guardar en una habitació on estaven segurs que el Mario no entraria, i no van rematar la feina fins a la matinada. Recordeu que el Mario es va quedar mirant la tele perquè no tenia son i que diu que va sentir uns sorolls molt forts? Els Mossos creuen que aquests sorolls són compatibles amb l'esquarterament del cos.

Per això cometen errors, perquè els posa nerviosos tenir un possible testimoni a dins de casa. I són precisament aquests errors els que els vinculen amb el crim.

Els investigadors tenen elements de sobres per atribuir-los el doble homicidi, però tota la feina pot quedar en res si no els atrapen, i les setmanes van passant sense que se'n tingui cap notícia. Fins que, a finals de setembre, s'activa una euroordre. Els Mossos reben un avís que al nord de França, a la ciutat de Le Havre, han localitzat dos individus «en estat de semiindigència» a l'interior d'un vehicle. Els gendarmes francesos creuen que podrien ser etarres, perquè porten armes blanques a sobre i no hi ha manera de treure'ls ni mitja paraula. Però no. Són l'Héctor i la Susana. Han estat vivint al cotxe.

Com que els dos interessats no s'hi oposen, el procés d'extradició és ràpid, i l'any 2012, tres anys després del crim, l'Audiència de Barcelona condemna l'Héctor i la Susana a trenta-vuit anys de presó cadascun per dos delictes d'assassinat i un d'avortament.

La fiscal del cas, Mar Cuesta, no pot deixar de pensar encara en el que devia ser allò per als pares de l'Héctor i l'Hugo: «Qué dolor tan terrible ser, a la vez, los padres de la víctima y del asesino. Tener en tu mente la duda de qué has hecho diferente. Y la verdad es que los padres no tienen ninguna culpa, porque seguro que educaron a todos los hijos con el mismo amor».

El crim de la nit de carnaval

Ulldecona és un poble de poc més de sis mil habitants de la comarca del Montsià, a Tarragona. El 1982 no arribaven als cinc mil, i es coneixien tots. Almenys és el que ells es pensaven fins que va arribar la nit de carnaval.

La nit del dissabte 13 de febrer de 1982, el Jeroni Castell, un empresari ben situat que a més havia estat alcalde del poble, va arribar a casa després de plegar de la feina per sopar amb la família. Després de quaranta anys de prohibicions franquistes Ulldecona celebrava el primer ball de carnaval, i als carrers del poble s'hi respirava una energia renovadora. El jovent volia divertir-se una mica i alhora deixar enrere el llast de quatre dècades de dictadura. A casa dels Castell, amb quatre fills adolescents, no eren immunes al que passava a fora, i a aquella hora tot eren corredisses per preparar-se per a la festa. Quan el Jeroni va obrir la porta del pis del carrer Guifré on vivia amb la seva família es va trobar la Josefina Vidal, la seva dona, fent els últims retocs a la disfressa d'arlequí de la seva filla Mari Carmen. Va veure que el més calent era a l'aigüera, es va mirar el rellotge i va pensar que, si s'afanyava, encara tenia temps d'arreglar un parell de papers al despatx. Va demanar que l'avisessin quan la nena estigués arreglada, perquè la disfressa se l'havia fet ella mateixa i li feia il·lusió veure com li quedava, i va tornar a marxar.

A casa dels Castell-Vidal aquells dies s'hi respirava una certa eufòria, i no només pel carnaval tan esperat. Mesos enrere el matrimoni havia passat per una mala ratxa, però precisament aquella setmana acabaven de fer les paus i els quatre fills estaven feliços per la reconciliació. Ara sí que podrien sortir a divertir-se sense aquell rau-rau a l'estómac. La nit abans la Mari Carme i el Jeroni fill ja havien sortit plegats de festa disfressats de pallassos. Eren els dos germans del mig. Es portaven poc temps, anaven amb la mateixa colla i estaven molt units, però aquella nit el Jeroni havia decidit quedar-se a casa, perquè l'endemà tenia partit amb el juvenil de l'Ulldecona i volia fer un bon paper. La Mari Carmen, en canvi, havia quedat amb les amigues per tornar a sortir. Tenia divuit anys, moltes ganes de festa i una disfressa diferent per a cada nit.

Quan el Jeroni pare va rebre al despatx la trucada que l'avisava que ja podia tornar a casa, es va trobar la filla i la seva amiga Marisé radiants. Anaven vestides d'arlequí. Els va dir que estaven precioses, va fer un petó a la seva filla, i les noies van marxar juntes cap al cinema Victòria. A casa hi van quedar el matrimoni i dos dels quatre fills, que s'havien estimat més no sortir aquella nit: la Maria José, la més gran, i el Jeroni, que l'endemà havia de matinar per anar a jugar un partit a Roquetes. Cap a un quart de dues el pare es va ficar al llit. La seva dona el va imitar poc després. Per primer cop en molts mesos, semblava que aquella nit de dissabte les coses s'havien tornat a encarrilar i la família havia superat la crisi.

Però aquella pau va ser només un miratge. A quarts de sis de la matinada la Josefina va despertar el seu marit amoïnada. Feia una estona que s'havia llevat i, a les fosques per no despertar ningú, havia anat a veure si els nens havien arribat bé. El Jeroni i la Maria José dormien com un tronc i el Josep ja s'havia ficat al llit, però la Mari Carmen no havia tornat del ball. Tenia divuit anys, i quarts de sis no eren hores de ser encara pel carrer. És veritat que a Ulldecona no passava mai res, però la Mari Carmen no havia tornat mai tan tard. Per més que intentessin tranquil·litzar-se l'un a l'altra, com tants pares d'adolescents que comencen a sortir de festa, ja no van poder aclucar l'ull. La seva filla era una noia obedient, i era molt estrany que fes una cosa així sense avisar. Passaven els minuts i els pares de la Mari Carmen es regiraven sota els llençols.

Per fi van sentir un soroll al portal. Algú acabava de tancar la porta i pujava amb pas decidit les escales de la finca. Se'ls va obrir el cel. Segur que era la Mari Carmen. Li haurien de tocar el crostó, però ja havia passat el neguit. Quan van sentir que els passos arribaven al replà, van contenir la respiració esperant sentir el soroll de la clau quan entra al pany. Però els passos es van perdre escales amunt. Uns altres pares estaven a punt de sentir com s'obria la porta de casa i respirarien alleujats, però ells encara no. Aquella decepció els va acabar de desvetllar definitivament, i quan el Jeroni ja estava a punt d'aixecar-se per sortir al carrer es va tornar a sentir un cop de porta a baix a l'entrada i passos un altre cop. Ara sí que havia de ser la Mari Carmen. Ara sí que semblaven els seus passos. Ja estava al replà. Ara sentirien el pany de la porta. I un altre cop els passos van continuar pujant. El Jeroni i la Josefina van dir prou i es van posar en marxa.

Eren les 5.40 h de la matinada. Es van posar tots dos la bata i van baixar al carrer. Els que semblaven disfressats eren ells, però no tenien ni gota de ganes de gresca. Mentre el Jeroni conduïa, la Josefina anava escrutant cada cantonada i cada racó del carrer buscant la seva filla o algú a qui preguntar si l'havia vist. Al cap d'una estona de voltar sense èxit van decidir canviar d'estratègia.

Les campanes de l'església acabaven d'anunciar les sis quan un altre soroll més terrenal va despertar els Pasalmar. Algú havia trucat a l'intèrfon. Eren els Castell, que buscaven la Mari Carmen. De seguida van anar a despertar la Marisé. La noia els va explicar que havia estat amb la seva amiga fins a les tres, i que llavors havien decidit tornar a casa a treure's la disfressa i a canviar-se de roba. Aleshores s'havien fet dos grups i a la Mari Carmen l'havia acompanyat a casa el Pere Jordi Domènech, un amic de la família. S'havien de tornar a trobar al cap d'una estona a la discoteca Scorpio, on també s'havia organitzat una festa de carnaval. Però un cop dins, la Marisé no va saber trobar els seus amics. Li va semblar que veia la Mari Carmen a la barra, però quan va aconseguir arribar-hi obrint-se camí entre la gentada ja no hi era. De fet ni tan sols està segura que fos ella, perquè amb els llums intermitents de la discoteca no l'havia arribat a veure prou bé. Cansada d'esperar els amics i avorrida de voltar sola per allà dins, la Marisé se n'havia tornat a casa i s'havia ficat al llit.

La Josefa i el Jeroni van sortir de casa dels Pasalmar encara més nerviosos que abans d'entrar-hi. Potser mentre ells voltaven, la Mari Carmen havia tornat a casa i s'estaven fent mala sang per res. Però quan van arribar-hi, el llit de la seva filla continuava sense desfer. Ara sí que ja no van poder més i van decidir despertar tothom. Com més ulls hi hagués al carrer buscant la nena, abans la trobarien. Es van repartir la feina. Mentre el Jeroni fill pentinava tots els carrers del poble, la Josefina trucaria a casa dels pares del Pere Jordi, l'amic que havia acompanyat la filla a casa perquè es canviés de disfressa.

A les set sonava el telèfon a casa dels Domènech. No cal ser el Sherlock Holmes per deduir que quan el telèfon sona un diumenge a aquestes hores és que ha passat alguna cosa. L'Antonio, el pare del Pere Jordi, va sentir els trucs però es va pensar que somiava. La Montserrat, que tenia el son més lleuger, es va llevar per agafar el telèfon. Al cap d'un moment tornava a entrar a l'habitació esverada per dir-li que qui trucava era la Josefina, la dona del Jeroni, que deia que no trobava la nena per enlloc. L'Antonio es va espavilar de cop. Havia treballat molts anys amb el Jeroni i totes dues famílies tenien una relació molt estreta. Va agafar l'auricular i va explicar a la mare de la Mari Carmen que el seu fill havia arribat feia molta estona. Ho sabia perquè no portava clau i havia hagut de baixar ell a obrir-li la porta, com sempre que tornava de festa. Precisament, pujant s'havia fixat en el rellotge de la cuina i es recordava que marcava dos quarts de cinc. De tota manera, de seguida van anar a despertar el noi per veure si en sabia alguna cosa,

223

però el Pere Jordi els va dir que havia deixat la Mari Carmen a la discoteca perquè deia que volia ballar una mica més i que no havia vist res estrany, quan l'havia deixat ballant a l'Scorpio. Estava tan convençut que la seva amiga no trigaria a aparèixer que va fer mitja volta i va continuar dormint.

Però a les nou del matí una visita li va estroncar el son. Era el Jeroni Castell fill, que venia amb un altre amic per repassar amb el Pere Jordi el relat del que havia passat a la discoteca. Potser recordava algun detall que els podia ajudar. Feia hores que buscaven la Mari Carmen pel poble i ja no sabien on mirar. Fins i tot havien anat a la discoteca per demanar que els deixessin entrar-hi, no fos cas que s'hagués quedat adormida allà dins o tancada al lavabo. El Pere Jordi es va vestir a correcuita i va sortir a buscar-la amb els seus amics. Els Domènech es van quedar preocupats, però l'Antonio li havia promès feia dies a la seva filla petita, la Salomé, que anirien d'excursió al castell, i van decidir no fer cap canvi de plans. Així doncs, cap a tres quarts d'onze, pare i filla van sortir a caminar.

Cap a aquella hora la família Castell començava a ser conscient que amb la batuda que havien organitzat no n'hi havia prou, i que si volien trobar la Mari Carmen necessitaven ajuda professional. Els dos Jeronis, pare i fill, van anar junts cap a la caserna de la Guàrdia Civil d'Ulldecona. A aquelles hores ja pensaven que potser havia tingut un accident de trànsit. En aquella època eren el pa de cada dia al triangle comprès entre Vinaròs, Ulldecona i Alcanar. Potser la Guàrdia Civil tenia constància d'algun atestat. A tres quarts de dotze del matí del 14 de febrer explicaven als agents el que havia passat. Els guàrdies civils van començar a fer les comprovacions pertinents telefonant als hospitals de la zona, però tot just acabaven de començar a fer la ronda de trucades quan, cinc minuts després que hi entressin els Castell, va aparèixer l'Antonio Domènech. Venia amb la cara desencaixada. La vida dels Castell estava a punt de quedar trasbalsada per sempre, i la d'Ulldecona per molts anys.

L'Antonio va començar a explicar el que havia passat. Havien anat a passejar per la muntanya amb la seva filla petita, tal com l'hi havia promès feia una setmana. Havien començat a vorejar la serra en direcció a Vinaròs perquè ell volia veure com anaven les obres del dipòsit d'aigua que estaven instal·lant al castell, però al cap de poca estona la nena s'havia encaparrat que volia anar per un corriol per on solien passar els motoristes aficionats de la zona per practicar motocròs. Era un camí més difícil, però al pare no li va semblar mala idea. Llavors la nena va veure que es movia alguna cosa entre la vegetació i es va espantar. El pare va fer un moviment ràpid, va trobar una serp entre els matolls i la va matar. Després d'aquest contratemps, van continuar pujant camp a través. Era un terreny escarpat, i de tant en tant el pare havia de donar la mà a la filla per ajudar-la a grimpar per les roques i les pedres, que complicaven la pujada. Va ser just al costat d'un d'aquests obstacles naturals, molt a prop del cim de la muntanya, on la nena va tornar a veure alguna cosa estranya. Estaven a cinc minuts del camí, prop d'un pendent rocallós amb molta vegetació baixa.

La Salomé va cridar el pare per dir-li que veia un animal mort a mà dreta del camí. L'Antonio va girar els ulls cap al punt que assenyalava la seva filla, s'ho va mirar un parell de cops, i li va canviar la cara. Li va manar a la filla que no tornés a mirar cap allà. El que des de lluny semblava un animal era una cosa molt més espantosa. Acabaven de trobar el cos d'una noia morta. Pare i filla no han oblidat mai aquell matí del 14 de febrer de 1982.

L'Antonio encara va tenir la sang freda d'acostar-se al cos mig despullat de la noia. Duia unes malles negres i tenia rastres de sang al cos. Amb tot, no va saber reconèixer la víctima i va decidir agafar la seva filla i baixar corrents cap a casa. Un cop allà es va canviar de roba volant i va sortir disparat cap a la caserna de la Guàrdia Civil, on va coincidir amb els Castell. Després d'acabar el seu relat, l'Antonio només es va veure amb cor d'afegir: «M'agradaria que no fos ella». El Jeroni Castell tenia la cara desencaixada. Per tranquil·litzar-lo, l'Antonio, que coneixia molt la noia perquè l'havia portat a Tortosa a l'escola amb els seus fills unes quantes vegades, li va dir que li feia l'efecte que no era la Mari Carmen, perquè la dona que ell havia vist morta tenia els cabells llargs i duia unes malles negres. Però el Jeroni tenia un mal pressentiment i ni tan sols se l'escoltava.

Un guàrdia civil veterà d'Ulldecona que coneixia la gent del poble, l'Antoni Domènech i el Jeroni Castell van sortir corrents cap al lloc on havien trobat el cos.

Un cop allà l'agent de la Benemèrita els va demanar que es quedessin almenys a sis metres del cadàver i va anar a observar l'escenari amb la màxima prudència. Quan es va girar cap al Jeroni i aquell home li va preguntar amb els ulls si era la seva filla, només va ser capaç de fer que sí amb el cap. No podia parlar. Malgrat els intents del guàrdia civil d'aturar-lo perquè no alterés l'escenari del crim, el Jeroni el va apartar i es va agenollar al costat del cadàver, es va treure la jaqueta i va tapar el cos sense vida de la seva filla. Li va fer un petó al front i, mirant al cel, va exclamar: «Això era l'últim que em faltava per acabar-me de matar».

Comença la investigació

Aquell mateix dia, poc després de trobar el cadàver, el jutjat número dos de Tortosa obre diligències per assassinat. El primer que anoten els investigadors és que el cos s'ha trobat en una zona de difícil accés, prop d'un camí que fan servir els aficionats al motocròs. A simple vista, sobre el terreny, s'hi poden observar petjades i altres indicis que hi ha hagut lluita. A les mans de la víctima hi han trobat cabells que presumiblement deuen ser de l'agressor. A prop del cadàver hi ha també un botó daurat de la granota negra que es va posar la Mari Carmen quan va anar a casa a treure's la disfressa. Però la granota no ha aparegut per enlloc. Algú l'ha fet desaparèixer. Al cap d'una estona arriben reforços per pentinar la zona buscant més proves, i al costat del cadàver troben una pedra una mica més petita que una pilota d'handbol «pero alargada, de la cual se presume que haya sido el objeto con el que la víctima fue golpeada», escriuen al seu informe. Al costat del cos només hi ha aparegut una de les sabates de taló que portava la Mari Carmen ahir a la nit. L'altra és a onze metres, presenta més desgast i té el taló trencat, un senyal inequívoc que la noia va intentar fugir.

És buscant la roba de la Mari Carmen que, dos-cents metres més enllà del punt on n'han trobat el cadàver, molt a prop de la part frontal del castell d'Ulldecona, troben una pista que podria ser molt important: les roderes a terra d'uns pneumàtics que sembla que siguin d'un cotxe petit, tipus Seat 127, Sis-cents o Renault 5. Quan veuen les marques de rodes els agents intenten aguditzar els sentits buscant més proves. No és un camí que facin servir normalment els cotxes. És molt estret i l'única manera de sortir-ne és fent marxa enrere. Si fer-ho en condicions normals ja és prou difícil sense ratllar el cotxe, de nit i després d'una baralla com la que sembla que hi ha hagut, deu ser gairebé impossible. Així doncs, comencen a buscar indicis que hi ha passat un vehicle i, al cap d'una estona, un agent observa que a la branca d'un arbust hi ha unes petites taques de pintura vermella metal·litzada que hi deu haver quedat impregnada per la fregadissa del cotxe. A partir d'aquest moment, una de les prioritats dels investigadors és trobar un cotxe vermell petit.

Un cop pentinada la zona, la investigació se centra a estudiar el cadàver de la víctima. Ara pot costar de creure, però l'any 1982 les autòpsies encara es feien als cementiris. És allà on el metge examina el cadàver i determina que fa dotze hores que la Mari Carmen és morta, que el cos presenta un traumatisme cranioencefàlic amb aixafament de l'os frontal, hematomes per tot el cos i una ferida a la mà esquerra que podria indicar que la noia va intentar defensar-se dels atacs. El forense Arsenio Galán fa constar en l'informe que s'hi aprecien senyals d'un intent de violació, que la víctima va rebre cinc cops a la cara i que van ser aquestes lesions les que li van produir la mort. Afegeix que la noia va lluitar fins al final i que això ha permès trobar-li cabells del possible agressor a la mà. Tot apunta a un mòbil sexual.

Els testimonis

Ulldecona és lluny de qualsevol centre de poder, gairebé a tocar del País Valencià. Fins a la nit de carnaval del 1982 era només un poble de pagesos tranquil, conegut a la comarca per la representació tan espectacular de la Passió que s'hi fa cada any. No hi passava mai res d'extraordinari. Però els fets del 14 de febrer ho han capgirat tot. L'assassinat de la Mari Carmen ha omplert de notícies els diaris. Els Castell són una família coneguda del poble, el Jeroni va ser alcalde fa uns anys i sempre ha estat una figura molt activa de l'entitat que organitza la Passió. El crim commociona tota la comarca. Els hàbits dels ulldeconencs canvien, la por ha entrat a les cases, i per primer cop a la història del poble la gent tanca la porta amb clau també durant el dia. El poble és ple de guàrdies civils i investigadors judicials que ho regiren tot i omplen els carrers de rumors.

Si el 1982 la Benemèrita encara infon el mateix respecte que durant els foscos anys de la dictadura, els mètodes d'aquest grup rural d'homicidis ja han quedat antiquats, i no són precisament els investigadors més hàbils i sofisticats del país.

Després d'interrogar un altre cop els amics de la Mari Carmen, que es limiten a repetir fil per randa el que ja han explicat a la família Castell, la Guàrdia Civil decideix prendre declaració a l'engròs a qualsevol veí que tingui alguna cosa per explicar. Així, pel broc gros.

És així com els arriba el relat del Josep Maria Clotet, un músic de Barcelona que viu des de fa temps a Ulldecona. És veí dels Castell i es va passar la nit amenitzant amb el seu grup, l'Orquestra Europa, el ball de la discoteca Scorpio. En acabat s'hi va quedar una estona prenent una copa amb la seva dona i els altres músics, i a quarts de cinc se'n van tornar cap a casa a dormir. Seria una nit curta, perquè l'endemà tenien un bolo a Biscaia i havien quedat amb els companys a les set del matí per carregar els instruments a la furgoneta i agafar la carretera. El Clotet diu que tornant cap a casa, al carrer Guifré, ell i la seva dona van veure una noia que caminava per la vorera. Era la Mari Carmen. Anava sola i se la veia serena. Caminava molt tranquil·la, com si anés pensant en les seves coses, però no semblava pas que anés beguda. Com que vivia tan a prop no els va estranyar veure-la allà. Després van entrar a casa, es van posar a dormir i, al cap de tres hores encara no, ell ja tornava a ser al carrer per carregar els instruments. Diu que durant aquest interval de temps no van sentir cap crit.

El testimoni del músic serveix als investigadors per establir l'hora de la desaparició: si van veure la Mari Carmen a punt d'arribar a casa a quarts de cinc i els veïns no van sentir cap crit, després d'això, la persona que se la va endur cap al castell havia de ser algú conegut i que no va aixecar les sospites de la noia.

Partint d'aquesta premissa, el mateix 14 de febrer comencen a indagar si la Mari Carmen tenia alguna relació sentimental, si se li coneixia algun nòvio o si hi havia algun noi de la colla amb qui tingués relacions. No serà fàcil, perquè era una noia molt reservada i no explicava gaires coses. Els únics que poden aportar alguna informació són els amics més propers, entre els quals el seu germà Jeroni. Del testimoni de tots plegats, els guàrdies civils obtenen dos fils per estirar: el primer és l'Agustín, un noi del poble del costat, Alcanar, que sol venir a Ulldecona amb el seu Citroën Dyane 6 verd. L'altra línia d'investigació apunta al Josep Maria, un noi que temps enrere va festejar fugaçment amb la Mari Carmen. Malgrat que havien partit peres, ella encara n'estava molt, d'aquest noi, i segons les amigues encara patia per aquest amor no correspost.

Amb aquesta informació, els agents comencen a buscar els dos nois, a veure què els poden explicar. El primer, l'Agustín, no apareix per enlloc, però el Josep Maria el localitzen a la feina. L'endemà que hagin trobat el cadàver, el noi els atén educadament i els porta fins a casa seva. Se'l veu tranquil i no té cap inconvenient que els agents li remenin les coses buscant el que sigui que busquen. A la planta baixa troben un Seat 128 Sport, però ni les rodes ni el color coincideixen amb els indicis que han recollit a l'escenari del crim. Si aquell noi hagués circulat per aquell camí, se li veurien els laterals del cotxe ratllats per les branques, i no tenen ni una sola esgarrinxada. Els investigadors el descarten, però li prenen una mostra de cabells per comprovar al laboratori si coincideixen amb els que tenia la víctima a les mans.

Mentrestant, l'Agustín continua sense aparèixer. La Guàrdia Civil l'ha estat buscant pel seu poble, però coneguts del noi els han dit que ha marxat fa uns dies. Ningú sap on és ara, i això és molt estrany, però el misteri no triga gaire a resoldre's.

A Ulldecona, la família ha arribat fa poc a casa des del cementiri. Són les vuit del vespre i acaben d'enterrar la Mari Carmen. És el primer moment de tranquil·litat que tenen des que la mare es va adonar que el llit de la seva filla estava sense desfer. I llavors sona el telèfon. El Jeroni pensa que deu ser algú que li vol donar el condol i fa l'esforç d'aixecar-se per contestar.

—Que hi és, la Mari Carmen? —pregunta la veu d'un noi.

És el primer cop que el pare afronta directament l'absència de la seva filla:

—La Mari Carmen l'hem enterrat fa una hora —respon com pot.

—Com?

Era l'Agustín, que trucava per desitjar-li un bon dia dels enamorats.

—Que l'hem enterrat fa una hora —repeteix el Jeroni, gairebé enfadat.

L'Agustín es queda un moment en silenci i llavors pregunta:

—Com ha estat? Un accident?

I el Jeroni Castell comença a explicar-li la història que a partir d'avui haurà d'explicar durant dècades.

—No, ens l'han matat.

L'Agustín li explica que truca des de Jaén. Hi va arribar fa uns dies per passar una temporada amb els pares, però diu que ara mateix surt cap a Ulldecona. En contra de l'opinió de la família, que no vol que es vegi involucrat en res que el pugui esquitxar, l'Agustí agafa el primer tren cap a

Catalunya i l'endemà es presenta a declarar a la caserna de la Guàrdia Civil del poble. Allà explica als agents que l'han estat buscant que va conèixer la Mari Carmen al setembre del 1980, feia gairebé un any i mig, a les festes del poble. El noi la va voler treure a ballar i llavors es va adonar que estava plorant. Van començar a parlar, la Mari Carmen li va explicar que l'acabava de deixar el nòvio —el Josep Maria— i allà va néixer una amistat que amb el temps es va convertir en alguna cosa més. L'Agustín diu que l'últim cop que la va veure va ser fa tres setmanes i que no recorda res rellevant d'aquella trobada; només que era diumenge. Ja feia dies que estava amb la família a Jaén. El dia 14 va pensar a trucar-li, però després va decidir que valia més deixar-la descansar, perquè ja s'imaginava que devia haver anat al ball de carnaval. Hi va trucar l'endemà i va ser aleshores quan el Jeroni li va donar la notícia.

Ha tornat tan ràpid a Ulldecona i se'l veu tan disposat a col·laborar que els investigadors creuen que probablement no té res a veure amb el crim. Li prenen mostres i el deixen marxar. Així doncs, els únics fils que tenien de moment per estirar són dues vies mortes. Hauran de tirar per alguna altra banda, però no saben quina. Davant del dubte, tiren pel dret i comencen a prendre declaracions a tothom. Criden a declarar un per un tots els homes que van sortir de festa aquella nit. En pocs dies senten el relat de quaranta-una persones. Als que pel seu perfil o perquè van ser al ball de carnaval els semblen més sospitosos, se'ls extreuen mostres de cabell per comparar-les amb els que es van trobar a l'escenari del crim.

Però cap d'aquests testimonis aporta cap dada útil per a la investigació, i l'interrogatori a l'engròs només serveix per enrarir encara més l'ambient al poble. Tothom parla, tothom s'atreveix a fer teories sobre qui és l'assassí. Així doncs, més de dues setmanes després del crim, l'únic que tenen clar els agents és que l'autor és algú que coneix perfectament la zona, perquè no devia ser fàcil circular a les fosques per aquells camins. El més calent és a l'aigüera i la família comença a impacientar-se.

EL VESTIT

El 6 de març el Jeroni fill i el Josep, els dos germans de la Mari Carmen, ajunten tota una colla d'amics per pujar al castell a buscar alguna prova que aboqui una mica de llum sobre la mort de la seva germana. Estan farts de veure que la Guàrdia Civil no avança i els treu de polleguera la seva passivitat. Els joves els han suggerit uns quants llocs on l'autor del crim podria haver llençat la roba que duia la Mari Carmen la nit que la van assassinar, però els agents se'ls han tret de sobre amb excuses. Avui, amb bicicletes i Vespinos, pugen fins a l'escenari del crim. No és el primer cop que hi va algú de la família a fer d'investigador. El pare hi va pujar fa uns dies amb la gossa per buscar qualsevol detall que pogués esvair la nebulosa que els envaeix des que van trobar a faltar la Mari Carmen.

Aquest cop la colla dels joves té més sort que ell. Gràcies a l'ajuda d'uns quants membres del club excursionista del poble que es coneixen de memòria l'orografia de la zona, han anat a buscar en una cavitat de la muntanya. Els han cridat l'atenció unes restes d'un encenedor blanc que han vist davant d'una cova i han decidit entrar-hi. Només han hagut d'apartar unes quantes pedres soltes per veure un tros de roba.

És la granota negra que el Jeroni pare li va comprar a la seva filla per agrair-li que li hagués donat un cop de mà a la campanya de Nadal. La noia no volia diners a canvi d'ajudar-lo a la feina, però el pare hi va insistir tant que al final li va dir que havia vist una granota negra en un aparador de Vinaròs que li havia agradat molt. El Jeroni l'hi va comprar encantat, i és aquesta granota la que portava posada la Mari Carmen el dia que va morir. Algú l'hi havia arrencat i se n'havia desempallegat amagant-la a dins de la cova després de cometre el crim.

És evident que algú hi ha tirat terra al damunt per ocultar-la. Sembla mentida que els guàrdies civils, que han pentinat la zona unes quantes vegades, no hagin mirat allà dins. Fins i tot l'informe judicial subratlla aquest extrem: «Es significativo, por la panorámica del interior de la cueva, de que si la prenda se encontraba en su interior desde el día de los hechos, pudiera haber pasado desapercibida a pesar de haberse realizado la inspección a través incluso del auxilio de linternas».

UN NOU SOSPITÓS

Però, per més que hagi aparegut la granota, la nit dels fets continua sent un forat negre per als investigadors. Almenys fins que, gairebé un mes després del crim, es presenta a la caserna un noi que es diu Ramón Barranco. Està a punt de casar-se —i de convertir-se així en el gendre d'un guàrdia civil retirat d'Ulldecona— i vol declarar voluntàriament.

Diu que sap una cosa que el rosega per dins i que vol posar-la en coneixement de les autoritats. El fet que el futur sogre sigui un company dels investigadors dona credibilitat al testimoni. El Ramón explica que quan van tenir lloc els fets ell es passava les nits arreglant el pis on ha d'anar a viure amb la seva futura esposa. És el que feia el cap de setmana que van matar la Mari Carmen. Després d'estar-se unes quantes hores muntant mobles, se'n va anar a casa dels pares de la nòvia, que vivien al mateix bloc que els Castell però en una escala diferent. Va mirar la tele amb ells una estona i se'n va tornar a casa seva. L'endemà, sopant un altre cop a casa dels sogres, li van explicar el que li havia passat a la Mari Carmen. El noi la coneixia perquè la seva germana havia treballat a casa dels Castell donant un cop de mà amb les feines de casa i cuidant els nens, i diu que va quedar consternat amb la notícia. Llavors, fent memòria, li va venir al cap que des de l'estiu que de vegades veia la Mari Carmen a la zona del bloc de l'institut amb un noi d'Alcanar anomenat Rafa. Aquest noi té parella, però el testimoni diu que els havia vist més d'una vegada en actitud amorosa a dins del Renault 5. N'està segur que era ell, perquè té una cabellera d'escarola molt característica i se li veia la silueta del cap perfectament a través del vidre.

Per primer cop sembla que els investigadors tenen un rastre per seguir. No és gran cosa, però és força més del que tenien fins ara. El Renault 5 vermell coincideix amb les roderes i les restes de pintura que han trobat dalt al castell, i això d'un triangle amorós pot apuntar a un possible mòbil del crim. Així doncs, criden el Rafael perquè vagi a declarar a la caserna.

El noi explica que no ha pujat mai al castell i que una vegada va anar a una masia que hi ha a prop amb una noia, però que no era la Mari Carmen. Diu que la coneixia perquè és amic de l'Agustín, el nòvio de la Mari Carmen, però que no havien intimat mai. Assegura que la nit dels fets la va passar a la discoteca Galaxia d'Alcanar amb un amic cambrer i punxadiscos i que després se'n va anar a dormir a casa perquè havia quedat d'hora per anar a caçar. Des que ha començat la mili que no ha tornat a trepitjar Ulldecona de nit. Com que al jutge i als investigadors no els quadra gens el que els explica aquest noi amb el que els ha dit el Barranco, el jutge ordena un acarament entre tots dos.

Quan el Ramón i el Rafael s'asseuen cara a cara, ja fa dos mesos del crim. El Ramón continua afirmant que va veure el Rafa amb la Mari Carmen al seu Renault 5 vermell, però el Rafa manté la seva versió i diu que, arran d'una baralla de fa temps, fa molt de temps que no puja a Ulldecona de nit. L'intercanvi entre tots dos és dur, però cap dels dos s'aparta de la seva versió. El Ramón, delerós d'aportar algun detall que avali la seva versió, explica que l'última vegada que va veure la Mari Carmen i el Rafael junts els va reconèixer pels rínxols d'ell, i l'altre de seguida salta: «Però si estic fent la mili i em fan anar rapat! Com m'havia de reconèixer pels rínxols!».

La investigació es torna a encallar. Als pobles se senten un munt de coses, hi ha molta gent que té ganes d'explicar la seva versió, però sembla que aquest cop han tornat a entrar en una via morta. Els guàrdies civils fan constar que han vist més determinació i més rotunditat en el Rafael que en el Ramón i els deixen marxar.

Amb aquesta nova decepció sembla que totes les vies que hi havia obertes s'han tancat. Han parlat amb mig poble i ningú va veure res estrany. L'única certesa que tenen els investigadors és que l'autor del crim es coneixia molt bé els camins d'Ulldecona. Ara només els queda esperar els resultats de les anàlisis de les mostres de cabells que han pres als trenta-tres homes que fins ara han considerat que podrien quadrar amb el perfil de l'assassí. Totes les mostres que han recollit —dels músics de l'orquestra, dels amics de la Mari Carmen, del Josep Maria, de l'Agustín i de desenes d'homes més del poble— es comparen d'una en una amb els cabells que tenia la víctima a la mà, però no n'hi ha cap que sigui igual. Un any després del crim, tant el jutjat com aquesta Guàrdia Civil que treballa amb mètodes una mica arcaics han fracassat en la investigació. El 1983, el cas queda arxivat.

Dos anys després del crim

Ja han passat dos anys de l'assassinat de la Mari Carmen i a Ulldecona la vida ha tornat a la normalitat. La por i la consternació inicials han anat quedant enrere i sembla que tot torni a ser com sempre. Però no tot és com sempre. El Jeroni Castell no oblida ni un segon. Per a ell la vida es va aturar aquell matí del 14 de febrer en què la seva filla no va arribar a casa. Ha tornat a treballar i ha recuperat una certa rutina, però ja no hi ha res que sigui com abans. Ulldecona potser ha començat a oblidar, però ell encara arrossega la pena i la ràbia de veure que ningú fa res per trobar el culpable. El cas continua arxivat i l'únic que li saben dir els investigadors de la Guàrdia Civil de Tortosa, que es van sumar a la investigació a posteriori, és que l'assassí deu ser algú de la zona, potser un caçador o un aficionat al moto-cròs.

L'última setmana de febrer del 1984, tot just sortir de casa, el Jeroni veu venir un amic pel carrer i el saluda. Però de seguida s'adona que l'amic no fa bona cara. L'home li indica molt seriós que pugi al cotxe. Un cop estan tots dos asseguts a dins i no els pot sentir ningú, l'amic, un dels forners del poble, comença a parlar. Diu que aquesta nit la seva filla ha sortit de festa, que s'ha fet l'hora que havia de tornar a casa i que la noia no apareixia. Amb el record del que li va passar a la Mari Carmen, esclar, l'home de seguida ha començat a patir, fins que ha aparegut la filla acompanyada d'un grup de nois. Venia plorant molt nerviosa perquè mentre tornava cap a casa un home mig borratxo l'havia aturat, li havia clavat un cop de puny a la panxa i havia intentat ficar-la a dins d'una furgoneta. La noia ha aprofitat un descuit de l'agressor per mossegar-li la mà i ha aconseguit fugir. Ha tornat corrents a la discoteca i allà els seus amics l'han acompanyat fins a casa. A més, gràcies al relat de la noia, han pogut esbrinar qui era l'agressor: el Ramón Barranco. Quan el Jeroni sent aquest nom se li glaça la sang.

Puja corrents un altre cop cap a casa i marca el número del comissari de la Policia Nacional de Tortosa. El policia l'hi va donar fa temps per si mai necessitava res. El Jeroni li explica punt per punt el que li acaba de relatar el seu amic. El Josep, el petit dels Castell, que és a casa i sent la conversa, de seguida lliga caps:

—Papà, papà, el Barranco és caçador —l'interromp.

El pare fa que sí amb el cap i continua parlant amb el comissari.

—Papà, papà, el Barranco fa motocròs! —el torna a interrompre el Josep.

El Jeroni torna a assentir. Dues casualitats comencen a ser massa casualitats. El comissari de Tortosa admet que el modus operandi de l'agressor d'aquesta matinada i el de l'home que va matar la Mari Carmen coincideixen, però els caldrà alguna cosa més. Si els Castell volen que es reobri el cas, hauran de convèncer la filla del seu amic que posi una denúncia. El comissari sap que no serà fàcil, però sense la denúncia no podran tornar a investigar el Ramón Barranco pel crim de la Mari Carmen. El Jeroni va a veure el seu amic forner i l'home s'afanya a anar amb la seva filla a denunciar el que ha passat.

No és l'única denúncia que recullen aquest dia a la comissaria. Hi ha fet cap també una altra noia, la Maria del Carme, per explicar uns fets similars. La segona agredida explica que ha reconegut el seu agressor: era el Barranco. Diu que com més s'hi resistia ella, més agressiu es posava ell. Els investigadors veuen clarament el paral·lelisme entre aquests dos intents de segrest i el que va passar la nit de carnaval del 1982.

No és fins al cap d'una estona que s'adonen que ja el coneixien, aquest Ramón Barranco. És aquell jove que tenia un sogre que havia estat guàrdia civil i que va anar a declarar voluntàriament per dir que havia vist la Mari Carmen amb un noi a dins d'un Renault 5 vermell en actitud amorosa. Ara s'estiren els cabells per no haver donat més importància a aquell testimoni. Enmig del fragor de la investigació, ni tan sols li van agafar una mostra de cabells, com havien fet amb tots els que havien desfilat per declarar. Al cap i a la fi, ell hi havia anat voluntàriament, i ningú l'havia situat enlloc la nit del crim.

Ara sí, ara dues noies asseguren que les ha agredit en dos llocs diferents d'Ulldecona i que ha intentat segrestar-les. La policia comença a traçar un perfil del sospitós que tenen al davant. Gràcies a testimonis del poble, descobreixen que fa uns anys, quan encara era adolescent, el Ramón ja va agredir sexualment una amiga de la seva germana Isabel. Com que les famílies eren amigues, els pares de la noia van decidir no denunciar els fets i mantenir l'agressió en secret. Però el que ha passat avui s'assembla molt al que va passar aleshores. A més, s'hi afegeix que, quan van matar la Mari Carmen, el Ramón solia bellugar-se per Ulldecona amb el Renault 5 de la seva germana Nieves i, per tant, tant el cotxe com el color coincideixen amb les roderes i les restes de pintura que es van trobar a l'escenari del crim. Amb tots aquests indicis sobre la taula, els agents de la Policia Nacional de Tortosa sol·liciten al jutjat que reobri el cas i comencen a estudiar el Barranco.

EL CLAN

Per als Castell, el cognom Barranco no és un cognom qualsevol. Les dues famílies van ser veïnes durant anys. L'Adelín, la filla petita dels Barranco, va treballar molts anys a casa ajudant amb la neteja i amb la canalla. Els Barranco i els Castell han compartit moltes estones junts i van arribar a tenir una bona amistat. Tot i que amb el temps es van anar distanciant per diferències sense gaire importància, amb la mort de la Mari Carmen es van retrobar. Quan el Jeroni i la Josefina van veure que l'Adelín es presentava a casa seva per vetllar la seva filla, van pensar que havia arribat el moment de deixar enrere les desavinences i van fer les paus. Al cap de poc temps l'Adelín tornava a treballar a casa dels Castell i recuperaven la relació estreta que havien tingut temps enrere, fins al punt que el Jeroni i la Josefina eren els padrins d'un dels fills dels Barranco. El Ramón fins i tot els va convidar al seu casament, però la mort de la Mari Carmen era tan recent que els pares Castell van declinar la invitació. Així i tot, les aliances van sortir de la joieria de la Josefina.

Quan la dona ha sabut els antecedents del Ramón, el que més li ha costat de pair de la possible traïció és que més d'una vegada les germanes Barranco l'han portat amb el Renault 5 vermell al cementiri perquè pogués posar flors a la tomba de la Mari Carmen. Per a ells és un cop duríssim, i això que no saben que només és el principi del malson que els espera.

Al cap de pocs dies, el Ramón Barranco declara, ja en qualitat de detingut. Segons explica, la nit dels fets va estar a casa de la que aleshores era la seva nòvia i ara és la seva dona. Precisament viuen al mateix bloc que els Castell. Va estar mirant el programa de TVE amb els sogres i després se'n va anar a prendre una copa amb el cunyat. Assegura que no tenia intenció de sortir, perquè havia estat tot el dia pintant el pis que havia d'estrenar amb la seva dona i portava la roba tacada de pintura. Segons diu, no va trigar a tornar a casa dels seus pares, on vivia aleshores amb ells i amb la neboda i la germana. Declara que hi va arribar a les 12.35 h i que es va quedar adormit fins l'endemà. Els policies intenten collar-lo, però ell es mostra fred i calculador. L'únic que aconseguiran és que reconegui que va tenir un petit incident amb una amiga de la germana amb qui volia «darse un revolcón», diu literalment, quan tenia tretze o catorze anys, però hi treu ferro. Més enllà d'això, és com una paret. Cada pregunta que li llancen els la torna amb desdeny i repeteix el mateix una vegada i una altra. Frustrats, els policies li prenen mostres de cabell per portar-les a analitzar.

Mentre esperen els resultats de les anàlisis, continuen investigant els Barranco i criden a declarar la Nieves, la germana del Ramón i propietària del Renault 5 vermell amb el qual creuen que va actuar el sospitós.

La Nieves declara, també sense parpellejar, que la nit que van matar la Mari Carmen ella havia estat de casament a Burjassot, al País Valencià. Quan va arribar a casa primer va dutxar la nena i la va ficar al llit, i en acabat, a dos quarts d'una en punt, se'n va anar a dormir. Diu que des del llit va sentir xerrar la seva mare i el seu germà Ramón. Quan li pregunten pel cotxe vermell assegura que l'han hagut de donar de baixa perquè el seu germà va tenir un accident en una séquia. Als agents només els crida l'atenció una cosa, de tota aquesta declaració: la memòria prodigiosa de la testimoni, que es recorda de detalls com a quina hora es va ficar al llit una nit de fa dos anys. Al cap de setanta-dues hores han de deixar en llibertat el Ramón Barranco perquè no poden demostrar la seva implicació en el crim.

Els Castell passen tot un any anant de decepció en decepció. Primer amb els Barranco i després amb els investigadors. I és que, quan comencen a pensar que per fi es podrà resoldre el cas i trobaran l'assassí que han estat buscant durant tot aquest temps, arriba una notícia inesperada: la policia científica els informa que no han pogut comparar les mostres de cabell del Ramón amb els que van trobar a les mans de la Mari Carmen perquè a Madrid les tenien des de feia tant de temps sense que ningú les reclamés que al final les havien destruït.

Sentir que l'acusat menteix entra dins del que és previsible, però pair que són els mateixos que han de resoldre el cas els que li van posant pals a les rodes costa molt d'entomar. Davant del mutisme del Ramón Barranco, la manca de proves per comparar i la coartada que dona la germana del sospitós per cobrir-lo, el jutge desisteix. El 1985, per segon cop en tres anys, es torna a arxivar el cas.

Però aquest cop passa un fet encara més sorprenent. Mentre encara estant intentant fer-se a la idea que s'ha tornat a arxivar la causa, els Castell reben una trucada del comissari de Tortosa per citar-los al seu despatx. El Jeroni arriba a la cita i s'asseu a escoltar el que li ha de dir el comissari: «No ho puc demostrar, però no cal que busqueu més; a partir d'ara no cal que busqueu qui va ser, sinó com atrapar el Ramón Barranco». Per als Castell això és tan frustrant que resulta gairebé insuportable. Saben del cert qui va matar la Mari Carmen, però hauran d'aprendre a conviure amb la impotència de veure que ningú fa res per atrapar-lo i que, a més a més, se l'hauran de trobar dia sí i dia també.

Els Castell ja no saben què fer. El poble ha recuperat un altre cop la seva rutina i la lluita de la família queda sepultada pel dia a dia. Mentrestant, l'olla de pressió es va escalfant. Passa l'any 1985, i el 1986, i el 1987, i després el 1988. El Jeroni fill surt a passejar el gos i es troba el Ramón; són les festes d'Ulldecona i la mare del Ramón s'encara a la de la Mari Carmen. Es troben al carrer, es troben als bars. Per no fer una escena, són sempre els Castell els que abaixen el cap i surten del local. Ja fa set anys que la Mari Carmen és morta. El Jeroni ja no és aquell adolescent que es movia amb bicicleta pel poble. Ara és un home que ha tornat de la mili i s'ha convertit en un dels pilars de la família en la lluita per trobar proves contra el culpable. Per a ell és un turment haver de creuar-se cada dia amb l'home que la policia ha assenyalat com l'assassí de la seva germana.

Per això, quan el 1989 els arriba la notícia que el Ramón Barranco ha aprofitat un descuit d'una dona gran que viu sola per esmunyir-se a casa seva i intentar violar-la, el Jeroni fill està a punt de fer un disbarat. Bull de ràbia i d'impotència. La dona se n'ha salvat pels pèls, perquè a última hora ha arribat un parent, però està clar que el Ramón Barranco continua comportant-se com un depredador i que sempre se surt amb la seva. El Jeroni ja no pot més. No li entra al cap que ningú, ni tan sols els mateixos policies que donen per fet que aquell home és l'assassí de la seva germana, no faci res per atrapar-lo. Veu que no aguanta més i, abans d'esclatar i fer una bestiesa, decideix demanar ajuda. Se'n va a veure el Juan Pablo, un amic seu que és advocat penalista, li explica que sap qui va matar la seva germana i li diu que no pensa rendir-se i que no pararà fins que el vegi davant d'un tribunal. El Jeroni veu en els ulls del seu amic el mateix que veu en els de molts dels seus veïns: una mirada de commiseració. La gent ja ho entén, que s'expressi d'aquella manera. Però la majoria pensen que necessita trobar un culpable i que s'ha encaparrat que ha de ser aquell home. El Juan Pablo l'hi diu obertament, i és per això que el Jeroni el porta a veure el comissari de Tortosa. Així que el veu, l'home li diu: «Jeroni, a tu hermana la mató Ramón Barranco». L'advocat ja no el torna a mirar mai més amb commiseració. A partir d'aquest moment, el Juan Pablo i el Jeroni es conjuren per arribar fins al final.

EL DETECTIU

S'ha acabat això d'esperar. És hora de prendre la iniciativa. Truquen a un investigador privat que els ha recomanat la mateixa policia i queden per trobar-se. El Jorge Colomar és conegut per ser un tipus dur, un d'aquells detectius que quan no s'està movent pel barri Xino de Barcelona està complint encàrrecs per tot Europa. A més ja va ajudar a esclarir un altre crim al Montsià. Sembla la persona ideal per sacsejar el cas i impedir que caigui en l'oblit. Els Castell es troben al davant un home segur d'ell mateix, amb la veu esquerdada pel tabac i un bigoti prominent. Li agrada parlar amb els periodistes, presumir de les seves batalletes i dir-los que «no hi ha cap problema que no es pugui arreglar amb un whisky doble o una bala del 45». Després d'escoltar atentament la història que li expliquen els Castell, s'acaricia el bigoti, diu que accepta l'encàrrec i els explica el seu pla: a partir del cap de setmana que ve, baixarà cada dissabte i cada diumenge per travar amistat amb el Barranco. Se l'anirà treballant amb paciència i, quan estigui segur que s'ha guanyat la seva confiança, intentarà treure-li una confessió. El tracte es tanca amb una encaixada de mans.

El cap de setmana següent, el Colomar agafa el seu Porsche i se'n va fins a Ulldecona. Ha estat investigant el Barranco a través de les seves fonts i sap que ara treballa llogant l'excavadora per treure runa. El detectiu privat s'ha inventat una coartada: li dirà que el seu pare es vol traslladar a Ulldecona i que vol plantar un hort. Li ensenyarà un camp ple de runa i li demanarà pressupost per deixar-lo net. Així és com es produeix el primer contacte. El Barranco i el Colomar tenen una conversa animada i el detectiu l'invita a sopar. Durant el sopar deixa la cartera a la vista amb un bon feix de bitllets traient el cap. El Barranco no pot evitar fixar-s'hi, i el detectiu aprofita per anar-lo enredant. Mentre es cruspeixen un sopar de senyors, el Colomar li diu que ara que es tenen més confiança li pot explicar el veritable motiu de la seva presència allà: no hi és perquè el seu pare es jubili, sinó perquè treballa per a una organització criminal amb interessos a la zona. Aprofitant que estan sortint discoteques com bolets a banda i banda de la nacional 340, el seu cap li ha encarregat que trobi un bon terreny per instal·lar-hi una macrosala que, quan estigui en marxa, els farà guanyar duros a cabassos. I aquí és on necessita la seva ajuda. Al Barranco li fan pampallugues els ulls. «Aquest home toca virolla —deu pensar—. Només cal veure-li el cotxe i la cartera». Per acabar de forjar aquesta imatge de triomfador, el detectiu paga el compte i el convida a sortir de copes. Al Barranco no li cal res més per oferir-se a buscar-li un solar perquè la suposada organització del Colomar pugui assentar-se a la comarca.

Durant mesos el detectiu es desplaça cada cap de setmana a Ulldecona per estrènyer la seva relació amb el sospitós, que li va ensenyant els terrenys que ha trobat durant la setmana. El Colomar, ficat en el seu paper, sempre hi troba alguna pega per donar-li allargues. En acabat se'n van a sopar plegats i s'estan fins a les tantes recorrent discoteques i locals de noies. El Colomar no triga a adonar-se que no serà fàcil. El Barranco és un os dur de rosegar. És un paio fort i fred, i quan beu li canvia l'humor. El detectiu ha notat que té un problema evident per relacionar-se amb les dones fins que, en una de les nits que surten junts, veu de primera mà la cara més salvatge de l'home que està investigant.

Han estat sopant en un bon restaurant i després han anat de copes a una discoteca. Quan ja van de retirada els agafa gana i, tornant cap a Ulldecona, s'aturen en un bar tronat de carretera d'aquells que serveixen menjar les vint-i-quatre hores del dia. Demanen unes costelles i comencen a menjar. Però el Barranco s'ha fixat en unes noies que hi ha en una altra taula i no els treu l'ull de sobre. El Colomar se n'adona i, per comprovar fins a quin punt el seu company de taula està disposat a transgredir les normes, li pregunta: «Les violem?». El Barranco no s'ho fa dir dos cops. Quan veuen que les dues noies s'aixequen per anar a buscar el cotxe, les segueixen i les agafen per l'esquena. El Colomar no s'ho pot creure: aquell tros d'animal les vol violar de veritat! Per sort, el detectiu és ràpid de reflexos: aparta la noia que té agafada i li crida que foti el camp d'allà. Quan el Barranco li recrimina que l'hagi deixat marxar, el

Colomar s'inventa que li ha notat que tenia el braç ple de senyals de punxades, que segur que és una ionqui i que encara els encomanarà la sida. Llavors, el Barranco deixa anar la dona que té retinguda, i mentre marxa li diu de tot. Ara sí que el Colomar no té cap dubte que el seu company de festa dels últims temps és l'home que va matar la filla dels Castell. Però encara ha de trobar la manera de fer-lo cantar.

La comèdia s'allarga unes quantes setmanes. De divendres a diumenge, el detectiu fa el paper de mafiós que es vol implantar a la zona, i els dilluns rep els Castell al seu despatx per informar-los puntualment dels seus avenços. És en una d'aquestes reunions que el detectiu els deixa sentir la gravació d'una de les seves converses amb el Barranco.

Els Castell senten com el Colomar li explica que necessita treure del mig per sempre un enemic de l'organització. Al Barranco li falta temps a oferir-s'hi voluntari: «Tu porta-me'l cap aquí, que a aquest desgraciat et dic jo que no el troba ni Déu».

Per més dur que sigui sentir-lo parlar així, els Castell veuen un bri d'esperança: el detectiu va pel bon camí.

Com que no pot allargar la comèdia eternament, el Colomar es decideix a fer el pas definitiu per fer parlar el Barranco. Fa mesos que, en connivència amb la Policia Nacional, ha estat covant una trampa per afluixar-li la llengua. Ha fet creure al Barranco que Don Fernando —el suposat *capo* de l'organització mafiosa per a la qual treballa— està a punt de donar el vistiplau perquè s'hi integri també el Ramón. Poc abans de la nit de Reis del 1992, el Colomar el passa a recollir amb cotxe i es dirigeix cap a l'aparcament de la discoteca Karibú de Tortosa. Ha installat un telèfon de mans lliures al cotxe —aleshores un dispositiu moderníssim— perquè el Barranco, al seient del copilot, senti la trucada que li ha de fer mossegar l'ham. La policia i la fiscalia n'estan al cas i segueixen l'operació de prop. Un dels investigadors trucarà fent-se passar per Don Fernando i deixarà caure un parell d'indirectes perquè, amb la il·lusió d'entrar a formar part de l'organització, el Barranco confessi. El cotxe és ple de micròfons i els policies vigilen a una certa distància. El Barranco i el Colomar van xerrant tranquil·lament quan sona el mòbil. Don Fernando no està gaire content. Han sorgit problemes a l'organització. I llavors, en un moment donat de la conversa, es refereix al Barranco i dona a entendre que el contacte que s'ha buscat el Colomar podria tenir antecedents policials.

Aquella nit se separen sense que el detectiu hagi aconseguit afluixar-li la llengua, i a més és conscient que al Barranco ha començat a pujar-li la mosca al nas i que ja no pot continuar jugant al gat i la rata amb ell. Pocs dies després, se l'endú a sopar a una marisqueria de la Ràpita. Vol impressionar-lo una altra vegada, portar-lo a un lloc on el coneguin i el portin en safata, i el restaurant Varadero és el lloc ideal. A l'hora de les postres, el detectiu es decideix a fer el pas: «Escolta, Ramón, estic tenint problemes amb Don Fernando, i això acabarà malament, perquè tu ets un cabró. Jo t'he donat tota la confiança del món, però tu vas matar una noia i no me n'has dit res. I resulta que Don Fernando ho sap. No em preguntis com ho ha sabut, però ho sap».

El detectiu s'adona que al seu company de taula li canvia alguna cosa a la mirada. El Barranco es queda en silenci i, mentre esperen els cafès, diu que va un moment al lavabo. El Colomar l'espera una estona, fins que un dels cambrers li diu: «El teu amic ha anat al lavabo i en lloc de tornar a la taula ha sortit escopetejat per l'altra porta».

La via Colomar està morta. El detectiu ha fracassat.

Quan parla amb la família els diu que té claríssimes dues coses: que el Ramón Barranco és un animal i que per voluntat pròpia no confessarà mai. En l'última reunió que té amb ells els diu una frase que no oblidaran mai: «Mira, Jeroni, jo no tinc proves que fos ell, però ja et dic jo que no pot ser que al teu poble hi hagi dos porcs com ell».

Els Castell han arribat molt lluny una altra vegada, i un altre cop, quan estaven a punt d'aconseguir alguna cosa sòlida contra el principal sospitós, l'home es torna a esmunyir de la justícia. Com més a prop estan, com més il·lusions es fan, més dura és la decepció.

EL FORENSE MEDIÀTIC

Han passat onze anys des del dia que va morir la Mari Carmen i el rellotge comença a jugar a la contra dels Castell. No és només que ningú estigui fent res per trobar l'assassí, és que la família ja no sap què fer, més enllà de resistir. I, mentrestant, continuen trobant-se el culpable dia sí i dia també.

Onze anys després, la vida continua com si res per a tothom menys per a ells, que segueixen instal·lats mentalment en aquella nit de carnaval del 1982 en què la Mari Carmen no va tornar a casa. Els fills del Jeroni i la Josefina ja han superat la trentena o estan a punt de fer-ho, però, en lloc d'esmorteir el dolor, el temps accentua encara més l'absència de la seva germana. La ferida de no poder veure créixer la Mari Carmen és impossible de tancar. L'únic que podria alleujar una mica el patiment afegit que suposa haver de veure el seu assassí campant impunement seria que es fes justícia. Per això el 1993, quan desapareixen tres nenes a pocs centenars de quilòmetres d'allà, reviuen aquells dies com si tot plegat acabés de passar.

El cas Alcàsser commociona tot l'Estat espanyol com cap altre crim abans. A la brutalitat dels assassinats s'hi suma l'arribada de les televisions privades, i el còctel es tradueix en una lluita desfermada per les audiències. Els Castell no són aliens al bombardeig mediàtic i segueixen com tothom els programes especials que informen de cada detall del cas. És seguint un d'aquests programes que la Josefina sent parlar per primer cop del catedràtic forense de la Universitat de Sevilla Luis Frontela. És molt crític amb la via oficial que han seguit els responsables d'esclarir la mort de les nenes i sempre té alguna proposta audaç allà on els altres s'encallen.

Com que la investigació de la mort de la seva filla està estancada des de fa anys i sembla que els seus responsables estiguin instal·lats en l'apatia, a la Josefina se li acut que aquest forense tan mediàtic podria donar una empenta al cas i proposa contractar-lo. Els fills no confien gaire que aquest metge pugui fer cap progrés allà on d'altres van fracassar, però creuen que la irrupció del Frontela pot ser una oportunitat per reobrir el cas.

Nosaltres ens aturarem un moment aquí per anar a treure el cap a la caserna de la Guàrdia Civil de Tortosa. Gairebé al mateix temps que el doctor Frontela arriba a Ulldecona, a la unitat d'investigació de Tortosa s'incorpora un jove guàrdia civil que es diu Rafael Rodríguez. És un agent de nova fornada amb moltes ganes de començar a treballar sobre el terreny i d'imbuir-se de l'experiència dels més veterans. Els mètodes d'investigació que ha après a l'acadèmia estan a anys llum dels que feien servir els seus companys més aguerrits. Ara surten molt més preparats i amb més coneixements que els guàrdies de la vella escola.

L'agent Rodríguez es passa els primers mesos familiaritzant-se amb el terreny i amb els nous companys. És precisament un dels més antics de la casa, l'Antonio, un agent andalús a qui no li queda gaire per jubilar-se, qui li parla per primer cop del cas. I és que, cada cop que passen per la falda del castell, l'home repeteix el mateix ritual: es queda en silenci una estona, sospira i, quan ja han deixat enrere el castell, diu: «No em puc jubilar sense haver resolt això».

El Rafael ho ha sentit tantes vegades en tan poc temps que, quan el forense Frontela desembarca a Ulldecona i demana permís per exhumar el cadàver de la víctima per tal de practicar-li una prova, s'interessa pel cas.

No és l'únic. Els rumors han tornat al poble i els Castell ho saben. No confien gaire que aquesta estrella de la medicina forense trobi res de nou que els ajudi a resoldre el cas, però saben que la seva presència al poble pot esvalotar el galliner i intentaran aprofitar-ho. Ara que el cas torna a estar en boca de tothom, potser es podrà moure alguna cosa.

Després de la missió fallida del Colomar i del que els va dir el comissari de la Policia Nacional de Tortosa, el germà de la víctima i el Juan Pablo, l'advocat amic de la família, no tenen cap dubte que els Barranco van tenir alguna cosa a veure amb la mort de la seva germana. Ho tenen tan clar que aconsegueixen convèncer els investigadors que no hi perden res, per intervenir els telèfons del Ramón, la seva mare i les germanes.

Mentre el jutge autoritza les escoltes, el mateix Jeroni s'encarrega de parar l'esquer. Aquell mateix dia se'n va a Ràdio Ulldecona i els demana sisplau que difonguin la notícia que ve el forense del cas Alcàsser per investigar la mort de la Mari Carmen. El pla és molt senzill: quan la informació ja s'hagi escampat per tot el poble, un guàrdia civil s'encarregarà d'enregistrar totes les converses que surtin del telèfon del Ramón, del de l'Adela —la mare— i dels de l'Adelín i la Nieves —les germanes—. Si la tàctica funcional els enxamparan dient alguna cosa en fals.

En efecte, no els cal esperar gaire per interceptar una conversa sobre el tema. Poc després que la notícia surti a la ràdio, l'Adelín truca a la seva mare per explicar-li que han dit que està a punt d'arribar el forense d'Alcàsser per fer-li l'autòpsia a la Mari Carmen. La mare intenta tranquil·litzar-la dient-li que després de tants anys és gairebé impossible trobar res, però l'Adelín està nerviosa, perquè ha sentit que el Frontela diu que, per poca cosa que trobin, enxamparan el sospitós. La noia diu que té por que tornin a molestar el Ramonet, el seu germà. Quan sent això, la mare la fa callar i li retreu que no és el moment de parlar-ne. A partir d'aquí, a cada trucada on torna a sortir el tema sempre hi ha alguna germana que talla la conversa abruptament. I no només això, sinó que fins i tot suggereixen obertament que el telèfon no és un mitjà segur.

El Rafael, el jove guàrdia civil, que ha tingut el seu primer contacte directe amb el cas assistint a l'exhumació que ha practicat el Frontela, comença a ensumar-se que hi ha alguna cosa que se'ls escapa. Els companys de la policia judicial que transcriuen les converses dels Barranco han comunicat que tenen la sensació que algú ha escoltat les converses enregistrades abans que ells. Però qui les ha d'haver escoltat, si arriben a la caserna d'Ulldecona i allà l'únic que hi té accés és el sergent comandant? Per si de cas, el Rafael i l'Antonio decideixen posar un cadenat a la porta de la sala on es reben les trucades. Així no els cal aixecar més polseguera de la necessària.

L'autòpsia que ha fet el Frontela només aporta algun petit detall, però no serveix per fer avançar la investigació. Els Castell s'han enfrontat al dolor de l'exhumació amb l'esperança que serviria d'alguna cosa, encara que només sigui per enregistrar algun comentari a les escoltes telefòniques que serveixi per esclarir què va passar aquella nit, però un altre cop la sort els dona l'esquena.

El 1994, dotze anys després del crim, i malgrat que ha quedat perfectament enregistrat que els Barranco tenen por que la policia els torni a anar al darrere, la família de la víctima torna a rebre una garrotada. El jutge considera que els investigadors caminen en cercles, diu que el temor dels Barranco és una prova insuficient i irrellevant i torna a tancar el cas. Els Castell tenen temptacions de rendir-se, però el fet de creuar-se amb el Ramón Barranco o amb algú de la seva família cada dos per tres els encén la ràbia i els esperona a continuar lluitant.

Quatre anys després, el Jeroni ja és un home de cap a peus. Ha obert un restaurant a la falda del castell, a prop d'on van trobar la seva germana. Sovint es reuneix allà amb el Juan Pablo o amb els seus germans per discutir quin ha de ser el pas següent per reeixir en el seu objectiu. Saben que el temps els va a la contra; que cada any que passa són més a prop de l'arxivament definitiu de la causa i de la prescripció del crim. Però no se'ls acut res per canviar el curs de les coses. Cada cop que ensopeguen amb un Barranco han de fer esforços per mantenir l'enteresa. El Ramón i tota la seva parentela els desafien amb la mirada, els provoquen i intenten posar-los nerviosos. Els Castell saben que, després de l'últim tancament, és molt difícil aconseguir alguna prova que els torni a posar al centre de la investigació. Són conscients que necessiten un miracle per poder tornar a obrir el cas al jutjat.

I llavors fan un intent desesperat. Decideixen enviar el portaveu, el Jeroni, al programa *Cas obert* de TV3, que dirigeix el mític Àngel Casas. Si els Barranco els desafien en privat, ells els desafiaran en públic i davant de tot Catalunya. Aquell dia, el germà de la Mari Carmen explica molt emocionat de dalt a baix el calvari que han viscut i que encara viuen. L'acompanya al plató el detectiu Colomar, que també relata la seva intervenció fil per randa. Entre tots dos expliquen el que ha passat amb les escoltes telefòniques donant només la informació justa, la que cal perquè a Ulldecona tothom sàpiga que assenyalen la família Barranco. Tot està perdut, però si encara hi ha alguna esquerda per on atacar aquella família, s'ha d'intentar.

A partir de l'endemà, a la comarca del Montsià comencen a passar coses. El Rafel ja no és aquell guàrdia civil novell que acabava d'arribar a Tortosa per aprendre'n. Amb l'Antonio, que ara sí que ja està a un pas de la jubilació, encara continuen donant voltes al cas de la Mari Carmen. Una tarda es presenten tots dos molt seriosos al restaurant dels Castell i li demanen al Jeroni una còpia del programa de l'Àngel Casas per donar-hi un cop d'ull.

El Jeroni les ha d'anar a buscar al despatx, i quan al cap d'una estona torna amb les cintes els dos guàrdies civils se sinceren: són allà per donar-li una notícia. S'ha rebut una trucada a la central operativa de serveis de la Guàrdia Civil de Tarragona. En realitat la trucada era per a la caserna d'Ulldecona, però, com que a aquelles hores no hi havia ningú, s'ha desviat automàticament als seus superiors, a Tarragona. Era una persona que deia que tenia informació de primera mà i que assegurava que els que havien matat la noia d'Ulldecona eren el Ramón Barranco i dos amics. A més assegurava que tots els Barranco estan al cas del que va passar aquella nit i que des del primer dia es van conjurar per encobrir el germà. La persona que afirmava tot això deia que li constava que la nit del crim el Ramón havia arribat a casa amb la roba i les sabates plenes de sang i que la mare i la germana l'havien ajudat a llençar-ho tot al riu i a inventar-se una coartada, i assegurava que tota aquesta informació l'hi havia donat un familiar del Barranco al llit de mort.

Aquesta trucada no ha fet més que esperonar el desig del Rafael de treure l'entrellat del cas que el seu mentor vol deixar resolt d'una vegada abans de jubilar-se. Ara s'ha proposat estudiar-ne a fons cada detall per descobrir qui pot ser l'anònim, estirar el fil i aconseguir proves per detenir-ne l'autor. Tant ell com els seus companys saben que l'oportunitat que se'ls acaba de presentar és la millor que han tingut mai, però també l'última. Si erren el tret, el cas podria quedar arxivat per sempre. El Rafael s'ha rellegit tot el sumari de dalt a baix per anar lligant caps. No vol deixar-se portar pel que ha dit l'anònim, vol tenir la certesa que estan en el bon camí: el Renault 5 vermell, els repetits intents d'agressió sexual del Ramón Barranco, les seves declaracions intentant inculpar un veí d'Alcanar, el fet que sigui caçador i aficionat al motocròs i la certesa que els Barranco amaguen alguna cosa que es desprèn de les escoltes telefòniques l'han convençut que ha de continuar endavant.

El Rafael i l'Antonio s'han presentat al jutjat conjurats a convèncer qui calgui, i aleshores han tingut un segon cop de sort. La fiscal encarregada del cas és una dona de la quinta de la Mari Carmen i està decidida a implicar-s'hi a fons. És de la zona i recorda perfectament que el crim d'Ulldecona va ser el culpable que els seus pares visquessin atemorits i que l'obliguessin a tornar a casa acompanyada sempre que sortia de festa. Ara només els queda convèncer el jutge. Saben que si els toca un magistrat poc motivat, tirant més aviat a buròcrata, no hi tindran res a pelar. És un cas molt antic i un anònim no és cap garantia de res. A les comissaries i als jutjats n'arriben cada dos per tres, d'anònims, i no són mai un motiu per reobrir un cas arxivat.

Un altre cop de sort: l'encarregat d'agafar el cas és Luis Alamán, un jove jutge aragonès que acaba d'arribar a Tortosa. Fa molt poc que ha aprovat les oposicions, i quan el Rafael i l'Antonio li han explicat el que han investigat fins ara, els ha respost que és per casos com aquest que ha volgut fer-se jutge.

La parella de la Benemèrita acaba d'explicar tot això al Jeroni en un racó del restaurant quan ha tornat amb el vídeo del programa i li han exigit la màxima discreció. Després de tants anys de decepcions, el germà de la Mari Carmen no se'n sap avenir. Mentre es pregunta com ho explicarà a la família perquè no es facin gaires il·lusions, el Rafael i l'Antonio li fan una petició: que no digui res a ningú, ni tan sols als de casa. Que es converteixi en una mena d'agent encobert que treballa per a ells. Ser investigador en una zona rural no és fàcil. És pràcticament impossible dur a terme una acció sense que abans n'hagin començat a parlar els veïns. Si els dos guàrdies civils volen sortir-se'n, necessiten silenci. Saben que li estan demanant una cosa dificilíssima de complir. Li estan demanant que, ara que per primer cop hi ha una escletxa d'esperança, no en digui res a ningú. Absolutament a ningú.

Els guàrdies civils no triguen a descobrir qui és l'autor de la trucada anònima. Es tracta d'una persona que va ser molt propera als Barranco. Va ser el mateix pare dels Barranco qui, després d'una disputa familiar, li va confiar aquell secret abans de morir.

Segons li va dir, al seu fill Ramón l'havien ajudat un parell d'amics. Fins i tot n'apunta els noms. En acabat, tota la família es va posar d'acord per encobrir el crim i destruir-ne les proves.

Durant la conversa que tenen amb l'autor de la trucada anònima, encara els esmenta un detall molt important i que en aquell moment els passarà per alt: no era el primer cop que telefonava a la caserna de la Guàrdia Civil d'Ulldecona. Ja havia trucat en una altra ocasió, però no li havien fet cas.

Al Rafa i a l'Antonio els estranya molt. No poden evitar recordar que algú va manipular les cintes de les gravacions de les intervencions telefòniques als Barranco. Tot plegat és molt estrany, però entre guàrdies civils no és qüestió de fer-se mal, i menys en una zona tan petita.

A més, se'ls ha girat feina. Si temps enrere el Ramón va dir que l'havien ajudat dos amics, s'hauran d'asseure amb el Jeroni perquè els ajudi a esbrinar qui poden ser. Entre tots tres fan una llista de la colla del Ramón d'aquella època i busquen els dos homes que els ha apuntat el testimoni. Un ja és mort, i l'altre és el Cuqui, un personatge molt popular al poble, un noi tartamut que aleshores solia voltar molt pels bars.

Mentrestant un equip format per uns quants agents, la fiscal i el jutge preparen el pla que els permetrà enfrontar-se cara a cara amb els Barranco. El Rafael i l'Antonio són conscients que poden arribar molt més enllà del que s'ha arribat mai, però també caure des de més amunt que tots els altres. Si mostren les seves cartes i perden, s'haurà acabat la partida. Per això, quan dissenyen el pla per dur a terme les detencions, els agents no es limiten a demanar la del Barranco i el seu amic. En un intent de tibar la corda, l'Antonio i el Rafael sol·liciten també que els deixin detenir la Nieves i l'Adelín, les germanes del Ramón. Volen intervenir els telèfons de tota la família per copsar la reacció dels Barranco i a més a més sembrar de micròfons els calabossos per enregistrar tot el que diguin els detinguts. El jutge Alamán autoritza el pla. Fixen una data per a l'operació i comuniquen a la caserna d'Ulldecona que necessitaran suport logístic. Per primer cop en molts anys hi haurà detencions.

L'HORA DE LA VERITAT

Al matí, el veterà Antonio i el jove Rafael surten ben d'hora de Tortosa cap a la caserna d'Ulldecona. El Jeroni ha complert la seva part del pacte i, a part d'ell, en tot el poble no hi ha ni una sola persona que sàpiga que avui ha de ser un dels dies més importants a la comarca des que van trobar el cos sense vida de la Mari Carmen. Conscients de la transcendència del moment, l'últim que s'esperen els dos agents és l'ambient que es troben a la caserna de la Benemèrita. Està mig buida i la parsimònia dels pocs agents que hi ha contrasta amb l'adrenalina dels que han arribat de Tortosa. «Se ha tomado el día libre», els respon el company que custodia la porta quan li pregunten on és el sergent. Indignats, l'envien a buscar a casa seva. On s'és vist que algú es quedi a casa dormint just el dia que té l'oportunitat d'enxampar el sospitós de l'assassinat d'una jove del poble?

Al cap d'una estona l'agent torna tot avergonyit. El seu sergent li ha dit de males maneres que avui té festa i que no pensa sortir de casa. Ja es poden posar com vulguin, aquella gent de Tortosa. Amb ell, que no hi comptin. Malgrat el risc que comporta, no els queda més remei que suspendre l'operatiu. Mentre se'n tornen cap a Tortosa amb la sang que els bull, s'adonen d'un detall: el sergent que els acaba de deixar plantats és el mateix que fa uns anys es va colar a la sala on es feien les escoltes als Barranco. Ara sí que ja són massa indicis per passar-los per alt, però el primer és el primer. Ara han d'acabar amb el que tenen entre mans i després ja s'ocuparan del sergent. Parlen amb el jutge i posposen l'operació per al cap d'uns dies; el temps just per formar un equip que no tingui res a veure amb al caserna d'Ulldecona i practicar les detencions sense que ningú les vegi a venir. Per afegir-hi un efecte desconcertant, l'Antonio i el Rafael han considerat que és millor fer-ho en dues fases: el primer dia el Ramón i el Cuqui, i l'endemà les dues germanes, l'Adelín i la Nieves. Si aconsegueixen posar nerviosa la família, potser algú parlarà i obrirà alguna esquerda en el clan Barranco, inexpugnable fins ara.

Dos dies després que el sergent d'Ulldecona es negués a participar en el dispositiu, el Rafael i l'Antonio ja han format un nou equip i estan preparats per arrestar els sospitosos sense la participació de cap uniformat d'Ulldecona. El 12 de maig de 1998, setze anys després del crim, una comitiva de la Benemèrita surt de Tortosa. El Rafael i l'Antonio se'n van directes a la caserna i busquen el millor lloc per fer els interrogatoris. La sala d'armes, gran i inhòspita, els sembla l'espai ideal per accentuar la sensació de soledat dels arrestats. Quan senten arribar el primer cotxe patrulla, ja estan preparats al seu lloc. El primer d'arribar és el Cuqui. L'anònim l'ha implicat en els fets, però els dos guàrdies civils no creuen que hi tingués gaire cosa a veure. En aquella època tothom el coneixia perquè es passava la vida als bars i per la seva peculiar manera de parlar. Se'l veu molt angoixat. No entén per què l'han portat aquí. El Rafael i l'Antonio comencen a bombardejar-lo a preguntes, però, sorprenentment, l'únic que aconsegueixen és que, a mesura que els nervis el van dominant, deixi de quequejar!

Finalment ordenen que el portin al calabós —ple de micròfons— a passar-hi la nit.

Quan ja s'han quedat sols un altre cop a la sala d'armes i estan comentant com ha anat l'interrogatori, senten que arriba un altre cotxe patrulla. En Rafael no té cap dubte que el Ramón és l'assassí de la Mari Carmen, i no vol esperar-lo a la sala d'armes. De seguida que el detingut posa els peus a terra, es troba cara a cara amb el guàrdia civil que està a punt d'interrogar-lo. El Barranco fa un mig somriure. El Rafael té la certesa que està davant del dia més difícil de la seva carrera fins ara. El Ramón Barranco és un home que físicament imposa, i quan els ulls del Rafel es creuen amb els del detingut li sembla veure-li una lluïssor desafiant.

L'interrogatori és duríssim. Els dos investigadors disparen amb tota l'artilleria, intenten colar-se per alguna esquerda, per petita que sigui, però el Ramón Barranco és més dur que ells. No abaixa la guàrdia ni un moment, no mostra ni una engruna de compassió, no expressa ni la més petita sorpresa davant de les acusacions que li llancen els altres dos. No es belluga ni un mil·límetre de la seva versió. Torna a repetir una vegada i una altra que, quan va passar tot, ell dormia plàcidament a casa dels seus pares perquè estava a punt de casar-se i cada duro que guanyava se'l gastava en la casa, i no per sortir de festa. Aquell home era una paret. No hi havia manera d'arrencar-li res de res.

Esgotats, el Rafael i l'Antonio l'envien cap al calabós. Ha arribat el moment de posar en marxa la segona part de l'operació. Han desplegat agents i mitjans tecnològics per tenir controlats els telèfons i sentir en tot moment el que es digui a les cel·les. Com que no es refien ni un pèl del sergent d'Ulldecona, fan dormir un guàrdia civil al costat dels aparells de gravació perquè ningú pugui boicotejar cap prova.

Però el Barranco i el Cuqui, amics de tota la vida i veïns de calabós, no s'han dirigit la paraula en tota la nit. Si això ja és estrany, encara ho és més que, després de la detenció del Ramón, no hagin interceptat cap trucada des d'algun telèfon dels Barranco en què es respirin nervis.

Comencen a tenir la sensació que estan a punt de fracassar definitivament. Cada cop ho veuen més negre. L'últim que voldrien és fallar als Castell. Les detencions han revolucionat el poble i saben que la família deu estar contenint la respiració. O aconsegueixen aviat alguna cosa, per insignificant que sigui, o el Barranco tornarà a sortir en llibertat. I aquest cop serà per sempre.

L'endemà al matí, comença la segona fase del dispositiu. Dos cotxes de la Benemèrita s'aturen davant de casa de l'Adelín i de la Nieves per procedir a la detenció de les dues germanes Barranco. Això sí que no s'ho esperava ningú. El Ramón sempre ha estat sota l'escrutini dels investigadors i ja va passar setanta-dues hores detingut fa temps, i girar el focus cap a les germanes ha estat un cop d'efecte. L'Adelín va treballar per als Castell durant anys ajudant-los amb les tasques domèstiques i cuidant la canalla. Fins i tot va arribar a assegurar a la mare de la Mari Carmen que el seu germà Ramonet no havia tingut res a veure amb el crim. La detenció de l'Adelín és una bomba, a casa dels Castell.

Però la germana del sospitós afronta l'interrogatori amb la mateixa sang freda que ell. No aconsegueixen que es bellugui ni un mil·límetre de la versió que va donar fa anys. Amb una memòria prodigiosa, recorda perfectament tot el que va fer aquella nit, l'hora exacta en què ho va fer i les paraules textuals que van dir els uns i els altres. Hi ha algú que pugui recordar les coses amb tanta precisió, al cap de setze anys? L'Adelín assegura que ella sí. És una dona forta, pastada a la mare, l'Adela, la matriarca entorn de la qual s'ha criat tot el clan. Als agents Rafael i Antonio se'ls està començant a acabar la paciència. És evident que aquella dona tampoc no dirà res, així que l'envien també cap al calabós.

Els dos guàrdies civils estan començant a suar de valent. Estan a un pas del fracàs definitiu. Han remogut cel i terra per muntar un dispositiu en què no creien ni el sergent d'Ulldecona ni els seus superiors a Tarragona. Ningú volia implicar-se en una operació que tenia tants números per fracassar. Saben que estan sols, que no els donarà suport ningú. Només cal veure que ni tan sols els han volgut pagar les dietes d'aquests dies.

És amb aquest estat d'ànim que veuen arribar la Nieves a la sala d'interrogatoris. En el moment del crim era la propietària del Renault 5 vermell que solia conduir el Ramón. Les rodes i el color coincideixen amb les roderes i les restes de pintura que es van trobar a l'escenari del crim. Els dos guàrdies civils no es poden treure del cap que mesos després del crim aquella dona i la seva germana van acompanyar més d'una vegada la mare de la víctima a posar flors a la tomba de la seva filla amb el mateix cotxe amb què ell l'havia segrestat.

La Nieves mira al seu voltant i s'asseu. Es mostra menys vehement que la seva germana i més nerviosa, però també repeteix de dalt a baix la mateixa versió que ha explicat sempre, que encaixa com un guant amb la dels seus germans. El Rafael i l'Antonio no n'hi deixen passar ni una.

Són durs, intenten intimidar-la, pregunten i repregunten per aconseguir que es contradigui. Necessiten alguna cosa, algun detall, per petit que sigui. Però no hi ha manera. Són conscients que han fracassat. Han muntat tot aquest numeret per a res. Són allà on eren. No han avançat ni un centímetre. El jove i el veterà es miren i no els cal dir-se res: s'ha acabat l'operació, els Barranco sortiran en llibertat i ells hauran d'anar a explicar als Castell que no se n'han sortit. El Rafael agafa la màquina d'escriure i tecleja la frase de rigor amb què s'acaben tots els interrogatoris: «Preguntada si desea añadir alguna cosa más, manifiesta que no, que todo lo dicho es la verdad en lo que se afirma y ratifica, firmando la presente una vez leída y hallada de conformidad en unión del letrado, instructor y secretario que certifica». Abans de prémer la tecla per escriure el punt final, mira la detinguda als ulls i li diu: «Nieves, tú eres madre. ¿Cómo puedes dormir tranquila, sabiendo lo que sabes? ¿No te quema la conciencia?».

Ella abaixa el cap. El Rafael prem la tecla que posa el punt final a l'operació i treu el full del corró de la màquina d'escriure. L'assassinat de la Mari Carmen quedarà impune per sempre. El cas es tornarà a arxivar, i després d'aquest fiasco, el camí fins a l'arxivament definitiu encara farà més baixada. El jutge no en voldrà sentir a parlar més. I llavors senten la Nieves que diu: «Si me dais un cigarrillo, lo cuento todo».

Fa molt de temps que no fumen cap dels dos, però el Rafael i l'Antonio no poden evitar palpar-se inconscientment les butxaques, com si hi haguessin de trobar un paquet de tabac oblidat de fa anys. El Rafael s'aixeca d'un salt i se'n va corrents a demanar un cigarret al company de la porta. Amb la primera calada, arriben les respostes que han estat esperant durant tant de temps.

El clan s'esquerda

La nit de l'assassinat de la Mari Carmen el seu germà va arribar a casa brut de sang. Quan la Nieves es va llevar, la seva mare li va ensenyar la roba i li va dir: «Mira el fastigós de ton germà, com ha arribat». Als dos guàrdies civils no els cal fer cap pregunta. La Nieves ha decidit buidar el pap i no se'n deixa ni un detall. Els pantalons i la camisa els van cremar. Les botes, les van tallar a trossets i les van llençar al riu Sénia dins d'una bossa. El dilluns van anar a comprar-ne unes d'iguals a Vinaròs per tenir una coartada si algú trobava les que havien llençat al riu. Quan van tenir tot això fet, se'n van anar totes tres tan amples a casa dels Castell a donar-los el condol i vetllar el cadàver de la Mari Carmen al seu costat.

El Rafael i l'Antonio no s'ho poden creure. Ja la tenen. Tenen la declaració que necessitaven. Quan ja havien assumit que havien fracassat, després de setze anys s'obre una pàgina nova. El primer que fan és trucar al jutge Alamán perquè la Nieves ratifiqui la seva declaració davant d'ell com abans millor.

La germana del Ramón repeteix de dalt a baix davant del magistrat el mateix que ha explicat als dos guàrdies civils i afegeix que fa un temps el seu germà va intentar agredir sexualment la petita dels Barranco, la seva pròpia germana.

El jutge i els agents decideixen que cal maniobrar ràpid

i porten la Nieves emmanillada a casa de la seva mare. No és que els faci patir que la noia fugi, però saben que l'Adela és una dona dura. Si va tenir el valor d'anar a convidar els pares de la Mari Carmen al casament de l'home que l'havia assassinat, és capaç de qualsevol cosa. La seva intenció portant-hi la Nieves detinguda és desarmar la matriarca. Fer-li entendre que ha de triar entre el Ramón i la Nieves.

En efecte, quan veu la seva filla emmanillada, la dona decideix que ja no té sentit callar i explica aquesta història:

Quan el 14 de febrer de 1982 va veure la roba del seu fill tacada de sang li va preguntar què havia passat i el noi es va posar a plorar i li va dir que aquella nit, anant amb els amics, s'havia trobat el cos de la Mari Carmen a terra i l'havien agafat i l'havien portat al castell perquè no l'atropellés ningú. L'Adela diu que va ajudar el seu fill a desempallegar-se de la roba i que tota aquella comèdia amb els Castell només era perquè no sospitessin d'ells.

Ara sí. Han ensorrat la paret. Encara els queda molta feina per fer, però, per primer cop en setze anys, l'assassí de la Mari Carmen ja no podrà estar tan segur que en sortirà indemne.

Abans que l'Antonio i el Rafael marxin de casa de l'Adela, la matriarca dels Barranco encara els revela un detall més: fa temps que saben que els estan investigant i que tenen el telèfon intervingut, perquè els ho va dir el mateix sergent responsable de la caserna d'Ulldecona. Una de les filles li fa les feines de casa i han fet molta amistat.

La indignació per la traïció d'un company enterboleix una mica l'alegria per l'èxit, però per fi poden dir als pares de la víctima que l'assassí de la seva filla s'asseurà davant d'un tribunal.

Quan els Castell senten que els recomanen que es busquin un advocat perquè ara sí que va de debò, no s'ho poden creure. El Barranco ha ingressat a la presó i el jutge Alamán ha decretat el secret de sumari.

Al cap d'uns quants mesos d'estar tancat en una cel·la, veient que ja no pot comptar amb la protecció del clan i que la mentida que han fabricat entre tots durant més d'una dècada i mitja ja no s'aguanta per enlloc, el Ramón Barranco se sent acorralat i demana declarar voluntàriament.

De cop i volta li ha tornat la memòria i recorda que aquella nit de carnaval va sortir de festa i que, tornant a casa per la carretera, a l'altura de la casa abandonada dels mestres, es va trobar amb uns amics que anaven en un Simca 1000 i li van donar l'alto. Li van dir que li havien fet una broma a la Mari Carmen i que se'ls havia escapat la mà. Ell els va ajudar a carregar-la al cotxe perquè la poguessin portar a algun lloc on li pogués tocar l'aire, i en acabat se'n va anar i ja no en va saber res més fins l'endemà, quan li van dir que havien trobat el cos de la noia. Amb aquesta declaració, el Barranco pretén desvincular-se del crim d'assassinat inculpant-se del d'encobriment i omissió de socors, que ja han prescrit.

Però li surt el tret per la culata. En lloc de beneficiar-lo, aquesta versió dels fets acabarà sent la seva condemna. El nou advocat de la família Castell, el Paco Zapater, es posa a treballar amb l'última declaració del Barranco. I és així com descobreix que a les cases dels mestres que segons ell estaven deshabitades encara hi vivia un mestre, en aquell moment, i si hagués passat una cosa així davant de la seva porta se n'hauria adonat. A més, el Simca 1000 que suposadament portaven els amics que li havien fet la broma a la

269

Mari Carmen ja feia mesos que estava fora de circulació. L'havien donat de baixa.

D'altra banda, l'autòpsia és categòrica: la Mari Carmen va morir al castell. Al lloc on d'altra banda es van trobar les roderes i la pintura del Renault 5 vermell que conduïa el Ramón aquella nit. El Ramón hi embolica dos amics perquè l'ajudin, però ells, farts de tanta mentida, li donen l'esquena i col·laboren amb els Castell perquè s'esclareixi el crim.

Durant el judici, als Castell només els cal desmuntar les teories de l'acusat per demostrar que s'ha passat tots aquests anys mentint. Quan el Barranco sent la sentència que el condemna a vint anys de presó per la mort de la Mari Carmen i a deu per l'intent de violació, ja en fa divuit que la filla dels Castell és morta. Els mateixos que tenia quan la van matar.

Epíleg

Després de tretze anys d'estar tancat, el maig del 2018, el Ramón Barranco va sortir en llibertat definitiva.

Un dilluns que el Jeroni havia sortit a fer una volta amb moto amb els amics, anant a pagar al bar on havien esmorzat, es va trobar l'assassí de la seva germana a la barra i li va agafar com un atac d'angoixa. No s'ho podia creure. Un dels companys motoristes li va dir que era millor que sortís a fora del local, i el Jeroni va obeir com un autòmat que no és amo dels seus actes.

Al cap d'un moment, però, es va veure a ell a fora i l'altre a dins, tan ample, es va armar de valor i hi va tornar a entrar. Es va posar al mig del local i, aixecant la veu, amb tota la serenitat de què va ser capaç, va dir: «Que sapigueu que aquest home va matar la meva germana a cops de pedra. Que sapigueu que és un assassí i no tinc cap dubte que un dia o altre ho tornarà a fer». Es va fer un silenci sepulcral i el Jeroni Castell, ara sí, va marxar amb el cap ben alt.

El Benito o el crim del rol

El dissabte 30 d'abril de 1994 tots els diaris parlen del mateix, de la fuga de l'exdirector de la Guàrdia Civil, Luis Roldán. L'escàndol va esclatar fa mesos. El màxim responsable de la Benemèrita estava sent investigat per frau, malbaratament de fons públics i estafa. El Roldán va ser el primer càrrec civil d'assumir la direcció del cos, que fins aleshores havia recaigut sempre en un militar. Tot sembla indicar que el personatge que va arribar precisament per democratitzar el cos es va dedicar a utilitzar les seves influències per arrambar amb milions de pessetes dels fons reservats. Fins i tot l'acusen d'haver-se emportat els diners de la fundació d'orfes de la Guàrdia Civil. És el primer cas de corrupció política a alt nivell que surt a la llum, i tot apunta que hi podria haver molts peixos grossos implicats. Per començar, gairebé tota la cúpula del Ministeri de l'Interior. I ara els espanyols es lleven amb la notícia que ha tocat el dos del país.

El José Vergara, el xofer de l'autobús de la línia 29 que recorre el barri madrileny de Manoteras, al districte de Fuencarral, condueix escoltant la ràdio. Ara diuen que és possible que el ministre de l'Interior, Antonio Asunción, dimiteixi en qüestió d'hores. «Això sí que seria notícia», pensa el José —als anys noranta a Espanya era fins i tot més insòlit que ara, que un polític dimitís—. Però aquell home es va comprometre a vigilar el Roldán, i que se li hagi escapolit suposa un ridícul de dimensions internacionals. Amb tot aquest vodevil tan entretingut de la Guàrdia Civil al José se li ha fet curt el trajecte. Quan ja ha completat la ruta dues vegades, a les 8.40 h, mentre passa pel barri de Manoteras, decideix fer una pausa. Com que hi ha molt poc trànsit s'ha avançat una mica a l'horari, així que estaciona a la parada situada al carrer Bacares número 26, baixa de l'autobús i s'encén un cigarret. Els autobusos de les línies 7 i 129 també paren allà, i amb una mica de sort coincidirà amb algun altre conductor i podran fer petar la xerrada.

La parada està situada en un petit turó, una zona elevada al costat d'un descampat ple de vegetació baixa i brutícia, tocant a uns blocs de pisos bastant alts. El José Vergara decideix estirar una mica les cames mentre s'acaba el cigarret. «On deu ser, el Roldán aquest? Quina manera de prendre el pèl a tot Déu! Ara, que això no ho ha fet ell tot sol!», va rumiant.

L'últim que s'imagina és que està a punt de descobrir un fet que durant molts dies aconseguirà robar tot el protagonisme a l'exdirector fugat i ocuparà les portades de la premsa nacional i internacional.

De moment no hi ha sort. No s'ha aturat cap company. Ja s'ha acabat el cigarret i a més s'ha de complir l'horari, així que val més que torni a pujar a l'autobús i continuï amb la ruta. Llença la burilla a terra i, mentre la trepitja bé amb el peu, es fixa que entremig dels matolls del descampat es veu una cosa que sembla la cama d'una persona. Pensa que deu ser la vista que li fa una mala passada i s'hi acosta una mica més. Mig amagat entre l'herba, veu perfectament el cap d'un home. Els matolls l'amaguen parcialment, però està clar que té el pit ple de sang. Sense comprovar si és viu o mort, puja corrents a l'autobús i truca per l'emissora a la policia.

Els encarregats de la investigació són els agents del grup cinquè de la brigada judicial del cos nacional de policia de Madrid. La identificació és ràpida, perquè la víctima porta la documentació a sobre. Es tracta del Carlos Moreno, un home de cinquanta-dos anys. Els investigadors en tenen prou amb un cop d'ull per saber que estan davant d'un crim d'una brutalitat insòlita. L'han cosit a ganivetades. Pels rastres de sang tot sembla indicar que el Carlos Moreno devia estar esperant l'autobús a la parada quan l'han atacat, i que llavors ha intentat fugir pel terraplè però només ha pogut arribar a una marquesina de publicitat que hi ha uns cinquanta metres més avall i allà ha caigut desplomat. Durant tot aquest recorregut, els agressors no han parat de clavar-li una ganivetada rere l'altra. És evident que l'home ha intentat defensar-se, perquè té les mans plenes de talls i restes de cabells i de pell dels seus agressors a les ungles.

A sota d'una cama del cadàver apareix un rellotge d'home, però no és de la víctima, perquè el seu el porta al canell. Al palmell de la mà dreta la policia científica hi troba un tros de làtex blanc que podria pertànyer a un guant quirúrgic. Sembla l'extrem d'un dels dits del guant. Mentre el cos és traslladat a l'Institut Anatòmic Forense perquè se li practiqui l'autòpsia, dos dels agents que participen en la investigació hauran de passar pel tràngol d'informar la família.

El Carlos deixa una dona i tres fills: un noi i dues noies. El més gran, que es diu com el pare, Carlos, aquesta nit ha treballat en una discoteca que s'inaugurava precisament avui. Quan ha tornat a casa de matinada s'ha trobat la mare desperta, molt amoïnada perquè el seu marit encara no havia arribat. És treballador de la neteja i fa el torn de nit. Normalment agafa l'autobús a la parada del carrer Bacares. Sol agafar el *búho* —com en diuen a Madrid dels autobusos metropolitans nocturns— de les 4.30 h, però aquesta matinada no ha arribat. Mentre mare i fill es pregunten què li pot haver passat al Carlos, sona el telèfon. Uns companys que entrenen amb el Carlos al gimnàs i casualment treballen al grup cinquè d'homicidis, el grup que s'ha fet càrrec del cas, avisen el noi que dos agents van cap a casa seva amb males notícies.

«El papa és mort», diu el fill a la mare així que penja el telèfon. «La policia no ve a casa de visita si no és per portar males notícies». Quan al cap de mitja hora arriben els agents, es troben tota la família esperant-los al menjador.

De moment els estalvien els detalls de la mort. Només els diuen que es tracta d'un fet violent i demanen al fill gran que s'apugi les mànigues de la camisa i els ensenyi els braços. El noi treballa en l'ambient nocturn, i l'acarnissament amb el cadàver és tan salvatge que la primera hipòtesi dels investigadors és que es tracta d'una qüestió personal. En aquests casos l'entorn familiar de la víctima centra sempre la primera línia d'investigació, i el Carlos fill és l'únic membre de la família que no era a casa en el moment dels fets.

El difunt s'ha intentat defensar fins a l'últim alè de vida, i per tant deu haver deixat marques als seus agressors. Però el noi no té ni una sola esgarrapada.

Un cop descartat el cercle familiar, la policia comença a plantejar-se altres possibles línies d'investigació. Podria tractar-se d'un robatori que se'ls ha complicat més del compte? És 30 d'abril, últim dia de mes. La víctima acabava de cobrar les seixanta mil pessetes de mensualitat. Les hi pagaven en metàl·lic, en un sobre. Per això, els dies que cobrava tornava a casa en taxi després de fer una cerveseta amb els companys. Però aquella matinada havia decidit arriscar-se i esperar el bus a la parada.

Tot plegat podria apuntar a un mòbil econòmic, si no fos que el Carlos portava les seixanta mil pessetes a la butxaca interior de la jaqueta, a dins del mateix sobre beix que li havia entregat el seu cap. No hi falta ni un bitllet. Li han buidat la cartera, sí, però no s'han molestat a mirar si portava alguna cosa més a les butxaques.

Si no ha estat per diners, per què han matat d'una manera tan salvatge un pare de família que aparentment no tenia una doble vida ni res semblant? La policia interroga els companys de feina i l'entorn familiar, però no hi ha res que els aporti cap pista.

Continuen pensant que aquell acarnissament apunta que l'autor podria ser algú que volia venjar-se de la seva víctima, algú conegut, però, per més que gratin, aquest pare de família no tenia cap enemic que l'odiés per assassinar-lo d'aquella manera.

Al cap de vint-i-quatre hores arriba l'informe de l'autòpsia. És esfereïdor. El cadàver presenta una ganivetada al coll tan profunda que li surt pel mentó i li secciona la tràquea. Una altra li perfora les cervicals. L'agressor o agressors van introduir les mans a la ferida del coll per intentar arrencar-li les cordes vocals, potser perquè deixés de cridar. Té dues ganivetades profundes a l'abdomen i unes quantes més al baix ventre i també a les cames, algunes tan violentes que li travessen la cuixa del tot. En total, dinou ganivetades perpetrades amb dues armes diferents: un ganivet de grans dimensions i una altra arma molt més petita. Les ferides que resulten mortals de necessitat són les que li han fet amb el ganivet gran. L'informe revela que el crim l'han consumat almenys dues persones diferents.

Els investigadors prenen declaració a alguns veïns de la zona que asseguren que han sentit crits de matinada, però ningú ha vist res. Ni tan sols els saben dir a quina hora els han sentit exactament. Visiten totes les botigues on venen guants de làtex del barri de Manoteras i en acabat amplien la cerca a tot el districte de Chamartín i Fuencarral, però els venedors no aporten cap pista. És revisant tots els crims que s'han produït a la zona que troben per fi un fil per estirar.

Ara fa un mes, a uns cent metres d'on ha aparegut el cos del Moreno, la policia va trobar un altre cadàver, i el cas continua sense resoldre's. La víctima, un home, també va ser executada d'una manera salvatge. Va rebre més de setanta ganivetades per tot el cos i li van arrencar els ulls. A diferència del cas que tenen ara entre mans, en aquest cas el mòbil era clarament sexual: el cadàver tenia els pantalons abaixats, la bragueta oberta i els genitals a fora. Les ferides tampoc no són coincidents. No s'ha utilitzat el mateix ganivet i, a més, tot indica que al Carlos Moreno l'han atacat dues persones, pel cap baix. No sembla que s'estiguin enfrontant a un mateix assassí, però tots dos expedients estan sense resoldre, i no poden descartar que estiguin davant d'un —o de més d'un— assassí en sèrie.

Encara hi ha una última via d'investigació. Potser és una mica peregrina, sí, però no es pot descartar res: el grup d'homicidis comença a buscar totes les sectes satàniques ubicades a Madrid. Al primer cadàver li van treure els ulls, al Carlos li han intentat arrencar les cordes vocals. I si tot plegat formés part d'algun tipus de ritual sectari que se'ls escapa?

La policia científica intenta descobrir alguna empremta dels agressors a la roba i a la bossa que duia la víctima, però no troben res. El 1994, les tècniques d'identificació per ADN encara no han arribat a Espanya, i les mostres biològiques trobades a les ungles de la víctima no serveixen per identificar l'agressor, només per determinar que la víctima s'ha defensat. A Homicidis han decidit muntar un operatiu semipermanent a la zona. Uns quants agents faran d'esquer per si l'assassí decideix tornar a actuar. Durant setmanes, un agent —a vegades un home i a vegades una dona— espera l'autobús a la parada de Bacares o a altres de la ruta 7. Espera durant tota la nit que algú l'abordi mentre els companys, convenientment amagats, es preparen per enxampar-los. Però passen els dies, les setmanes, i no hi ha resultats. Encara sort que poden treballar sense pressió. Els polítics prou feina tenen a parlar de l'exdirector de la Guàrdia Civil. Hi ha agents buscant-lo per tot arreu: a París, al Carib, a Tailàndia... Segons publiquen certs diaris, sembla que alguns guàrdies civils l'haurien ajudat a fugir. La cúpula del cos ja té prou maldecaps. No està per preocupar-se per com van les investigacions d'aquests dos assassinats al barri de Manoteras.

El Javier Rosado i el Félix Martínez són veïns del carrer Carlos Caamaño, situat a uns dos quilòmetres i mig del carrer Bacares, on ha mort assassinat el Carlos Moreno. El Javier té vint-i-un anys i és estudiant de tercer de Química a la Universitat Complutense de Madrid, amb un expedient brillant. El Félix és més jovenet. Té disset anys i estudia COU, però des que s'ha traslladat a viure al barri s'ha fet íntim del Javier. Els dos nois comparteixen la mateixa passió: els jocs de rol.

El Javier és un jove molt introvertit. No se li coneix nòvia, no li agrada anar de festa... És un noi poc sociable, potser perquè de petit va ser un nen malaltís, amb problemes digestius. La veritat és que no fa gaire cara de salut, tan escanyolit i tan pàl·lid. Està acostumat a passar moltes hores sol i té dues aficions: la lectura i els jocs de rol. Viu amb els seus pares a la zona alta del barri. La família no va gens malament de diners, i els pares estan molt orgullosos del seu fill. No l'hi han fet mirar mai, però estan convençuts que és superdotat. A l'escola no baixava del nou en cap examen.

El Javier i el Félix fan una parella ben estranya. Si l'un és un secall, l'altre és un armari. Però el que li fascina al Félix del seu amic és la intel·ligència. Sent veritable admiració per ell i, tot i la diferència d'edat, són inseparables. Al Félix li costa entendre què veu el Javi en ell, que no destaca en res. Ha tingut una infància molt complicada. Ara viu amb el padrastre, perquè el pare biològic va morir de sobredosi i la mare de sida. No sap el que és tenir una família estructurada o algú que es preocupi d'ell. Per això el Javi no és només un amic, és un referent, i els seus pares, la cosa més semblant a una família que ha tingut mai.

Ara fa un any que es van conèixer. El Félix acabava de mudar-se al barri i va anar a veure un partit de futbol local. Li va cridar l'atenció un noi que estava assegut tot sol a la graderia i no parava de cridar. Però no estava animant cap dels dos equips, només estava recitant frases inconnexes —després va saber que eren paràgrafs de llibres d'H. P. Lovecraft, un dels màxims referents en el gènere de terror—. El Félix, encuriosit, es va apropar a aquell noi prim i amb ulleres de pasta per preguntar-li què feia. «Estic jugant a un joc de rol», va contestar-li. «I com s'hi juga?», va preguntar el Félix. A partir d'aquell dia el noi es va aficionar també als jocs de rol i ara són inseparables.

Als anys noranta els jocs de rol estan en plena efervescència. És una tendència que ha arribat dels Estats Units i que ha atrapat molts joves. Són jocs de taula on els jugadors adopten el rol de diferents personatges, cadascun dels quals ha d'assolir uns objectius diferents per guanyar. El Javier, que devora literatura gòtica, de terror, esotèrica i fantàstica, trasllada els personatges literaris d'aquestes històries al taulell del joc de rol. Però per jugar-hi calen més jugadors, si no és molt avorrit. Per això a les partides del Javier i el Félix s'hi han afegit des de fa un temps tres companys més que van a l'institut: l'Enrique, el Jacobo i un altre Javi, tots de disset anys.

Cada cop es passen més hores jugant a jocs de taula, sobretot des que el Javier es va fer mal a la cama. Com que havia de fer llit, els altres van començar a anar a jugar a casa seva, i ara el joc s'ha convertit gairebé en una obsessió. Pot semblar estrany que un noi tan intel·ligent com ell es passi el dia amb xavals molt més joves, però ja li va bé per jugar al nou joc que s'ha inventat. Es diu *Razas*, i es necessita un director del joc que domini tots els jugadors, una figura que en aquest tipus de joc es coneix com a «Màster». Per edat i per intel·ligència, el líder indiscutible del grup és ell. Tots els altres estan a les seves ordres.

Les partides a casa del Javier són cada cop més llargues. Els caps de setmana poden arribar a passar-se quinze hores seguides jugant. Estan tots enganxadíssims al nou joc de rol que s'ha inventat aquest brillant estudiant de Químiques. *Razas* és un joc complicadíssim: el món està dividit en diferents races, i cada una té els seus personatges en forma de fitxes. Les fitxes no són unes peces rodones i de colors. Són fulls de paper —la meitat d'un foli—, tenen un personatge dibuixat a mà i, al costat, les seves característiques físiques i mentals i una puntuació. Per crear aquestes fitxes, el Javier s'inspira en personatges literaris d'autors com Stephen King o Lovecraft, en assassins del cine, en criminals històrics reals i en homicides que són notícia en aquest moment. Hi ha desenes de fitxes, cadascuna amb el detall de les directrius per millorar la seva puntuació. El joc és complicadíssim. Les instruccions, redactades pel Javier, ocupen centenars de folis.

És un jove especialment imaginatiu i cada dia crea objectius nous i noves fitxes. Si a les notícies parlen d'un assassí que ha matat vint persones a Moscou, ell crea immediatament un personatge inspirat en aquest assassí tenint en compte cada detall, com ara el color de la roba que portava o el tipus d'arma que ha utilitzat, li atorga una puntuació segons el seu criteri i en fa una fitxa.

Els seus companys de joc hi estan enganxadíssims, sobretot el Félix. A casa seva no hi ha gaire bon ambient, i la casa del seu amic i el joc *Razas* s'han convertit en el seu refugi. Però el que va començar d'una manera lúdica s'està convertint en una obsessió perillosa. Ara ja no és només que els caps de setmana s'oblidin fins i tot de menjar; hi ha dies entre setmana que gairebé no dormen per poder dedicar unes vuit hores diàries al joc. Aprofiten qualsevol moment per submergir-se en els seus mons imaginaris, per avançar cap a la victòria en aquest apassionant joc que no s'acaba mai i que el Javi complica una mica més cada dia.

Es passen tantes hores tancats que el Javier ha decidit començar a practicar el que es coneix com a rol en viu. És a dir, portar els seus personatges al carrer i construir de la forma més real possible les seves històries fins a arribar a complir l'objectiu que ell mateix ha marcat. De vegades surten tots cinc, però els que més practiquen el rol en viu són el Javier Rosado i el Félix. En acabat el Javier relata l'experiència en un diari i la comenten en la sessió següent. Al Javier li encanta escriure la crònica de les seves sortides. Com s'imaginen que segueixen aquell personatge, o que maten aquell enemic... Ho plasma tot sobre el paper amb tota mena de detalls, la majoria inventats, amb un to èpic que fa que cada sortida sembli una aventura trepidant.

L'1 de maig de 1994, l'endemà que un conductor d'autobús trobés el cadàver del Carlos Moreno, el Javi ha creat una nova fitxa, un nou personatge. Es diu Benito i representa un home gras que porta una bossa de mà. Al revers s'indica que li falten les cordes vocals. En principi només és un nou personatge fictici del joc *Razas*, però és fàcil endevinar en qui s'ha inspirat el seu creador.

El Benito és la víctima de la seva última sortida, i aquell

283

dia només van anar a jugar ell i el Félix, l'únic que no se'n perd ni una.

Al cap de pocs dies, a mitjans de maig, el Javier llegeix en veu alta als seus amics el relat de la sortida perquè puguin entendre com ha creat la nova fitxa.

Salimos a la una y media. Habíamos estado afilando cuchillos, preparándonos los guantes y cambiándonos. Poniéndonos ropa vieja en previsión de que la que llevaríamos quedaría sucia...

Elegimos el lugar con precisión. Yo memoricé el nombre de varias calles por si teníamos que salir corriendo y, en la huida, teníamos que separarnos. Quedamos en que yo me abalanzaría por detrás mientras él le debilitaba con el cuchillo de grandes dimensiones. El mío era pequeño, pero muy afilado y fácil de disimular y manejar, y se suponía que yo era el que debía cortarle el cuello. Yo sería quien matase a la primera víctima.

El 30 d'abril, el Màster de *Razas* s'havia marcat com a objectiu que el seu personatge i el del Félix havien de matar una persona. El joc especificava amb quin tipus d'arma, de quina manera, el lloc i també l'edat de la víctima.

Era preferible atrapar a una mujer joven y bonita, aunque esto último no era imprescindible, pero sí saludable, a un viejo o a un niño. Llegamos al parque en el que se debía cometer el crimen. No había absolutamente nadie, solo pasaron tres chicos. Me pareció peligroso empezar con ellos.

La segunda víctima posible era una jovencilla bastante de buen ver a la que el novio estaba acompañando a casa. Fuimos inmediatamente detrás de ella, que se había metido por un callejón. Nos metimos en él tras ella sólo para oír una puerta cerrarse prácticamente en nuestras narices. Esta vez fueron menos de diez segundos los que nos separaron de nuestra presa.

En una de las entradas de la calle de Cuevas de Almanzora vimos a la que pudo ser nuestra primera víctima: una morena, que salió de su casa para meterse en su coche, dejándonos con la boca agua y lamentándonos por no haber pasado por ahí treinta segundos antes.

Una viejecita que salió a sacar la basura se nos escapó por un minuto, y dos parejitas de novios (¡maldita manía de acompañar a las mujeres a sus casas!). Nos cruzamos además con un tío que salió de un coche y que me pasó a menos de diez centímetros. Si hubiera sido hembra, ahora estaría muerta, pero por aquel entonces seguíamos con la limitación de no poder matar más que a mujeres.

Segons les regles del joc, a aquella hora la víctima havia de ser una dona, però anava passant el temps i els dos «jugadors» no aconseguien assolir el seu objectiu.

En la parada de autobús vimos a un hombre sentado. Era una víctima casi perfecta. Tenía cara de idiota, apariencia feliz y unas orejas tapadas por un walkman.

Pero era un tío. Nos sentamos junto a él. Aquí la historia se tornó casi irreal. El tío comenzó a hablar con nosotros alegremente. Nos contó su vida. Nosotros le respondimos con paridas de andar por casa. Mi compañero me miró interrogativamente, pero yo me negué a matarle.

Llegó un búho y el tío se fue en él.

El Javier havia decidit perdonar-li la vida. Tenia aquesta potestat perquè era el Màster del joc, el que decidia qui havia de viure i qui havia de morir. Però el temps passava i no podien tornar a casa amb les mans buides. Fins que cap a les quatre de la matinada, quan ja havien canviat les regles del joc i havien entrat en la franja horària en què també es podien matar homes, van seleccionar, ara sí, la seva víctima: l'home que al taulell de joc de *Razas* seria només una fitxa que es deia Benito.

Serían las cuatro y cuarto. A esa hora se abría la veda de los hombres. Vi a un tío andar hacia la parada de autobuses. Era gordito y mayor, con cara de tonto. El plan era que sacaríamos los cuchillos al llegar a la parada. Le atracaríamos y le pediríamos que nos ofreciera el cuello. En ese momento, yo le metería el cuchillo en la garganta y mi compañero en el costado. La víctima llevaba zapatos cutres y unos calcetines ridículos. Desde el principio me pareció un obrero, un pobre desgraciado que no merecía la muerte. Era gordito, rechoncho, con una cara de alucinado que apetecía golpearla, barba de tres días, una bolsita que parecía llevar ropa y una papeleta imaginaria que decía «quiero morir» menos acusada de lo normal. Si hubiera sido nuestra primera posibilidad allá a la una y media, no le hubiera pasado nada, pero... ¡así es la vida!

L'Enrique ja fa dies que té la mosca a l'orella. El Javier i el Félix segueixen amb una atenció gairebé obsessiva les notícies sobre l'assassinat del treballador de la neteja a la parada de bus del carrer Bacares. No és cap novetat, perquè el Javi sempre busca inspiració a les notícies per crear els seus personatges, però en aquest cas fa comentaris estranys. Quan sent la crònica de l'agressió a la tele, riu i diu: «No va anar així!». Fins i tot ha gravat en VHS el programa *Sucedió en Madrid* de Telemadrid on es va tractar la notícia i els ha anat comentant un per un tots els errors dels periodistes.

«Segur que és una altra de les fantasmades del Javi», vol pensar l'Enrique, davant la precisió dels detalls que en dona el seu amic.

«Matar de veritat una persona és molt més difícil del que sembla. Res a veure ni amb les pel·lícules ni amb els jocs de rol», assegura tot orgullós el Màster.

> Seguía vivo, sangraba por todos los sitios. Aquello no me importó lo más mínimo. Es espantoso lo que tarda en morir un idiota. Contemplamos a nuestra primera víctima, sonreímos y nos dimos la mano. Me daba la sensación de haber cumplido con un deber, con una necesidad elemental. Eso me daba esperanza para cometer nuevos crímenes.

L'Enrique escolta en silenci com els seus dos amics, sobretot el Javi, presumeixen d'haver-s'ho passat la mar de bé i de no haver deixat pistes. Segons ells, es van preparar a consciència, amb guants de làtex i tot. Llàstima que al burro del Félix, diu el Javier, li caigués el rellotge mentre batallaven amb la víctima.

Al Javi li va agradar tant que ja està intentant convèncer els altres quatre de sortir plegats a provar-ho.

El primer dissabte de juny a dos quarts de dotze del matí, l'Enrique rep una trucada del Màster. «Fa bona temperatura, farà una bona nit per sortir a matar», li diu. I el cita a casa del Félix a la nit. «Porta una arma, qualsevol cosa que punxi, guants de làtex i bosses per netejar la sang». Ha arribat l'hora de seguir la partida.

Qui no està jugant és la policia, els dies passen i a començaments de juny, un mes després de la mort del Carlos, continuen anant a cegues. Només tenen un tros de guant de làtex i el rellotge que van trobar sota la cama de la víctima. Sort que els caps continuen distrets. Al Ministeri de l'Interior no guanyen per a escàndols. El 3 de maig el diari *El Mundo* va publicar una exclusiva amb l'exdirector de la Guàrdia Civil, Luis Roldán. Resulta que tota la Policia, la Guàrdia Civil, el CESID i tot Cristo l'estaven buscant, i dos periodistes l'havien trobat sense problemes. S'havien acollit al secret professional i no pensaven badar boca. No ajudarien el Govern a trobar el fugat. En aquesta entrevista el Roldán va posar de moda una frase que ha arribat fins als nostres dies, la famosa «Voy a tirar de la manta». «Si voy a la cárcel, no iré solo», havia assegurat, en una amenaça directa als del Ministeri. Al PSOE estaven tots cagats de por, fins al punt que l'11 de maig el mateix president del Govern, Felipe González, s'havia vist obligat a comparèixer davant el Congrés dels Diputats per donar explicacions sobre la fuga. L'oposició hi havia sucat pa, sobretot perquè només dos dies abans la revista *Interviú* havia publicat en portada les fotos de l'exdirector de la Guàrdia Civil en calçotets, amb una nina inflable, rodejat de dones i en plena orgia. Havia quedat clar en què s'havien invertit els fons reservats a la lluita antiterrorista, i mentrestant l'excap de la Benemèrita continuava fugat des de feia més d'un mes, desafiant i ridiculitzant els Serveis Secrets.

Mentre proliferen els acudits sobre la fuga del Roldán, el grup cinquè d'Homicidis viu immers en la cerca dels assassins del Moreno. Totes les línies d'investigació que han obert fins ara els han conduït a una via morta. Això sí: almenys han pogut descartar que el cas tingués res a veure amb el d'aquell home a qui van arrencar els ulls. L'autor d'aquella carnisseria ja ha estat identificat i s'ha confirmat que el mòbil era de caràcter sexual.

No hi ha cap secta en tota la comunitat de Madrid que tingui antecedents d'aquest tipus. Són organitzacions que addueixen i estafen els seus adeptes, com a molt maten de tant en tant alguna gallina per fer un ritual satànic, però aparentment no n'hi ha cap que sembli capaç d'induir ningú a cometre un assassinat. En resum, que encara no tenen res de res. I llavors, el 4 de juny, trenta-cinc dies després de l'assassinat del Carlos Moreno, el cap de la investigació truca als agents a casa per citar-los a comissaria. Acaba de rebre una trucada que els podria ajudar en la resolució del cas.

Aquell mateix dissabte 4 de juny el Javi, el Félix i l'Enrique han quedat per trobar-se ben d'hora. El Javi té previst organitzar una sessió de rol en viu a la matinada i durant el dia han d'enllestir els preparatius. Sortiran a matar una segona persona, i han de comprar guants de làtex un altre cop i també més ganivets. El Jacobo s'ha excusat; s'ha fet mal al peu i no pot caminar. L'altre amic tampoc no pot. L'Enrique, que en principi aquest matí, quan el Javi li ha trucat a quarts de dotze, li ha confirmat que hi seria, ha començat a espantar-se: «I si ho diuen de veritat? I si és veritat que es van carregar el Carlos Moreno i ara ho volen tornar a provar?».

Són els seus amics i no els vol delatar, però té molt clar que, per si de cas, aquesta nit no pensa sortir. L'Enrique és molt de missa. Els seu pares li han ensenyat des de petit que tots els pecats s'han de confessar. Rosegat pels remordiments, decideix anar a veure el capellà del barri i explicar-li els seus dubtes. Quan el sacerdot sent el relat del noi, li recepta un parell d'avemaries i dos parenostres i li aconsella que ho expliqui immediatament als seus pares, no fos cas que totes aquelles bajanades de jovent fossin veritat i haguessin de lamentar una segona víctima.

Després de sentir el que explica el seu fill, el pare de l'Enrique té molt clar el que ha de fer. «Segur que són coses de xavals i que no tenen res a veure amb aquell crim. Això són ganes de notorietat —pensa el pare—. Però... i si fos veritat? I si aquesta nit maten un altre innocent?». És el pare de l'Enrique qui marca el telèfon de comissaria. Té una història per explicar.

La trucada mobilitza tot el grup cinquè de la Policia Nacional. És dissabte a la tarda i la majoria tenen festa, però de seguida corren tots cap a la prefectura. Quan arriben i senten que el seu cap els diu que els autors de l'assassinat del Carlos Moreno podrien ser dos joves que estaven jugant a un joc de rol, la majoria han de fer esforços per dissimular un somriure. Aquell pobre testimoni ha vist massa pel·lícules.

Però quan l'Enrique i el seu pare arriben a comissaria,

les explicacions del noi de seguida esborren tots els somriures. A través del seu pare, l'Enrique aporta dos detalls que no s'han publicat mai a la premsa i que acaben de convèncer els més escèptics. El Félix va perdre el rellotge mentre matava la seva víctima, i el Javier encara du una queixalada al dit que li va fer aquell pobre home intentant defensar-se. Amb la mossegada li va arrencar el guant i en va perdre un tros, però està segur que no va deixar empremtes.

El rellotge i el guant de làtex: les dues úniques pistes que tenien fins ara, encaixen de cop en el trencaclosques. Ja tenen dos sospitosos, dos xavals que aparentment no tenien cap relació amb la víctima; que la van seleccionar com a part d'un joc.

Però si l'Enrique s'ha decidit a delatar els seus dos amics no és només perquè comença a tenir sospites serioses que són els assassins, sinó també perquè sap que el Carlos Moreno només va ser la seva primera víctima i que aquesta nit tenen pensat tornar a jugar. La partida comença a la mitjanit i ja ho tenen tot preparat. Els agents miren el rellotge. Són les deu de la nit. Han d'arribar a casa dels nois abans no comenci el joc de rol. Potser tot plegat queda en no res, però no poden quedar-se de braços plegats. Només de pensar que demà es podrien llevar amb una nova víctima se'ls posen els pèls de punta.

Les unitats es dirigeixen cap al carrer Carlos Caamaño, al barri de Manoteras, on viu el Javier Rosado. No els cal ni pujar al pis. Mentre els esperen a fora veuen venir els dos amics amb una bossa del supermercat Jumbo. Els agents s'identifiquen i els detenen al carrer. Els dos joves no tenen temps ni de reaccionar. A la bossa de plàstic hi duen guants de làtex acabats de comprar, segons el tiquet que hi ha dins. Quan li posen les manilles al Javier s'adonen que porta el dit gros de la mà dreta embenat.

Els altres dos amics ja han dit que no els podran acompanyar, aquesta nit, però l'únic que s'ha atrevit a denunciarlos ha estat l'Enrique. Quan els interroga la policia, els altres asseguren que en realitat no s'ho han cregut mai, que el Javi i el Félix matessin una persona.

La policia pren declaració als dos detinguts. El més jove, el Félix, menor d'edat, sembla que no s'adoni fins ara del que ha passat. Confessa a l'instant, com si no s'acabés de creure en cap moment que, jugant jugant, ha assassinat una persona. El Félix està molt penedit, diu que ha intentat esborrar de la seva ment tot el que va passar aquella nit i que ell es va limitar a obeir cegament el Màster, que era el seu amic Javi. L'actitud del Javier Rosado és ben diferent. Assegura que ell no té res a veure amb el crim, que ho va fer una altra de les persones que viuen en el seu interior. Amb ell conviu Satan, que és qui va idear el crim, una segona personalitat que és la Força i una tercera que és la que va donar el vistiplau per començar a matar. Són només tres de les quaranta-tres personalitats de les fitxes de *Razas* que habiten la seva psique. Això és el que explica al seu advocat, perquè davant la policia es nega a obrir la boca.

Després de la detenció, la policia practica una entrada i escorcoll a la casa on el Rosado viu amb els seus pares. Són una família acomodada i estan orgullosos del seu fill. És un jove brillant en els estudis, que no ha arribat mai begut a casa ni s'ha ficat mai en embolics. Al contrari, més aviat l'han d'animar perquè surti, perquè es passa el dia tancat a l'habitació llegint o jugant amb uns nois del barri. Quan veuen el panorama, els pares estan convençuts que només pot ser un malentès. Com ha de ser un assassí, el seu fill?

Al dormitori del detingut les parets estan folrades de prestatges plens de llibres; més de mil títols, la majoria literatura gòtica, esotèrica, fantàstica i policíaca. En un dels calaixos troben un ganivet i una jaqueta bruta de sang que seran crucials per a la investigació. És fàcil comprovar si les dimensions de la fulla del ganivet coincideixen amb les ferides de la víctima. Són dues proves que per si soles ja servirien per incriminar el sospitós, però n'hi ha una altra que és definitiva i que deixa glaçats els investigadors. A la tauleta de nit troben un escrit de tres folis mecanografiats per totes dues cares i redactat en primera persona. Al final d'aquest escrit consten les següents dades escrites a mà:

> 30-04-1994, 4.15 h de la madrugada.
> Lugar: n. 26 de la calle Bacares.
> Nombre: Carlos Moreno Fernández.

Només han de començar a llegir el document per entendre que no els cal ni interrogar el Javier Rosado. Ja ha confessat el crim per escrit, i sense deixar-se'n ni un detall. És el mateix relat que ja va compartir amb els seus companys de joc i que ells van entendre com un capítol més de l'interminable joc de *Razas*.

L'escrit descriu com es van preparar per al crim, com va ser el procés de selecció de la víctima i com la van executar. Es van vestir amb roba vella, es van comprar guants de làtex i van procurar-se dos ganivets. Finalment va ser el Javier qui va agafar el més gran i el Félix, el petit. Ben preparats, van sortir a voltar pel barri buscant la seva primera víctima.

Els agents es queden glaçats quan s'adonen que aquell 30 d'abril de 1994 hauria pogut morir qualsevol altra persona. Que et toqués depenia de dos factors: de la sort i de la voluntat del Rosado. Llegeixen com se'ls va escapar una noia perquè va entrar a casa deu segons abans que la poguessin atacar —la noia no sabrà mai que si hagués trigat deu segons més a obrir la porta segurament ja no seria viva— i com després se'n salven també la parella de nòvios, l'home que els va donar conversa a la parada de l'autobús, a qui el Rosado va decidir perdonar la vida, o fins i tot la velleta que sortia a llençar les escombraries i que se'ls va escapolir pels pèls. Fins que a les 4.15 h de la matinada apareixeria una víctima amb menys sort que les altres. El Carlos Moreno estava esperant l'autobús a la parada del carrer Bacares. El Javier ho explica així.

> Le dijimos que le íbamos a registrar. «¿Le importa poner las manos en la espalda?», le dije yo. Él dudó, pero mi compañero le cogió las manos y se las puso atrás. Yo comencé a enfadarme porque no le podía ver bien el cuello.

El company és el Félix, esclar, el noi de disset anys que fa poques hores s'ha ensorrat a comissaria davant els agents, el jutge i el seu advocat. El diari deixa ben clar que qui porta les regnes del «joc» és el seu Màster, el Javier.

> Me agaché para cachearle en una pésima actuación de chorizo vulgar. Entonces le dije que levantara la cabeza, lo hizo y le clavé el cuchillo en el cuello. Emitió un sonido estrangulado, de sorpresa y terror. Nos llamó hijos de puta.

Volví a clavarle el cuchillo en el cuello, pero me daba cuenta de que no le estaba haciendo prácticamente nada excepto abrirle una brecha, por la que caía ya sangre. Mi compañero ya había comenzado a debilitarle con puñaladas en el vientre y en los miembros, pero ninguna de estas era realmente importante, sino que distraía a la víctima del verdadero peligro, que era yo. Yo tampoco acertaba a darle una buena puñalada en el cuello. Empezó a decir «no, no» una y otra vez.

Me apartó de un empujón y empezó a correr. Yo corrí tras él y pude agarrarle. Le cogí por detrás e intenté seguir degollándole. Se me ocurrió una idea espantosa que jamás volveré a hacer y que saqué de la película *Hellraiser*. Cuando los cenobitas de la película deseaban que alguien no gritara le metían los dedos en la boca. Gloriosa idea para ellos, pero qué pena, porque me mordió el pulgar. Cuando me mordió (tengo la cicatriz) le metí el dedo en el ojo [...].

Oí el desgarro de uno de mis guantes. Encontré un trozo de guante, pero era posible que hubiera otro trozo que no encontrase.

Efectivament, no el va trobar. Aquell petit tros de làtex havia quedat entre els dits del Carlos mentre lluitava aferrissadament per salvar la vida, tal com relata el seu assassí.

Seguimos forcejeando y rodamos. «Tíralo al terraplén, hacia el parque, detrás de la parada de autobús. Allí podríamos matarle a gusto», dijo mi compañero. Al oír esto, la presa se debatió con mucha más fuerza. Yo caí por el terraplén, quedé medio atontado por el golpe, pero mi compañero ya había bajado al terraplén y le seguía dando puñaladas. Le cogí por detrás para inmovilizarle y así mi compañero podía darle más puñaladas. Así lo hice. La presa redobló sus esfuerzos. Chilló un poquito más: «Joputas, no, no, no me matéis».

És possible que aquests fossin els xiscles que han esmentat els testimonis que han assegurat que van sentir cridar algú. Però a les quatre de la matinada, qui surt al carrer a comprovar què passa?

La lluita desesperada del Carlos va durar uns minuts que es van fer eterns. Ni tan sols l'informe de l'autòpsia és capaç de descriure amb tant detall com el mateix Javier Rosado la mort tan espantosa que va tenir aquell treballador de la neteja que venia de fer una cerveseta amb els companys.

Empezaba a molestarme el hecho de que no se moría ni debilitaba, lo que me cabreaba bastante. Seguí intentando sujetarle y mis manos encontraron su cuello, y en él, una de las brechas causadas por mi cuchillo momentos antes. Metí por ella una de mis manos y empecé a desgarrar, arrancando trozos de carne arañándome las manos en mi trabajo... Seguí desgarrándole el cuello, proponiéndome cosas del estilo de «conseguiré arrancar este cartílago en menos de tres intentos»... Era espantoso: ¡lo que tarda en morir un idiota! Llevábamos casi un cuarto de hora machacándole y seguía intentando hacer ruidos. ¡Qué asco de tío! Mi compañero me llamó la atención para decirme que le había sacado las tripas. Vi una porquería blanquecina saliéndole de dónde tenía el ombligo y pensé: ¡Cómo me paso! Redoblé mis esfuerzos, divertido, y me alegré cuando pude agarrarle la columna vertebral con una mano, atrapándola, empecé a tirar de ella y no cesé hasta descoyuntársela [...].

Era la primera víctima real del Javier Rosado. Fins aleshores n'havia matat moltes, però sempre al taulell de joc. Matar de veritat era molt més emocionant i divertit.

A la luz de la luna contemplamos a nuestra primera víctima. Sonreímos y nos dimos la mano. Me miré a mí mismo y me descubrí absoluta y repugnantemente bañado en sangre. A mi compañero le pareció acojonante, y yo lamenté mucho no poder verme a mí mismo o hacerme una foto. Uno no puede pensar en todo [...].

Tampoc no van pensar a recuperar el rellotge que el Félix Martínez havia perdut mentre executaven la seva víctima i que va aparèixer sota la cama del cadàver. Però estaven tan convençuts que la policia no trobaria ni una sola empremta que no els amoïnava gaire.

Descubrimos que se nos había caído el reloj en el forcejeo. Difícil haber dejado una huella debido precisamente a nuestros guantes.

No hi ha ni una frase, ni una paraula, en els tres folis, que suggereixi un bri de penediment. Al contrari, aquell noi escanyolit i amb aspecte malaltís s'havia sentit poderós per primera vegada. Era com Déu, tenia la capacitat de decidir sobre la vida i la mort de la persona que li vingués de gust.

Mis sentimientos por hacer el asesinato en sí mismo no existían en absoluto, demostrándome que mi mente era fría y calculadora en cualquier situación y dándome esperanzas para otras acciones. No sentí remordimientos ni culpas, ni soñé con mi víctima, ni me inquietaba el que me pillaran. Todo eso eran estupideces. Comparé todo esto con mi compañero y coincidimos punto por punto. Nos dijimos que no estaba mal para unos «amateur» y nos sentimos realizados.

Després de vint minuts de lluita aferrissada, els dos amics es van concedir una pausa per recuperar l'alè.

El asesinato debió de durar ¡20 minutos! Nos lavamos bien, decidimos tirar mis pantalones (también se habían manchado), brindamos, nos felicitamos, nos reímos y me fui para mi casa, donde me cambié de pantalones y metí los viejos en una bolsa que escondí en un cajón. Mis sentimientos eran de paz y tranquilidad espiritual total: me daba la sensación de haber cumplido con un deber, con una necesidad elemental que por fin era satisfecha. Me sentí alegre y contento con mi vida desde hace un tiempo repugnante.

A partir d'aquella nit, el Javier va començar a seguir obsessivament tot el que es publicava sobre el seu crim i a fer comentaris davant dels seus companys de joc. Es burlava de les línies d'investigació que s'apuntaven als diaris, tot i que la policia no s'havia empassat que fos un robatori, perquè la víctima portava la mensualitat en una butxaca. «L'hauria d'haver escorcollat millor!», es lamentava davant dels seus amics.

No salió información en los noticiarios, pero sí en la prensa, *El País*, concretamente. Decía que le habían dado seis puñaladas entre el cuello y el estómago (je, je, je). Decía también que era el segundo cadáver que se encontraba en la zona y que [el otro] tenía 70 puñaladas (¡qué bestia es la gente!).

Al Rosado el perdia la vanitat, però era tan intel·ligent que era perfectament conscient de les seves febleses. Ell mateix havia pronosticat que si els atrapaven seria només perquè algú havia parlat més del compte. I no s'equivocava. Efectivament, algú va parlar més del compte: ell mateix o, millor dit, el seu ego, que va posar l'amic en alerta i va salvar una noia d'una mort atroç.

> Pobre hombre, no merecía lo que le pasó. Fue una desgracia, ya que nosotros buscábamos adolescentes, y no pobres obreros trabajadores. En fin, la vida es muy ruin. Calculo un 30 % de posibilidades de que nos atrapen, más o menos. Si lo hacen será por las huellas dactilares o por irse de la lengua. Si no nos atrapan, la próxima vez le tocará a una chica, y lo haremos mucho mejor...

El diari està escrit en primera persona i la policia pot provar que l'han picat amb la màquina d'escriure que té el detingut a la seva habitació. Una de les tecles té un defecte i hi ha una lletra que no queda tan marcada al paper com les altres.

A l'habitació hi troben també les fitxes dels personatges del joc de rol *Razas* ideat pel Rosado, entre les quals hi ha la del Benito. Quan la veuen, els investigadors no tenen cap dubte que el Benito és el Carlos Moreno. A la part dreta del foli s'hi veu la vinyeta d'un home grassonet, amb unes sabates molt grans i una bossa a la mà. Li surt un núvol de la boca, com en les vinyetes dels còmics, i diu: NO, JOPUTA, NO. A l'extrem superior, escrita a màquina, s'hi pot llegir la paraula POSICIÓN, i al costat BASURA PARA MATAR. Al lateral esquerre s'hi especifiquen les HABILIDADES, i al costat, amb bolígraf, la puntuació corresponent:

> Conocimiento: NO
> Comunicación: NO
> Manipulación: NO
> Fuerza: 8
> Constitución: 40
> Tamaño: 15
> Inteligencia: 6
> Poder: 6
> Destreza: 6
> Carisma: 4
> Voluntad: 16

En el registre a casa del Félix troben l'altre ganivet. Quan li llegeixen en veu alta l'escrit que han trobat a casa del seu amic, aquest estudiant de COU assegura que no és així com ell ho recorda, que el relat està farcit de detalls que només existeixen a la imaginació del Javi. Ell no recorda haver clavat el ganivet a aquell senyor amb intenció de matar-lo, una afirmació que encaixaria amb l'informe de l'autòpsia. Efectivament, les ganivetades produïdes amb l'arma petita eren més superficials. No n'hi havia cap que hagués resultat letal.

Pel que fa a les ferides que la víctima tenia al coll, en canvi, el relat del Màster concorda perfectament amb el contingut de l'escrit forense.

La premsa bateja ràpidament el cas com «el crim del rol», i per primer cop els titulars roben el protagonisme al cas Roldán a totes les portades. El 9 de juny, cinc dies després de la detenció, *El País* publica: «Dos estudiantes matan a un hombre para hacer realidad un juego de mesa», i poc després hi dedica un article a tota pàgina al dominical: «Mato porque me toca». L'*ABC* obre en portada: «El placer de matar», i l'inici de l'informatiu d'Olga Viza a Antena 3 colpeix tot el país: «Había que asesinar a una persona fea, débil o gorda. Era un juego, pero acabó en un asesinato».

El periodista d'*El País* Francisco Javier Barroso, que va ser un dels primers a batejar aquest cas amb el nom del crim del rol, admet que potser ho van fer per desconeixement —aleshores els periodistes de successos sabien ben poca cosa sobre aquells jocs de rol que s'estaven posant tan de moda—, però també reconeix que aquells titulars els ajudaven a vendre molts més diaris, sobretot quan *El País* va començar a servir el cas gairebé per fascicles amb reclams tan llaminers com: «El escalofriante relato de un asesinato: ¡Lo que tarda en morir un idiota!».

El cas salta als mitjans internacionals i de cop i volta no es parla de res més que els jocs de rol. Els pares comencen a tenir por que els seus fills hi juguin i acabin convertint-se en assassins. Al diari *El Mundo*, el periodista Rafael Torres arriba a publicar que els jocs de rol provoquen necrosi al cervell. Les associacions de jugadors organitzen manifestacions per protestar contra la criminalització social d'uns jocs que són completament innocus, però el mal ja està fet. A ningú li fa gràcia tenir un amic molt aficionat al rol.

Gairebé vuit mesos després de la detenció dels dos homicides, el 27 de febrer de 1995, el CESID —l'actual CNI—

ven a l'opinió pública com un gran èxit policial la detenció del Luis Roldán a Laos. El cas Roldán torna a la portada de tots els diaris i eclipsa completament qualsevol polèmica sobre els jocs de rol. L'endemà, el nou ministre de l'Interior, Juan Alberto Belloch, compareix eufòric davant els mitjans de comunicació. Envoltat pels cinc policies que han detingut l'exdirector de la Guàrdia Civil, explica amb un somriure d'orella a orella l'operació i assegura que «el Govern no ha negociat l'entrega». Però l'eufòria no li dura ni vint-i-quatre hores. L'1 de març el diari *El Mundo* publica que el Luis Roldán ha pactat entregar-se amb la condició que se'l jutgi només pels delictes de suborn i malbaratament de fons públics. Ni tan sols l'han detingut a Laos; l'han detingut a l'aeroport de Bangkok! El Belloch ha de tornar a comparèixer per admetre que no sap si s'ha entregat o l'han detingut. Neix així el cas conegut com «els papers de Laos», més propi d'un guió del Torrente que dels serveis secrets d'un país suposadament seriós. Darrere de tot plegat hi ha l'espia Francisco Paesa, que pel que sembla ha enganyat el Roldán i el Govern espanyol, com recollirà el Manuel Cerdán al seu llibre *Paesa: el espía de las mil caras*, que tindrà fins i tot la seva adaptació al cinema amb la pel·lícula *El hombre de las mil caras*.

Durant aquests mesos la instrucció del cas del crim del rol no para. La confessió del Félix Martínez i el diari del Javier Rosado són proves més que suficients, però la defensa del Rosado ho aposta tot a una sola carta. S'han proposat demostrar que el noi és boig. És l'única manera que pugui esquivar la presó. El sadisme que es respira en els escrits del diari pot servir per avalar aquesta teoria, però amb això no n'hi ha prou.

Els pares del Javier saben el que s'hi juguen i contracten el psiquiatre forense José Antonio García Andrade. L'any 1995 l'Andrade i el Carlos Fernández Junquito, dos dels pesos pesants de la psiquiatria als tribunals, s'entrevisten amb el Rosado a la presó al llarg de diferents jornades. El jove manté que dins seu hi conviuen fins a quaranta-tres personalitats diferents, tantes com fitxes té el seu joc *Razas*. El Rosado els confessa que, d'entre totes les «races» que hi ha al seu interior, la que més s'assembla a ell és el Cal. En l'informe pericial consta aquest fragment de les converses mantingudes amb ell al centre penitenciari.

Cal es un niño frágil, a veces una mujer rubia, que emana tal sufrimiento que es difícil acercarse a ella, aunque es peor cuando sonríe o tiene la cara machacada. Sin Cal yo no sería lo que soy. Con él aprendí a aprender. Lo conocí en 1988; Cal es dolor; el bendito sufrimiento; ama los cuchillos, los objetos punzantes o cualquier cosa que pueda producir dolor, aunque lo que más le fascina es el dolor del alma.

L'Andrade i el Fernández Junquito conclouen que el Rosado és un esquizofrènic paranoide que pateix al·lucinacions auditives o visuals, que té percepcions delirants i que per tant no és responsable dels seus actes. Aquest estudiant de tercer de Química és un psicòtic inimputable que ha d'anar a un psiquiàtric, i no a la presó. L'informe és perfecte per consolidar la tesi de la defensa.

Però qui hi ha darrere de la imatge que projecta el Javier Rosado? El cas és tan complex que la jutgessa que l'instrueix demana dos informes en paral·lel sense que ho sàpiguen els pèrits afectats. D'una banda, cita els psiquiatres Juan José Carrasco i Ramón Núñez, adscrits als jutjats de Plaza Castilla, perquè elaborin una pericial psiquiàtrica, i de l'altra, crida les psicòlogues Blanca Vázquez i Susana Esteban perquè en facin una de psicològica. No hi ha hagut mai cap reclús que hagi rebut tantes visites d'especialistes en malalties mentals.

Els primers s'entrevisten durant hores amb l'acusat i la seva família, es llegeixen les més de mil pàgines que el Javier ha escrit sobre el seu joc i revisen tota la bibliografia i jurisprudència sobre personalitat múltiple que troben als Estats Units. Passades unes quantes setmanes, tots dos professionals conclouen, en un informe de cinquanta-una pàgines, que el Rosado pateix un trastorn d'identitat dissociatiu i que té dins seu dues o més personalitats que operen independentment.

En el trastorn dissociatiu que pateix és característic que una de les personalitats secundàries prengui el control del «jo» i el resultat siguin conductes imposades a la personalitat primària i de les quals posteriorment gairebé no en queden records.

La conclusió és que pateix alienació mental completa i que és inimputable. Els dos psiquiatres recomanen el seu ingrés en un psiquiàtric, tot i que adverteixen que les possibilitats de cura són minses.

Falta l'informe de les dues psicòlogues. Som als anys noranta, i la psicologia no està gaire ben vista. Els jutges confien molt més en els criteris dels psiquiatres que no pas en el dels psicòlegs. És insòlit que un jutge d'instrucció demani pericials psicològiques, com ha fet la jutgessa d'aquest cas. Les dues professionals saben que parteixen amb desavantatge, perquè, a més de ser dones i joves, tenen al davant les vaques sagrades de la psiquiatria.

S'han passat dos dies sencers a la presó en sessions de matí i tarda i han aplicat al Rosado l'escala de Hare, que és el test més precís que hi ha en aquest moment per determinar si una persona pateix un trastorn de la personalitat. Els resultats descarten l'esquizofrènia paranoide i també el trastorn múltiple de personalitat. És a dir, rebaten els informes de tots els psiquiatres.

El Javier Rosado té una personalitat sàdica que sol manifestar-se en conductes cruels, desconsiderades i agressives envers els altres, sempre que siguin subordinats o tinguin un estatus inferior al subjecte. El Javier difícilment hauria triat una víctima més poderosa que ell, que ocupés posicions d'autoritat davant seu. És per això que el joc de rol que es va inventar, *Razas*, consistia a exterminar ètnies inferiors, formades per persones dèbils, dones, vells, nens desgraciats o marginals.

L'informe de vint-i-una pàgines de les dues pèrits és molt dur. Conclou que la bogeria del Javier Rosado és un frau i que està simulant els símptomes d'un psicòtic per lliurar-se de la presó. El processat presenta la típica personalitat del psicòpata primari, amb un alt grau de sadisme.

En la nostra exploració l'hem enxampat en moltes mentides i contradiccions. Ha creat una teoria que anomena genealogia del fàstic, per la qual determina que certes persones no es mereixen viure. S'ha inventat el joc de rol més violent que existeix com una manera de racionalitzar els impulsos agressius que té.

El Javier Rosado és una persona molt intel·ligent, diuen. És un excel·lent simulador, però a elles no ha aconseguit enganyar-les. En el moment en què va cometre els fets l'acusat tenia un trastorn de la personalitat-psicopatia, però mantenia les seves facultats volitives i intel·lectives intactes, i això el convertia en un subjecte imputable jurídicament i amb capacitat per ser jutjat i condemnat penalment. És a dir, que el Rosado no era un boig sinó «un subjecte altament perillós que sota circumstàncies favorables podria cometre qualsevol crim violent i sàdic. Odia la societat i les persones, amb les quals no se sent implicat, només de forma racional. Busca activament el reconeixement social».

En el cas del Félix Martínez, segons els psiquiatres no hi ha cap misteri: és evident que el jove estava abduït per la forta personalitat del Rosado. Des del primer dia ha confessat la seva culpabilitat i, en els darrers mesos, com els adeptes que es desprogramen d'una secta, ha anat prenent consciència de la barbaritat que va cometre. El jove, que tot just acaba de fer divuit anys, se sent molt penedit. Està començant a assimilar que la nit del 30 d'abril de 1994 no estava jugant, estava matant. En els informes pericials psiquiàtrics consta la transcripció de les seves declaracions.

Desde que conocí a Javier y me metió en su mundo, todo cambió para mí, encontré otro tipo de pensamientos lejos de los vulgares de cada día, cambió mi interior, me entregué a este tipo de filosofía, que era apasionante, aún me sigue pareciendo apasionante. Javier se convirtió para mí en un ser extraordinario muy superior al hermano mayor que nunca tuve, me dejé arrastrar por él [...]. Al cabo de un tiempo llegué a hablar como él y a hacer gestos como él. Él hablaba mucho mejor que yo, mis ideas me las rebatía con facilidad [...]. Todo el mundo era estúpido para él, pero yo creo que yo para él no era estúpido.

El Javier Rosado es va convertir en la seva família, en el seu referent. Estava disposat a fer el que fos, per ell, fins i tot a matar. En el moment dels fets el Félix Martínez era menor d'edat, per això s'enfronta a una petició de dotze anys de presó, molt inferior a la del Javier, per a qui el fiscal demana una pena de quaranta-dos anys.

El gener del 1997 el cas del crim de rol torna a aparèixer a tots els mitjans. Els diaris ja fa setmanes que el recorden, i als programes de ràdio i de tele es tornen a sentir fragments del macabre diari del Rosado. Són les cròniques prèvies a un judici que serà històric. Per primera vegada a Europa un tribunal haurà de decidir si un dels acusats té doble personalitat. Fins ara això només s'havia vist en els tribunals de justícia americans. Els magistrats hauran de decidir, d'una banda, si el Rosado és un esquizofrènic paranoide, tal com sostenen els pèrits de la defensa, i, per l'altra, si pateix un trastorn múltiple de la personalitat, com defensen els informes dels psiquiatres aportats pel jutjat d'instrucció. En tots dos casos, es tractaria d'un malalt mental inimputable jurídicament i per tant acabaria al psiquiàtric. Però hi ha una tercera possibilitat, la que s'apunta al peritatge psicològic: que aquest jove aparentment fràgil sigui un psicòpata sàdic i sense escrúpols, però conscient en tot moment dels seus actes. I llavors sí que seria condemnable.

El judici és a cara o creu, sense matisos: o surt lliure, tot i que per acabar en un psiquiàtric, o amb una pena de quaranta-dos anys, com demana el ministeri fiscal.

El 27 de gener la secció segona de l'Audiència Provincial de Madrid està abarrotada de periodistes, més de cent professionals arribats de tot el món. Hi ha corresponsals del *The New York Times*, de la CNN, del diari *Der Spiegel*, de la BBC, de *Le Monde*, de *The Sun*... Tots s'han desplaçat fins a Madrid per veure la cara dels dos assassins del rol i sentir què diuen.

La policia ha aconseguit detenir-los, però hi ha molts dubtes que surtin d'allà amb una sentència condemnatòria. Els pares del Javier Rosado han apostat fort i han contractat un pes pesant de la psiquiatria forense, José Antonio Andrade, que intentarà demostrar que el noi és un esquizofrènic paranoide i no és conscient dels seus actes. Les apostes dels periodistes especialitzats en successos es decanten clarament per aquesta tesi.

Els acusats s'asseuen davant el tribunal amb actituds molt diferents. El Félix no pot mirar a la cara la família del Carlos Moreno, l'home que va apunyalar fins a la mort a la parada d'autobús de Manoteras. Escolta el que s'explica a la sala com si fins ara no hagués estat conscient del que va fer. Està horroritzat, plorós. Els presents noten com cada dia que passa s'afluixa una mica més l'estret vincle que el lligava a l'amic que s'asseu ara al seu costat.

El Rosado, en canvi, que s'ha negat a declarar davant del tribunal, mira la sala de manera altiva, a estones amb un somriure de suficiència, com si es consideré més intel·ligent que tots els altres. Segons com, fins i tot podria semblar que és un periodista més, perquè pren notes de tot el que declaren els policies, advocats i pèrits que van intervenint.

El judici s'allarga durant tres setmanes. A part dels psiquiatres i psicòlegs designats pel jutjat d'instrucció, hi ha també els que aporten la defensa i l'acusació: un total de dotze experts en patologies mentals. Per primer cop en un judici a Espanya, la magistrada decideix no escoltar-los un a un. No ho necessita, ja s'ha llegit a consciència els centenars de folis dels múltiples peritatges que s'han practicat al Rosado, tal com quedarà palès després en la redacció de la sentència. En lloc d'això, organitza una taula rodona a la sala perquè cadascú defensi la seva postura i rebati els arguments dels altres si cal. Mala peça al teler per a les dues pobres psicòlogues, que tot just comencen a agafar experiència en judicis, i ara s'han d'asseure davant els autors dels llibres que fins fa poc els feien llegir a la carrera i qüestionar el seu criteri.

La colla de psiquiatres, tots ells catedràtics, es passen tota una jornada discutint sobre si el Rosado és un esquizofrènic paranoide o un home amb personalitat múltiple. En qualsevol cas, en el que sí que estan d'acord és que no és responsable dels seus actes i que és inimputable. Quan les psicòlogues insinuen que el Rosado és prou intel·ligent per enganyar totes aquelles eminències de la psiquiatria i que de boig no en té ni un pèl, tots aquells senyors de cabells blancs gairebé se'n riuen a la cara. Mentrestant el Javier s'ho passa bomba, al banc dels acusats. Fins i tot s'atreveix a fer amb els dits el senyal de victòria quan parlen els psiquiatres. Quan tenen la paraula les psicòlogues, fa que no amb el cap i apunta coses compulsivament al paper que té sempre davant. Tots els periodistes que omplen la sala, i sobretot la defensa del Javier, estan convençuts que el jove ingressarà en una unitat psiquiàtrica. Ja tenen els titulars a punt: un noi de Chamartín, el primer assassí amb personalitat múltiple diagnosticat a Europa i eximit d'un delicte per aquesta condició.

El Javier Rosado no obre la boca en tot el judici, però tothom sap que, per molt intel·ligent que sigui un psicòpata, hi ha una cosa que el perd: el seu propi ego. No seria el primer cop que li juga una mala passada. Probablement, si no hagués ensenyat mai el diari als seus companys de joc, no l'haurien enxampat. I és just ara, quan sembla que la psiquiatria està a punt de guanyar per golejada la partida a la psicologia, que l'ego de l'assassí torna a fer de les seves.

Al final d'un judici el tribunal sempre ofereix a l'acusat la possibilitat de fer servir l'últim torn de paraula. Tots els advocats aconsellen als seus clients que no ho facin, perquè una sola frase inoportuna just al final pot enfonsar la línia de la defensa. Quan la jutgessa, abans de pronunciar el «vist per a sentència», es dirigeix al Rosado i li pregunta: «Vol afegir-hi res més?», l'interpel·lat no se'n pot estar i respon amb un sí que fa que tota la sala contingui la respiració.

No va parlar a comissaria quan el van detenir ni tampoc davant la jutgessa d'instrucció, i ha decidit que fossin els psiquiatres els que parlessin per ell durant tot el judici. És per això que aquesta afirmació tan contundent agafa desprevinguda fins i tot la seva defensa.

Satisfet de l'efecte desconcertant de la seva decisió i de l'expectació que acaba de crear, el Javier llueix tota la seva intel·ligència. Rebat els informes de les psicòlogues, qüestiona la metodologia que van utilitzar per fer-li l'exploració psicològica i argumenta que ell no és un simulador, com volen fer creure elles. I llavors, víctima de la seva supèrbia, al final pronuncia la frase que el condemnarà: «Ah, y en cualquier caso, el que llevaba el cuchillo pequeño era yo».

De cop se situa tot solet en el lloc dels fets i reconeix així que és plenament conscient del que va fer.

La frase que acaba de pronunciar el Rosado té una intenció clara: els forenses han determinat que es van utilitzar dues armes diferents, en l'assassinat —un ganivet petit i un de gran—, i també que els van utilitzar dos individus diferents. El que portava el ganivet gran tenia una clara intenció homicida, no només per les dimensions de l'arma, sinó també perquè les ferides eren molt més profundes i denotaven un acarnissament extrem. El que portava el ganivet petit va causar ferides molt més superficials. No n'hi havia cap que fes pensar que la seva intenció era posar fi a la vida de la víctima.

El Javier Rosado acaba de demostrar no només que no està boig, sinó també que té les capacitats volitives tan intactes que sap que li convé inculpar el seu company al banc dels acusats. Si algú s'ha de menjar l'autoria material de la mort, que sigui el Félix.

Les psicòlogues somriuen satisfetes. Elles i el Javier són les úniques que sabien del cert que dins d'aquella ment no hi ha diferents personalitats ni cap esquizofrènic. Només un sàdic psicòpata que obté plaer matant.

El 18 de febrer la secció segona de l'Audiència Provincial de Madrid dicta sentència. De les disset pàgines que té el document, vuit estan dedicades a desmuntar una per una totes les teories exposades pels psiquiatres. El mestre Andrade veu com cau la teoria de l'esquizofrènia paranoide amb aquesta argumentació tan contundent de la magistrada.

El seu comportament en l'acte del judici oral tampoc suggereix aquest diagnòstic; el processat anava prenent notes del que es deia en una llibreta, i, malgrat que es va acollir al seu dret constitucional de no declarar, quan se li va concedir l'última paraula va anar llegint diversos apunts d'aquesta mateixa llibreta en què mostrava la seva disconformitat amb les psicòlogues, que en el seu diagnòstic van establir que patia una psicopatia; va procurar no fer cap esment en relació amb els altres diagnòstics, va assenyalar que no només llegeix llibres de terror, sinó també el llibre *El mirall en el mirall* de Michael Ende, l'autor de la *Història interminable*, i finalment va dir que en tot cas el ganivet petit el duia ell, i que tot el material es va trobar a casa del Félix.

La magistrada tampoc no passa per alt el contingut del diari del Rosado:

> Quant al fet que en el moment dels fets el processat patís una esquizofrènia paranoide, no ha quedat provat [...], i a més resulta incompatible amb el relat precís que en fa un cop transcorreguts els fets; si bé algunes de les expressions que utilitza, i fins i tot l'atac al coll de la víctima, procedeixen de la literatura, de la novel·la *American Psycho*, ni amb el comportament en el seu entorn anterior i posterior als fets indica que es trobés en un episodi d'esquizofrènia. Els seus mateixos familiars, abans que fos detingut, unes cinc setmanes després dels fets, no sospitaven res sobre el seu possible trastorn. Tampoc hi apunten tots els preparatius del fet, en què hi ha una elaboració coherent. La negació dels fets tampoc indica que fos un acte esquizofrènic, ja que no acostumen a negar-los, encara que els admetin des de les seves idees delirants.

La magistrada fa una dissecció de la teoria de la personalitat múltiple amb extrema precisió. La sentencia recull les paraules que el mateix Rosado va dir als psiquiatres sobre les seves quaranta-tres personalitats, però també fa una reflexió important.

Diu «Tinc 43 personalitats diferents, tiro el dau i si surt la 26 haig d'actuar com la 26». Totes les referències a les personalitats les ha explicat el processat a les entrevistes, però ningú ha observat cap d'aquestes diferents personalitats «actuant».

No es pot admetre el judici diagnòstic assenyalat, perquè precisament el fenomen dissociatiu o personalitat múltiple funcionaria d'una manera involuntària i mantindria unes personalitats ignorants de les altres; el fet que el mateix acusat assenyali que les controla, que les recorda totes, i que ningú ha observat el fenomen dissociatiu, no fa sinó reflectir que la dissociació que representa és voluntària.

Per la qual cosa hem d'assenyalar que és la lectura del relat dels fets la que no ofereix cap indici de dissociació, ans al contrari: hi ha una consciència, previsió, decisió voluntària, memòria perfecta, encara que tingui algun toc novel·lesc.

I aprofita per recordar a la defensa que la majoria de legislacions europees no estableixen l'exculpació dels crims als pacients diagnosticats de trastorn dissociatiu de la identitat.

Per acabar, la sentència aborda així la teoria de les dues psicòlogues:

Es descriu el processat com algú mancat de sinceritat, amb un sentit de l'autoestima grandiós, que actua com si

313

estigués dalt d'un escenari, necessita estímuls, menteix i intenta enganyar i manipular els altres en benefici propi; mancat de remordiments o sentit de culpabilitat; mancat d'empatia, mancat de realisme; que es nega a acceptar la responsabilitat pels seus propis actes; que és amnèsic, també, i té personalitat múltiple.

Reflecteix així mateix una conducta antisocial, un subjecte crític, allunyat del tracte amb persones, introvertit. En conclusió, llança el psicodiagnòstic de psicopatia que implica un trastorn de personalitat, que no afecta la seva capacitat d'entendre i obrar.

La sentència atorga tota la credibilitat als informes aportats per les dues psicòlogues i dictamina:

> Resulta admissible que en el moment de la realització dels fets el processat tingués un trastorn de personalitat psicopàtica, sense que s'hagi provat que en el moment dels fets tenia minvades les seves facultats intel·lectives i volitives, és a dir, la seva capacitat per autodeterminar-se lliurement i conscient.

Contra tot pronòstic, doncs, dues dones joves i amb una especialitat relativament nova als tribunals han guanyat la batalla als grans mestres de la psiquiatria forense espanyola.

La sentència condemna el Javier Rosado a vint-i-vuit anys de presó per un delicte d'assassinat, a quatre anys, dos mesos i un dia per robatori —per les tres mil pessetes que es va emportar de la cartera de la víctima—, i a deu anys pel delicte de conspiració per a l'assassinat. En total són quaranta-dos anys de presó. Al Félix Martínez el condemna a dotze anys i un dia de reclusió menor pel delicte d'assassinat, tres mesos per robatori i sis mesos per conspiració.

Pocs mesos més tard, el 2 de juny de 1997, la mateixa Audiència Provincial de Madrid jutja el Luis Roldán. El judici, molt més llarg, s'allarga fins al mes de desembre. A començaments de l'any següent es coneix la sentència: no li han servit de res les condicions que va exigir per entregar-se. L'Audiència el condemna a vint-i-vuit anys de presó pels delictes de malbaratament, suborn, frau fiscal i estafa. Posteriorment el Tribunal Suprem l'hi apujarà fins als trenta-un anys de presó.

L'any 2001 el Félix va sortir de la presó. Havia complert quatre anys de condemna. Els havia aprofitat per estudiar informàtica i el seu comportament havia estat exemplar. S'havia sotmès als tractaments psicològics penitenciaris i s'havia mostrat penedit des del principi, tot i que encara parlava amb un gran respecte del seu company de partides. Va sortir en llibertat amb vint-i-quatre anys i va passar uns mesos en un pis tutelat de la Fundació Horizontes Abiertos, que es dedica a la reinserció de presos. Llavors va decidir anar a viure a Berlín per allunyar-se del rebombori que havia causat el seu cas. Dos anys abans s'havia estrenat una pel·lícula inspirada en el seu cas, *Nadie conoce a nadie*, del director Mateo Gil, amb dos protagonistes, Simón Simón —interpretat per Eduardo Noriega— i el Sapo —Jordi Mollà—, que podrien ser perfectament el Javier i ell. Actualment viu a Madrid. Durant molt de temps institucions penitenciàries l'han posat com a exemple d'èxit en la reinserció.

El Javier Rosado també ha fet història a la presó. Ha estat el primer reclús de l'Estat espanyol a treure's tres carreres universitàries en el temps que ha estat engarjolat, dotze anys. Només dos anys després de ser condemnat va obtenir el primer permís per poder presentar-se als exàmens de final de carrera de Química. Amb tot el que havia passat havia perdut tres cursos. A part de treure's la carrera de Matemàtiques i d'Enginyeria Informàtica, donava classes de matemàtiques i d'escacs als reclusos, una tasca complicada quan ets esquizofrènic o pateixes desdoblament de la personalitat. El Javier és extremament intel·ligent i ho tenia tot calculat, fins i tot la carta de penediment que va escriure als seus pares: «El castigo que estoy pagando es justo por lo que hice». Sabia que sense penediment no hi havia permisos. Tot això li va servir per obtenir la llibertat condicional el 2008 i finalment la llibertat definitiva el 2010. No havia complert ni un terç de la condemna. Al final, i en contra de les seves previsions, la jugada li havia sortit bé. Si l'haguessin considerat boig, probablement encara estaria en un psiquiàtric.

La casualitat és tossuda i el calendari del crim del rol tornava a alinear-se amb el del cas Roldán. El mateix any també sortia en llibertat el Luis Roldán; en el seu cas, havent complert la meitat de la pena. Tot i que ell no havia matat ningú, la Justícia no havia estat tan benèvola amb l'exdirector de la Guàrdia Civil com amb l'assassí del rol.

El Javier Rosado viu a Madrid, està casat i treballa en una empresa. És un personatge completament anònim, no té xarxes socials. Només el seu cap sap que un dels treballadors que cada matí creua la porta de la seva empresa un dia d'abril del 1994 va assassinar de la manera més salvatge un pare de família que esperava l'autobús a la parada.

El temps dirà si el psicòleg Robert Hare té raó quan diu que «no hi ha cap procediment que curi un psicòpata, perquè no hi ha res per curar. Un psicòpata no podrà sentir mai empatia o tenir sentiments cap a algú. És incapaç de sentir remordiment, ni tan sols envers els éssers més propers: pares, germans, dona o fills». Hare és taxatiu: «Els psicòpates no tenen emocions, i no se'ls pot ensenyar a tenir-ne».

La pregunta que tots els professionals que el van tractar es fan a dia d'avui és si el Rosado serà capaç de passar tota la vida sense tornar a buscar l'ocasió d'experimentar el plaer que va sentir matant.

La dona sense rostre

Som al maig del 1993. La Lieslotte Schlenger és una jubilada de seixanta-tres anys que viu a Idar-Oberstein, una ciutat d'uns trenta-quatre mil habitants del sud-oest d'Alemanya. Com cada setmana, la Lieslotte ha convidat les seves amigues a casa a prendre el te. Com que avui, a més, és l'aniversari d'una d'elles, vol que estigui tot ben bonic i està preparant un ram de flors per posar al centre de la taula del menjador.

Mentre acaba de lligar el ram amb un filferro perquè s'aguanti bé i no es desfaci, sent uns passos a dins de casa. Pensa que es deu haver deixat la porta entreoberta i que és alguna de les seves amigues que ja ha arribat. La saluda i la convida a passar sense girar-se, perquè si deixa anar el ram li costarà molt tornar-lo a lligar.

Però els passos s'acosten al menjador i ningú li ha tornat la salutació. De cop i volta, la Lieslotte pensa que potser no és cap de les seves amigues. Tot passa tan ràpid que ni tan sols té temps de girar-se. Algú li ha pres el filferro de les mans i l'està estrangulant.

Al cap de poc arriben les amigues. La porta és oberta, però això no els estranya, perquè la Lieslotte ja ho fa, de no tancar: és un barri tranquil on tots els veïns es coneixen.

Quan entren al menjador i troben la Lieslotte a terra triguen un moment a assimilar el que tenen davant dels ulls. De sobte s'adonen que no ha pogut ser un infart, perquè se li veuen perfectament les marques que li ha deixat el filferro al coll. Com pot ser que algú hagi matat una dona com la Lieslotte?

Al cap de poca estona els de la científica ja estan buscant alguna pista que els ajudi a descobrir l'assassí, però no troben res, ni tan sols una trista empremta. Després de buscar molt aconsegueixen extreure ADN d'una cullereta de te i se l'enduen per analitzar.

Quan ja ho han regirat tot, la comitiva judicial s'encarrega de fer l'aixecament del cadàver.

Qui voldria matar una senyora jubilada? Tot i els esforços de la policia per descobrir-ho, amb els anys el cas acaba quedant oblidat al calaix dels casos sense resoldre. Com a mínim de moment.

Vuit anys després, al març del 2001, en una altra ciutat alemanya, Freiburg, un home de seixanta-dos anys que es diu Joseph mor escanyat també amb un filferro de jardineria mentre feinejava per la seva botiga d'antiguitats. Quan la policia hi arriba no troba cap pista ni cap empremta. Només unes traces d'ADN en un calaix.

D'una mort a l'altra hi ha vuit anys de diferència i gairebé tres-cents quilòmetres de distància, però a un dels investigadors li ve al cap la mort de la Lieslotte, perquè tots dos tenien la mateixa edat i tots dos van morir de la mateixa manera: escanyats amb un filferro. Tot i que no tenen res més que això, una víctima jubilada i un filferro, es posen en contacte amb la policia que va investigar la mort de la dona d'Idar-Oberstein i el cas, que ja s'havia arxivat, es reobre.

A la botiga d'antiguitats del Joseph tampoc no hi troben ni una empremta. Com en el cas de la Lieslotte, l'únic que aconsegueixen són unes restes biològiques. Les conclusions del laboratori són taxatives: l'ADN trobat a casa de la senyora i el de la botiga és idèntic. L'anàlisi, a més, aporta una pista clau: pertany a una dona.

Els investigadors estan estupefactes. Tenen sobre la taula un assassinat recent que algú amb una memòria prodigiosa, per casualitat, ha relacionat amb un assassinat de fa vuit anys, i resulta que va i l'encerta. No poden assegurar que l'ADN sigui de l'assassí. L'únic que saben del cert és que hi ha una dona que va ser a totes dues escenes del crim. El cas és tan misteriós que se'n comencen a fer ressò els mitjans, que es refereixen a la presumpta homicida com «la dona sense rostre».

Igual com va passar amb la Lieslotte, l'assassinat del propietari de la botiga d'antiguitats s'investiga, però el temps passa sense que aparegui cap més pista, l'interès mediàtic es va diluint i el cas també acaba quedant oblidat.

La policia continua treballant i els criminals, també. Cada dia hi ha nous casos i, de tant en tant, algun que no es resol. Després dels casos dels dos jubilats, ara, per si de cas, cada vegada que es troben amb una escena del crim estranya, sense empremtes ni pistes ni indicis, però amb alguna mostra d'ADN per prendre, demanen que es compari amb el de la dona sense rostre. I, sorprenentment, cada cop apareixen més coincidències.

En troben a escenaris de tota mena: d'assassinats, de robatoris, de furts, d'efraccions a domicilis... La policia té cada vegada més efectius desplegats per resoldre tots aquests casos. És evident que estan davant d'una criminal polifacètica que a més a més és ràpida, molt violenta i sobretot molt meticulosa. Creuen que poden tenir al davant la primera dona assassina en sèrie de la història d'Alemanya.

Al cap de set mesos, a l'octubre del 2001, apareix per fi una pista que els indica per on han de buscar. L'assassina que està empaitant tota la policia alemanya és addicta a l'heroïna. El seu ADN ha estat trobat en una xeringa amb restes d'aquesta droga en una zona boscosa de Gerolstein, altra vegada a l'oest del país, a una hora i mitja de casa de la Lieslotte.

Un nen de set anys ha trobat la xeringa al lloc on va sempre amb la seva família a passejar el gos, un camí molt tranquil a prop de casa seva que agafen per anar al parc. Els pares, indignats, han avisat la policia i han exigit que s'investigui com ha arribat allà la xeringa i que es prenguin les mesures que calguin perquè no torni a passar.

Als investigadors no els quadra que la professional del crim que els fa anar de corcoll i que ho deixa tot net com una patena hagi llençat un xeringa amb droga en un lloc on crida molt l'atenció i per on passen molts nens. O bé no és tan professional com ells es pensaven, o bé delinqueix per pagar-se la droga. Si és així, si es tracta d'una drogoaddicta, estan convençuts que no trigarà a cometre algun error que la delati.

Diverses patrulles de policia es desplacen fins allà i estableixen un ampli radi per buscar la dona sense rostre. Però, quan tot just estan planificant la cerca, reben un altre avís que fa saltar totes les alarmes. És a Budenheim, una ciutat a dos-cents quilòmetres d'on s'ha trobat la xeringa amb heroïna. La policia ha descobert restes del mateix ADN en una galeta a mig menjar que han trobat en un cotxe robat. Aturen el pla de cerca que estaven desplegant i repeteixen les anàlisis d'ADN per assegurar-se que no sigui cap error i que efectivament pertanyen a la mateixa persona.

Mentre esperen el resultat, es troba el mateix ADN a una pedra que s'ha fet servir per trencar una finestra per entrar en un xalet. Poc després, en una òptica que ha estat assaltada i també en una beina de bala que s'ha recollit en una baralla entre dos germans. Fins i tot en una piscina pública abandonada. Tot això, en diferents ciutats i en diferents moments.

Això ja passa de mida. La policia es replanteja totes les hipòtesis amb què ha estat treballant fins ara i arriba a la conclusió que només es pot tractar d'un clan organitzat que deixa l'ADN de la mateixa persona per tot arreu expressament per confondre'ls.

El joc del gat i la rata amb l'ADN misteriós continua. En troben arreu i en tota mena de delictes i circumstàncies diferents.

L'any 2004 algú roba unes pedres precioses vietnamites a Arbois, una petita població francesa. La policia troba una pistola de joguina al lloc dels fets, de la qual es pot treure una mostra d'ADN. El resultat no els diu gaire cosa: només que el perfil genètic correspon a una dona.

A un dels investigadors li ve al cap el trencaclosques que porta de corcoll els seus col·legues alemanys des de fa anys.

Al cap de pocs dies les anàlisis confirmen que l'assassina sense rostre ha travessat fronteres. Ara ja la busca la policia de dos països, i ben aviat se n'hi afegirà una altra, la d'Àustria.

El seu perfil genètic es troba en més d'una vintena de robatoris de cotxes i motos a la zona del Tirol, a l'oest del país. A part de confirmar que es tracta d'una dona, la policia científica austríaca aconsegueix afinar una mica més el perfil d'aquesta delinqüent tan viatgera: és probable que sigui originària de l'Europa de l'Est o de Rússia.

Fins ara la policia alemanya no havia donat mai aquest detall, perquè al país germànic, en procediments penals, les anàlisis de mostres biològiques no es poden fer servir per determinar característiques personals més enllà del sexe. Això es deu, en gran part, a l'herència de l'Holocaust. Encara és massa viu el record que la genètica va contribuir al genocidi més salvatge de la història d'Europa en pro d'una suposada raça ària, i per això ara la llei marca unes limitacions molt estrictes pel que fa als registres d'ADN.

Al cap de dos anys, el 2006, la policia alemanya troba ADN de la dona sense rostre en unes quantes casetes de jardí d'una zona propera a Stuttgart. Ara sí que creuen que s'hi estan acostant. Això només pot tenir una explicació: la dona sense rostre les fa servir per passar-hi la nit.

En els últims tretze anys aquesta delinqüent esmunyedissa ha deixat el seu ADN en més de quaranta crims. Per a la policia ja és una qüestió de punt d'honor, i ha arribat l'hora de donar un cop de puny sobre la taula: l'han de trobar sí o sí.

Comencen un rastreig actiu, una mena de cribratge. Prenen mostres de saliva a més de tres mil dones. Com que el seu ADN va aparèixer fa anys en una xeringa abandonada, busquen indigents, sensesostre i addictes a l'heroïna o a altres drogues. Però passen els dies i per més mostres que analitzin no apareix cap coincidència.

És més, mentre la policia es dedica a prendre mostres a tort i a dret pels voltants de Stuttgart, salten avisos de coincidències a centenars de quilòmetres de la zona que estan rastrejant. Un altre cop se'ls ha escapat. Ara que la tenien a tocar.

Els investigadors es desesperen. Per més que s'ho mirin i s'ho remirin, no hi ha cap patró. Res que els pugui fer preveure quin serà el pròxim moviment d'aquesta dona sense rostre que sembla tenir el do de la ubiqüitat.

Per acabar de complicar encara més el trencaclosques, alguns dels casos en què s'ha trobat el seu ADN han arribat a judici perquè també hi havia pistes que incriminaven altres persones. Se les ha jutjat i se les ha condemnat, i totes, absolutament totes, neguen que hi hagués una dona amb ells en el moment en què van cometre el delicte.

En algun cas, com el robatori de l'òptica, fins i tot hi ha les gravacions de les càmeres de seguretat, i, tot i que la definició de les imatges no és gaire bona, no sembla pas que hi hagi cap dona. Els pocs testimonis que han vist alguna cosa coincideixen a dir que, si s'haguessin d'aventurar, dirien que la persona que ells van veure era un home. El retrat robot de la sospitosa que elaboren els experts de la policia dona, certament, la imatge d'una dona molt masculina. Té els cabells foscos i curts, orelles grosses —però no sortides—, celles primes i asimètriques, uns ulls petits, el nas prominent, els llavis fins i perilla! El perfil genètic és rotund: es tracta d'una dona. Fins ara han estat buscant una dona amb aspecte de dona. Ara, però, es plantegen si la persona que busquen podria ser un transsexual.

Sigui quina sigui la identitat sexual de la dona que busquen, difonen el retrat robot i de seguida es manifesten uns quants testimonis que afirmen que la van veure intentant entrar en un pis en una altra ciutat alemanya l'any 2006.

La policia recupera les mostres d'ADN que es van recollir en aquell succés, les compara amb les de la dona sense rostre, i una altra vegada fan bingo: les mostres coincideixen. Ara almenys tenen la certesa que no van equivocats amb l'aspecte de la persona que cerquem.

A l'abril del 2007, a la ciutat de Heilbronn, al sud-oest d'Alemanya, passa un fet que omple portades de diaris i minuts als informatius de tot el país. Michèle Kiesewetter, una agent de policia de només vint-i-dos anys, ha resultat morta a trets en un pàrquing de la ciutat en el marc d'una operació contra el narcotràfic.

Tot ha passat mentre la Michèle i el seu company de patrulla, només tres anys més gran que ella, feien una pausa per dinar. Estaven asseguts als seients del davant d'un vehicle de la policia de la marca BMW quan, de cop i volta, dos assaltants —segons el relat d'alguns testimonis— han obert les dues portes del darrere del vehicle, han ficat mig cos a dins del cotxe i els han disparat al cap a boca de canó. Ha estat un atac tan ràpid que, tot i que anaven armats, ni la Michèle ni el seu company s'han pogut defensar. Ella ha mort a l'acte. El seu company, de qui no transcendirà mai el nom, ha estat traslladat a l'hospital i estarà mesos en coma, fins que aconsegueixin extreure-li la bala que li ha quedat allotjada darrere de l'ull dret.

El cos de policia queda commocionat, no només per la mort d'una companya, sinó també perquè l'atac els sembla totalment gratuït. No s'han endut ni el cotxe, ni les armes, ni els telèfons. Només s'han emportat unes manilles que hi havia al seient del darrere. És d'allà, dels seients posteriors, d'on la policia aconsegueix extreure ADN.

I un altre cop el mateix resultat: l'ADN trobat al cotxe patrulla coincideix amb el de la dona sense rostre. Ja sembla gairebé un costum.

L'atac a sang freda contra la Michèle i el seu company té tot el país consternat. Si en els últims temps la premsa només parlava de la dona sense rostre en ocasions puntuals, ara tots els mitjans expliquen la història de l'enigmàtica criminal des del principi, remuntant-se al cas de la Lieslotte de l'any 1993.

Molts alemanys no n'havien sentit a parlar fins ara, moment en què la premsa la rebateja com «el fantasma de Heilbronn».

El nom del fantasma de Heilbronn li escau: els investigadors tenen la sensació que fa quinze anys que persegueixen un fantasma.

El febrer de l'any següent, el 2008, el fantasma torna a fer de les seves. La policia troba els cossos de tres georgians que es dediquen a vendre cotxes en un riu a Heppenheim, una altra ciutat del sud-oest d'Alemanya. La policia té dos sospitosos: un home de l'Iraq i un altre de Somàlia. Quan busquen proves al cotxe de l'home iraquià, troben traces d'ADN de la dona sense rostre —o del fantasma de Heilbronn.

La policia té esperances que a través de l'iraquià podrà arribar finalment al fantasma que ha estat perseguint tots aquests anys. Quan finalment els dos sospitosos confessen el triple crim durant un dels interrogatoris, els investigadors estan convençuts que ara sí. Ja la tenen. Qui és ella? Qui és la dona que va deixar una mostra del seu ADN al cotxe de l'iraquià? Els dos assassins confessos se'ls miren sense entendre què caram els estan preguntant: quina dona?

Els diaris continuen parlant de la dona sense rostre, i la ciutadania també. D'ella i de la incompetència de la policia alemanya. Davant d'aquest descrèdit, als responsables del cos de policia no els queda cap més remei que convocar la premsa per donar explicacions:

> Aquests últims anys el ritme en què hem anat trobant ADN de la dona sense rostre s'ha accelerat molt. Més de cent agents del cos s'han dedicat en algun moment en exclusiva a aquest cas. Calculem que fins al moment hi hem dedicat unes 20.000 hores de feina, que es tradueixen en uns 25 milions d'euros invertits. Amb això volem traslla-

dar a la societat que hi estem posant tots els esforços possibles, però que necessitem l'ajuda de tothom. A partir d'ara, s'ofereixen 300.000 euros per a la persona que aporti una pista fiable que ens permeti descobrir la identitat de la dona sense rostre.

La policia rep trucades i visites de molta gent que creu saber qui és, però ningú aporta cap informació útil per trobar-la.

I llavors, al març del 2009, enmig del frenesí de trucades, arriba el que tothom pensa que serà el final d'aquesta història. A França han trobat el cos calcinat d'un home sol·licitant d'asil —recordem que fa cinc anys tots dos països ja van compartir els perfils genètics en ocasió del robatori d'unes pedres precioses.

La coincidència de l'ADN els trenca tots els esquemes: la víctima és un home, i ells fa setze anys que empaiten una dona. La policia científica assegura que és summament improbable que dues persones tinguin un ADN tan semblant que es pugui arribar a confondre.

Canvien d'estratègia i comencen un rastreig massiu per trobar la propietària d'aquell ADN. S'han proposat comparar les mostres amb l'ADN de totes les dones que viuen a Alemanya, que aviat és dit. Però, contra tot pronòstic, al cap d'un temps la troben. Per fi les autoritats de la primera potència europea podran dir a la ciutadania que han tret de la circulació la criminal més esmunyedissa del continent.

L'últim que s'esperen és el que estan a punt de descobrir. A cap dels cervells que mouen els fils d'una de les millors policies del planeta li ha passat mai pel cap que el desenllaç del misteri de la dona sense rostre pugui ser tan... tan poc èpic.

I és que l'assassina no és una assassina. És una senyora d'origen serbi que treballa des de fa disset anys a la fàbrica de bastonets Greiner. Precisament la marca de bastonets que fa servir la policia des de fa molts anys per prendre les mostres d'ADN.

Resulta que la dona porta una pila d'anys treballant sense guants i contaminant els bastonets amb el seu ADN sense saber-ho.

El propietari de la fàbrica diu a la premsa que els bastonets que ha fet servir durant tot aquest temps la policia científica per prendre les mostres són estèrils, però no estan lliures d'ADN, i no estan pensats per prendre mostres biològiques.

Sigui com sigui, fa setze anys que s'acumulen casos sense resoldre per culpa d'unes mostres d'ADN contaminades. Això vol dir moltes investigacions mal orientades i moltes víctimes i familiars de víctimes que no sabran mai la veritat. I també, esclar, molts criminals que ja no es podran enxampar mai.

El portaveu de l'Associació d'Advocats de Berlín aprofita el cas per exigir una cosa que ja fa anys que reclamen: que la policia no centri les seves investigacions en les restes d'ADN. Les restes d'ADN que es troben a l'escena d'un crim són molt útils, però no poden ser la base de tota la investigació, perquè és impossible determinar com i quan ha arribat allà aquest ADN.

Per evitar que una història com aquesta es pugui repetir, es crea l'estàndard ISO 18.358. Les certificacions ISO són un seguit de normes internacionals que garanteixen l'homogeneïtat i la qualitat dels processos que duen a terme les empreses. L'ISO 18.358 serveix per minimitzar el risc de contaminació amb ADN humà dels productes que es fan servir per recollir, guardar o analitzar material biològic amb finalitats forenses. És la primera vegada que s'estableix una norma que ho reguli. De fet, més que una norma és una guia que indica als fabricants d'aquests productes com reduir al màxim el perill de contaminació i els ofereix la possibilitat de testar els seus productes per veure si realment són adequats per fer-los servir amb finalitats científiques o no. Si obtenen la certificació, l'usuari té la garantia que aquell producte està totalment lliure d'ADN. Si és un cos de policia, s'estalviarà haver de perseguir un fantasma en lloc d'un assassí.

El cas de la dona sense rostre no és l'únic en què l'ADN ha jugat una mala passada a la policia Alemanya.

El perfil genètic és l'eina més fiable per determinar la paternitat d'una criatura, per exemple. Però no sempre funciona. Això és el que va passar a Hamm, a l'oest d'Alemanya.

A finals del 2008 un jutge va obligar un home a fer de pare d'un fill d'una dona que mantenia des de feia anys relacions sexuals amb el germà bessó d'aquest home. L'ADN dels dos germans era idèntic, i per tant no es podia determinar amb certesa quin dels dos era el pare. Per un càlcul de probabilitats, el jutge va decidir que el pare del nen havia de ser el marit.

El 25 de gener de 2009 va passar un cas semblant amb dos germans d'origen libanès, també a Alemanya. Un lladre es va endur d'uns grans magatzems de luxe joies i rellotges valorats en més de cinc milions d'euros. La policia hi va trobar un guant amb un perfil genètic que coincidia amb el dels germans Abbas i Hassan, però no es va poder determinar mai quin dels dos era el lladre, i al jutge no li va quedar més remei que absoldre'ls tots dos.

Les proves d'ADN han suposat un avenç importantíssim per resoldre crims. La ciència i la tecnologia són cada dia més fiables i precises, però no són infal·libles.

Agraïments

Per dur a bon port el viatge que estem fent a *Crims* és fonamental la col·laboració que rebem de les persones que ens expliquen les seves històries, començant, òbviament, per les víctimes i els seus familiars. També ens ajuden molt els investigadors i els científics dels cossos policials —CNP, Guàrdia Civil, Ertzaintza i, sobretot, Mossos d'Esquadra—, així com forenses, advocats i tots els actors del món judicial, encara que als fiscals els costi —per sort, cada vegada menys— i que amb els jutges sigui gairebé impossible. També hem de donar les gràcies als companys periodistes que comparteixen els seus arxius i la seva experiència amb nosaltres.

Aquest és un viatge que només és possible amb un gran equip. Tota la gent de les productores True Crime Factory i Goroka i la gent de TV3, Catalunya Ràdio i la Corporació Catalana de Mitjans Audiovisuals sumen i contribueixen a fer que el projecte *Crims* sigui on és.

En aquest llibre hi han participat de manera directa la Marta Freixanet, el Nil Montilla, l'Anna Punsí, la Neus

Sala i el Carlos Torres, sota la mirada editora de l'Imma Falcó i les exigències de qui signa aquest text. Tots, amb un objectiu comú: explicar bones històries i posar llum a la foscor.

CARLES PORTA